超越感觉
批判性思考指南 NINTH EDITION |第九版|

Beyond Feelings: A Guide to Critical Thinking

［美］文森特·鲁吉罗（Vincent Ruggiero）◎著

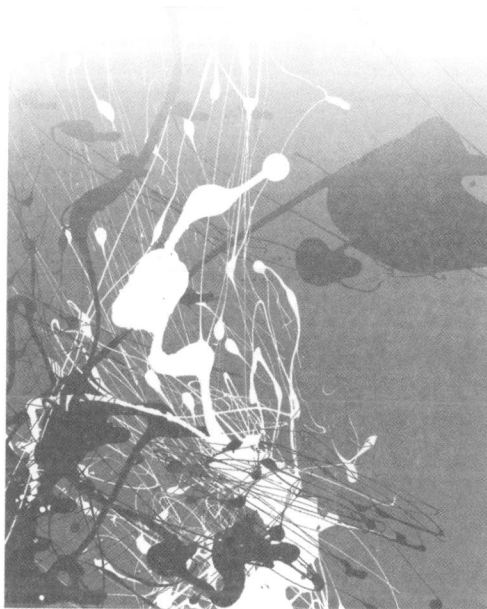

顾　肃　董玉荣◎译

复旦大學 出版社

目　录

第一篇　背　景

第二篇　易犯的错误

第三篇 策 略

前　言

本书在 1975 年首次出版时，认识上关注的主要焦点仍是主观性，即**感觉**。这个焦点是 20 世纪 60 年代的传统，起先是对此前的理性主义和行为主义的必要回应。事实上，它宣称"人不是机器"。他们不只是其全部心理的总和。他们还有希望、梦想和感情。任何两个人都不是完全一样的——每个人观察世界时都有其独特的视角和特有的方法。而且，人类忽视这种主观方面的任何一个观点都是一种扭曲。

但是，尽管有这种价值，对感觉的这种关注也走得太远了。它像许多其他运动一样，开始作为对一种极端观点的反应，后来其本身变成了一种极端的观点。这种极端主义是忽视思考的结果。本书的意图即是为了弥补这一疏忽。第一版的导论对其理论基础的解释如下：

> 对主观性的强调是为了纠正危险的过度简单化。但正是这种回应不能长期地避免造成一种更糟糕的情形——对思考的忽视。之所以糟糕，有两个原因。首先，因为我们生活在一个操纵的时代。大量叫卖广告和政治煽动者随时都准备好丰富的心理资源，利用我们的感情和下意识的需要来劝说我们相信：肤浅就是深刻，伤害就是有益，邪恶就是美德。而且感觉对这种操纵特别难以抵抗。
>
> 其次，因为在事实上，在现代生活的每个重要领域——法律、医药、政府、教育、科学、工商业和社区事务——我们都受到一些严重而复杂问题的困扰，这些问题需要我们仔细地收集和权衡事实和有根据的观点，审慎地思考各种结论和行为，从而明智地选择最

好的结论或最恰当的行动……

（今天的大学生）所受的训练不是去低估而是高估主观性。所以他不必沉溺于他的感觉，而是要学会如何挑选出感觉，判断外界影响将这些感觉塑造到何种程度，并且当这些感觉之间或者与他人的感觉发生冲突时，对其仔细地进行评价。总之，他*需要学会批判的思考。

在许多人中存在一种令人遗憾的倾向，他们把感觉和思考看作是相互排斥的，强迫在它们之间作出抉择。在他们看来，如果我们集中关注其中之一，那就必须抛弃另一个。然而这是错误的想法。感觉和思考完全是互补的。感觉比较带有自发性，是形成结论的绝佳开端。而思考则比较深思熟虑，它提供了确认最佳和最适当感觉的方法。两者都是人的自然特质。

但是，思考比感觉较少带有自发性。要让它良好地发挥功能，就需要系统化的方法和指导性的练习。

自 20 世纪 70 年代中期以来，对思维的一般看法已发生很大的变化。认为批判性思考是教育中应该予以重视的一个重要技能的观点，不再是少数人的看法。成百上千的人齐声呼吁，要求在现有课程中增加批判性思考的教学内容，甚至要求开设专门的思维类课程。人们几乎没有分歧地认为，新千年的挑战要求人的思维能够超越感觉，实现清晰、公正、批判的问题解决和决策。

本 版 特 点

本版《超越感觉》保留了以往各个版本的基本结构。第一篇解释批判性思考发生的心理学、哲学和社会背景，描述提升这种思维的习惯和态度；第二篇帮助学生认识并克服思维中常见的错误；第三篇提供了一种处理这些

---

* 在 1975 年，人们仍普遍接受以"他"指代两性。

问题的按部就班的策略。

但是,我在保持整体设计结构时,也做了许多变动,这些变动大多根据评论者的有益建议而作出。

- 在第一章中,增加了新的一节"观念的影响"。
- 在第三章中,增加了新的一节"理解原因和结果"。
- 在第十五章中,增加了有关观察的价值的一些新例子。
- 在第十七章中,扩充了"评价你的信息来源"这一小节。
- 增加了许多"不同的观点"的新练习题。

在过去,我一直努力遵循乔治·奥威尔的至理名言:"如果你能想到一个日常英语的对应词,那就决不使用外来语、科学术语或行话。"但这并非易事。当逻辑学者学会"以人为据"(argumentum ad hominem)、"不合逻辑的推论"(non sequitur)和"肯定后件"这些术语时,他们自然就要使用它们。这样做的理由促使他们自己强求我们:例如,"有非常准确的术语。不要加入刻意造作者的行列并且不让学生们接受这些术语"。对不重要的环节,我认可这种说法(例如,直到此前的那个版本,我还一直使用 enthymeme, Men culpy 等术语……我又提到它们了)。但是,我想使用这些术语难道真的是因为这些术语的准确性吗?我们这些教授喜欢炫耀自己的知识,或者我们不情愿学生们免受我们曾经被迫经受的那种挣扎(我们经受过,所以他们也应该经受),这难道是不可能的吗?在我看来,现代文化对我们的批判性思考设置了太多的障碍,实在不必再增设了。

对这种简洁明了语言的采用有可能做得太过分吗?是的,而且有些人会认为,我之所以这样做,是为了避免"推论"(inferences)这个术语而使用"结论"这一说法。但是,我虽尊重却不能同意这一看法。词典编纂者指出这些术语之间的区别十分微小,因此,不在这上面花时间似乎更加合理。出于有点不同的理由,我一有可能就避免使用**价值**这个词。价值一词是如此地与相对主义相联系,以致在此语境下使用它,有可能损害有关论证在性质上存在差别这一重要的观念。对许多学生来说,价值一词激发了这样的想法:"每个人都有权拥有他或她的价值观;我的价值观对我而言是正确的,尽管它们也许需要不时地进行'澄清',但它们从不被质疑。"这种想法阻碍批判性思考。

致　　谢

我要向为本版的准备工作做出贡献的所有人表示感谢。特别要感谢评阅本书稿的人：

Anna Villegas, San Joaquin Delta College；

Aimee Bissonette, Inver Hills Community College；

James Kruser, Alfred State College；

Sue Crowson, Del Mar College；

Erin Murphy, University of Kentucky；

Adrian Pattern, University of Cincinnati；

Dedaimia Storrs Whitney, Franklin College；

Lisa Weisman-Davlantes, California State-Fullerton；

Geoffrey Phillip Bellah, Orange Coast College；

Karen Hoffman, Hood College；

Aimee Ross-Kilroy, Loyola Marymount University；

Deanna Davis, College of the Canyons

我还要感谢 John Augustine, Delta College; Lori Ebert, International Institute of the Aamericas; John Garcia, Cerro Coso Community College; Michael Small, Shasta College; Joel Brouwer, Montcalm Community College; Cynthia Gobatie, Riverside Community College; Anne Benvennti, Cerro Coso College; Fred Heifner, Jr., Cumberland University; 以及 Phyllis Toy, University of Southern Indiana.

xii

导　论

　　《超越感觉》是为了向你介绍批判性思考这一主题而撰写的。因为在大多数小学和中学里从未讲过它,所以,这一主题对你也许是崭新的。事实上,直到相当晚近时期,许多大学也还没有教授这一科目。在过去的 40 年中,我们主要强调的是主观性而非客观性,是感觉而非思考。

　　但是,在过去的几十年里,许多美国学校里的学生批评了这种对批判性思考的忽视,越来越多的教育工作者和工商业领导者以及职业人士,竭力促请发展新的课程和教材,以弥补这种忽视。

　　毫不夸张地说,无论你学什么专业,批判性思考都将是你在大学学习中最重要的科目之一。你的课外作业的品质,你在职业生涯中的努力,你对社区生活的贡献,你对个人事务的处理——所有这些都取决于你解决问题和所作出决定的能力。

　　本书有三大部分:第一部分是"背景",它将帮你理解像**个性、批判的思考、真理、知识、观点、证据**和**论证**等重要概念,并且克服阻碍批判性思考的态度和观念;第二部分是"易犯的错误",将教你识别和避免思维当中最常见的谬误;第三部分是"策略",将帮你获得解决问题和议题的各种技巧。这一部分既包括确认和克服你个人知识上的弱项的窍门,也包括一些更有观察力、澄清问题、进行探究、评价证据、分析他人观点并作出合理判断的技巧。

　　在每一章的结尾,你将看到许多应用练习,用以激发你的批判性思考并帮助你训练自身的技巧。这些练习包含了一些针对本章的或永久性的问题和议题。前十三章中每章最后的应用练习要求你考察这样一个特别重要的议题,有见识的意见在此议题上发生了分歧。

　　有时,学生认为一本教科书应逐页阅读,超前阅读会违反一些不成文的规则。这种想法是错误的。学生的知识背景各不相同；对某个课题，一名学生了然于心，另一名学生可能模糊不清，而第三名学生则可能全然无知。无论何时当你需要或想提前查阅后面章节的解释，你都可以径直去做。假设你提出了一个陈述，而你的朋友说："这是不折不扣的相对主义。"如果你不能确定它的准确含义，那就翻到本书末尾的索引，查看"相对主义"，然后找到该词条所标注的页码，弄个明白。

说到与每章结尾的应用练习相关的概念和步骤，在这些情况下提前阅读是特别明智的。剽窃就是这样一种概念。如果你还不完全清楚构成剽窃的要件，为什么剽窃是不可接受的，以及如何避免它，那现在就花一些时间去了解它，找到第二章结尾的"避免剽窃"这一标题。同样，如果你未如你利用图书馆和因特网检索那样熟练地进行查找，你现在就去阅读第十七章，那将是一个好主意。这样做可以使你节省很多时间并且有效地完成课外作业。

第一篇 背　　景

任何一个想精通某项活动的人,首先必须知道它的工具和规则。这对于批判性思考,就如同打高尔夫球、做木工、驾驶飞机或做脑外科手术一样正确。但是,在批判性思考中,工具不是物质的客体,而是概念,其规则支配的是头脑而不是身体的运作。

本篇主要探讨七个重要概念——个性、批判性思考、真理、知识、观点、证据和论证。每章讨论一个概念。这些概念大多为人所熟知,以至你也许会疑惑:考察这些概念是否有意义?答案是肯定的,其理由有三:第一,对这些概念的普遍看法是错误的;第二,无论谁仔细考察这些概念,总会赢得新的见识;第三,你越是透彻地了解这些概念,就越能精通于思维。你是谁?

第 | 一 | 章
你 是 谁？

假如有人问："你是谁"，回答姓名会是足够简单的方式。但是，如果此人想了解有关你是谁的所有情况，那这个问题就比较难以回答了。显然，你将不得不给出有关你身高、年龄和体重的所有细节。你也不得不说出你的情感和喜好，甚至是你从未与任何人分享的秘密——你对情人的爱恋；你渴望取悦你所交往的人；你对姐夫的厌恶；你对所喜欢的饮料、服装品牌和音乐的忠心。

也不能忽视你的态度——对一个日益复杂化的问题失去耐心，对一些课程的反感，对身处高处、对狗、对公开场合讲话的惧怕。这个清单还可再开列下去。但为了完整起见，它将不得不包括你所有的特征——不只是身体方面的，还包括感情和智力方面的。

当然，提供所有这些信息相当地会是家务杂事。但是，假设这个提问者仍然好奇并继续问道："你是如何成为现在这个样子的?"如果你还有耐心，你也许可能这样来回答："我变成这样是由于我自己的选择，由于我考虑了其他情感、喜好和态度以后作出的抉择。我所选择的这些特质最适合我的风格和个性。"这种回答足够自然，而且在某种程度上是正确的。但在更大的意义上说，事实并非如此。世界对我们的影响远远超出了我们大多数人的认识。

时间和地点的影响

你不仅是一个特殊生物种类"智人"的成员，而且存在于该物种历史的

5　一个特定的时间,生存在地球上的一个特定的地方。这个时间和地点是由具体的环境、理解、信仰和习惯所限定的,这些都限制了你的经验,并影响你的思维模式。如果你生活在殖民地时期的美洲,那你可能不会反对禁止妇女从事陪审团工作、签订合法契约、拥有财产或参与投票的做法。如果你生活在 19 世纪,你也许不会反对父母不让儿童接受教育并雇佣他们每天工作 16 小时,你也不会关心他们青春期的特别需要。(到 1904 年,青春期的概念才面世。)[1]

　　如果你成长于中东,那你与人交谈时的站立距离会比你在美国时近得多。如果成长于印度,那你也许会完全适应由父母选择你的配偶。如果你的母语是西班牙语而且英语知识逊色,那么你可能会被某些英语俗语弄糊涂了。詹姆斯·亨斯林(James Henslin)提供了两个如此困惑的有趣事例:雪佛莱诺瓦(Chevrolet Novas)汽车最初在墨西哥销售很不畅,是因为 no va 在西班牙语中的意思是"它开不动";柏杜鸡(Perdue chicken)一度遭受舆论质疑(甚至更糟),因为该公司的口号"硬汉也能做出鲜嫩的鸡肉"在西班牙语中变成了"雄起的男人也能让鸡变得可爱"。[2]

　　成长于欧洲、亚洲或南美的人拥有非常不同的守时观念。正如丹尼尔·古尔曼(Daniel Goleman)所解释的,"迟到 5 分钟虽然晚了,却是在美国商务会面时可容忍的,但是,在阿拉伯国家,迟到 30 分钟是正常的。在英国,一个人受邀进晚餐,5 到 15 分钟属于'恰当'的迟到时间;一个意大利人也许会迟到两个小时;埃塞俄比亚人会更迟;爪哇人甚至根本不来,接受邀请只是为了不让主人丢脸。"[3]不同的族群渊源也会意味着不同的食物口味。你也许不喜欢纽约客牛排和法国薯条,而是渴望"活猴脑"或者"用干骆驼粪熏制""用鲜骆驼血冲洗过的"骆驼奶酪饼。[4]社会学家伊安·罗伯逊(Ian Robertson)简明地总结了全球饮食差异之大:"美国人食用牡蛎却不吃蜗牛。法国人食用蜗牛却不吃蝗虫。祖鲁人食用蝗虫却不吃鱼类。犹太人食用鱼类却不吃猪肉。印度人食用猪肉却不吃牛肉。俄罗斯人食用牛肉却不吃蛇类。中国人食用蛇类却不吃人肉。新几内亚的食人族认为人肉鲜美。"[5][注:这里关于印度人的说法有误。]

　　总之,生活在不同的时代或文化背景下,会使你成为一个不同的人。即使你叛逆你所处的时间和空间的价值观,它们仍然会代表你生活的环境——换句话说,它们依然会影响你作出的反应。

6

观 念 的 影 响[6]

当表达一个观念时，同时也在逻辑上不可避免地传达了与此密切相关的一些观念。[7]从逻辑上说，这种亲缘关系是以 *sequitur* 这个词来表达的，这个拉丁语的意思是"因此之故"。（与此相反的是 *nonsequitur*，即"不可推出"。）[8]

例如，许多教师和父母向年幼的孩子们以一种鼓励的方式表达的观念："你如果相信自己，就能够在任何事情上取得成功。"由此可以推导出，除了信念以外，**其他任何东西**（才能或辛勤工作）都不是成功的必要条件。这两个观念是等价的，其理由在于，它们的意义是不可分割地联系在一起的。*

一个观念除了传达在意义上与自己密切相关联的观念以外，还**蕴涵**了其他观念。例如，认为在美德和恶行之间不存在真正区别的观念蕴涵了人们不应当感到受共同的道德标准所约束。塞缪尔·约翰逊（Samuel Johnson）在说下面的话时心中想的是这样的蕴涵意义："可是，如果他真的认为在美德与恶行之间不存在区别，那么，先生，他为什么在离开我们的住房时让我们清点一下汤匙。"

如果我们充分意识到我们所面对的观念密切关联的含义和蕴涵意义，那我们就容易把健全的与不健全的、明智的与愚蠢的、有益的与有害的区分开来。但是，我们很少充分意识到，在许多情况下，我们只看重观念的表面价值，很少甚至根本不从其相关含义和蕴涵意义上来理解它们。在时间的进程中，我们的行为受这些含义和蕴涵意义所规定，无论我们是否意识到它们。

为了评估观念对人们生活的影响，请考虑受某个观念触发而流动的一系列事件，这个观念是一个多世纪以前在心理学中流行的，其影响一直延续到今天——即"智力是由遗传决定的，并且不能增加"的观念。

---

   * "对自己的信念是成功的一个重要因素"这个陈述是十分不同的，因为它具体表述了信念不是成功的唯一因素。

这个观念引导研究人员设计一些衡量智力的测验。最著名的（不幸的是有缺陷的）测验确定，美国白人的平均心智年龄为13，而俄罗斯人的平均心智年龄为11.34；意大利人的平均心智为11.01；波兰人的平均心智为10.74；"黑人"的平均心智为10.41。

教育者读了该测验的结果，心里想："试图提升学生的智力是无意义的。"因此，他们以职业的课程代替了学术的课程，并且接受了教授学生们事实而不是判断过程的方法论。

立法者读了该测验的结果，然后决定："我们必须做些事情来阻止智力低下的人们进入这个国家。"因而他们修改了移民法，以歧视南部和中部的欧洲人。

长期以来一直关注人种福祉的优生学家，将此测验视为一个致命的警告。他们认为："如果不能提升智力，我们就必须找到鼓励高智力的人多生育和督促低智力的人少生育的办法。"

优生学家的这种关切鼓动了许多行为。玛格丽特·桑格（Margaret Sanger）的计划生育项目敦促低层阶级采取避孕措施。其他人成功地使推行强制绝育合法化，最引人注目的是在弗吉尼亚州。美国最高法院支持了弗吉尼亚的法律，大法官霍尔姆斯（Oliver Wendell Holmes, Jr.）宣称："低能者有三代已经足够了。"[9]在此后的50年里，7 500名妇女，包括"未婚母亲、妓女、轻微罪犯和有违纪问题的孩子"被绝育。[10]此外，到1950年，15万名被认为是"有缺陷的"孩子，许多还是相对正常的孩子，遭到违背其意愿的拘押。他们"忍受着隔离、拥挤、强迫劳动和身体上的虐待，包括施行脑叶切除术、电击和外科绝育"[11]。

与此同时，商界领袖们读到此测验结果，然后决定**"我们需要一些政策来确保工人们把他们的心智留在工厂的大门外，无头脑地完成交给他们的任务"**。他们因而颁布了这些政策。几十年以后，当爱德华兹·戴明（Edwards Deming）提出他的让工人也参与决策的"质量控制"观念时，商界领袖们仍然记得这些测验的结果，并且无视戴明的告诫。（与此对比，日本人欢迎戴明的观念；其结果，他们有几项工业崛起并超前于其美国竞争者。）

这些是遗传决定论最明显的后果,但它们并不是所有的后果。其他的后果还包括对少数种族和族群的歧视,以及政府作为回应而提出的往往是父权主义的政策。(某些历史学家还把遗传决定论与发生于纳粹德国的种族灭绝联系起来。)

你所面对的无数观念将以类似的方式(有时轻微地、有时深刻地)影响你的信念和行为。这甚至在你未有意识地把握这些观念之前就可能发生。

大众文化的影响

在过去的几个世纪,家庭和教师是对孩子主要的,甚至是唯一的影响源。但是在今天,大众文化(广播媒体、报纸、杂志和流行音乐)的影响力往往更大。

到 18 岁时,一名普通青少年在教室累计度过了 11 000 小时,而在电视机前花费了 22 000 小时。他或她大概花费 13 000 小时做课程作业,但看商业广告的时间却超过了 75 万小时。同一个人到 35 岁时,做作业的时间少于 20 000 小时,但看电视的时间接近 45 000 小时,看商业广告的时间则接近 200 万小时。

大众文化对我们产生了什么影响?为了回答这一问题,我们只需考虑媒体通常使用的形式和策略就行。现代广告通常以标语口号和名人推荐来对公众狂轰滥炸。这种做法的目的是诉诸人们的情感,创造对产品和服务的人为需求。结果,许多人对这些诉求形成了情绪化地、冲动地、笨拙地作出反应的习惯。而且,他们还往往获得这样一些价值观,它们与家庭和学校教育中教导的价值观大相径庭。广告经常描绘消遣比工作更让人满足,自满比自制更令人渴望,物质主义比理想主义更有意义。

电视节目制作人运用频繁的场景转换和感官诉求(如汽车碰撞、暴力和性邂逅),以维持观众的兴趣不减。然后,他们频繁地插播商业广告。本书作者分析过电视观众所承受的注意力转移。例如,在电视剧中,注意力转移或许包括镜头角度的改变;* 故事线索从一套性格特征(或陪衬情节)向另

---

* 这通常用两台或更多摄像机来完成,从一台摄像机切换到另一台摄像机。

一套性格特征的转变,或者从当前场景切换到过去场景(闪回),或切换到幻想情景;切换到"插播新闻"或商业广告,从一个商业广告切换到另一个商业广告,然后回到电视节目。而且,注意力的转移也有可能发生在商业广告之内。我发现每小时的切换多达 78 次,这还不包括商业广告之内的切换。每 15 秒钟商业广告内的切换次数从 6 次到 54 次不等,平均大约为 17 次。注意力转移的总次数超过了每小时 800 次,或每分钟超过 14 次。*

这种控制使许多人不能形成一种成熟的注意力跨度。他们期望教室和工作场所也提供像电视中得到的同样的连续刺激。当然,这种要求是不可能满足的,当得不到满足时,他们就会说老师们枯燥无味,他们的工作不能让人满意。因为人们很少有耐心读完一本需要思考的书籍,所以许多出版商就用名人写的轻松消遣之作代替严肃的书籍。

甚至当一些严肃书籍的作者真的出版著作之时,在推销性访谈中,也经常要求他们作出简短的、戏剧性的回答,有时不惜牺牲准确性。一位指导作家参加脱口秀的教练向他的一个客户建议:"如果我问你预算赤字是好事还是坏事,你不该说,'嗯,它刺激了经济但也增加了负担。'你必须说,'这是个多好的主意!'或者'这是个可怕的念头!'回答哪一个倒无所谓。"[12](即"不要给出一个平衡双方的答案。而要给出一个非常简化的答案,因为这会让你受到关注"。)

印刷媒体也追求这种轰动效应。正如一位报纸编辑所说:"在 1 到 10 分的尺度内,新闻记者一直试图找 1 分和 9 分的人,而不是大多数人实际所在的从 3 分到 7 分的人(比较一般的位置)。"[13]另一位新闻记者认为:"新闻正在变得观点多于已证实的事实。新闻记者正在滑入娱乐之中,而不是告知我们需要了解的已证实的事实。"[14]

今天,政客比新闻记者更加让人生厌地操控人民。政客不是表达他们的思想,而是调查人们想什么,并且假装分享人民的看法。许多政客雇人做民意调查,并集中关注一些群体去研究将可"销售"什么样的信息。他们甚至走得更远:测试一些词语的影响力——这就是我们近来听到如此多有关

---

* 每小时大约有 11 分钟的商业广告,准确的时间依电视网络或节目而变化。因此,按每分钟 4 次的速率计算,每小时商业广告的总数为 44 次。这样算起来,商业广告以外的转换为 78 次,加上商业广告内的 748 次(每个广告 17 次乘以每小时 44 次广告),总计为 826 次转换。

"信任"、"家庭"、"性格"和"价值"等词语的原因。政治学教授拉利·萨巴托(Larry Sabato)说,在弹劾克林顿的审判中,总统的顾问们一再使用"私生活"这个词——詹姆斯·卡维尔(James Carville)在一次4分钟的演讲中使用了6次——因为他们知道,这一词语可以说服人们相信,总统在宣誓后说谎无足轻重。[15]

操纵的"学问"

毫无疑问,影响他人思想和行为的做法自古就有。但是,直到20世纪早期,俄罗斯心理学教授伊万·巴甫洛夫发表他有关条件(后天习得的)反射的研究成果后,操纵才成为一门学问。巴甫洛夫发现,喂狗时摇铃,可以使狗形成一听到铃声就流口水的习惯,甚至在没有食物给它时也是如此。美国心理学家约翰·沃森(John Watson)对巴甫洛夫的发现印象深刻,并将该成果运用到人类行为的研究上。在沃森最著名的试验中,他让一名婴儿去触摸一只实验室的老鼠。开始,这名婴儿并不害怕。随后,当这名婴儿伸手触摸这只老鼠时,沃特森就用锤子敲打金属,于是这名婴儿变得恐惧起来并大哭。最后,这名婴儿不仅一看到老鼠就哭,而且一看到有皮毛的东西(比如玩具动物)就哭。* 沃森的研究使他赢得了"行为主义之父"的头衔。

沃森将行为主义原理应用于广告一事则鲜为人知。他职业生涯的后期花在为广告机构的工作上,他很快发现,对消费者最有效地吸引不在思维而在情感。他建议广告商"告诉[消费者]某些与惧怕联系起来的事情,将会引起中等程度愤怒的事情,唤起爱慕或爱恋反应的事情,或激起一种深度心理或习惯性需要的事情"。他对消费者的这种态度,也许最好地体现在他为百货商店经理所做的一份报告中:"消费者对于制造商、百货商店和广告机构的意义,就像青蛙之于生理学家的意义。"[16]

沃森在20世纪20年代和20世纪30年代这个报纸和电台的时代介绍了这些策略。自电视出现后,这些广告策略变得更加成熟和有效,以致许多

10

---

* 当代伦理准则不允许将孩子用于这样的试验中。

承担政治和社会任务的个人和团体均采纳了这些策略。这些策略得以奏效，有许多原因，主要原因是人们确信自己不会被控制。正像许多研究者所表明的，这种看法是错误的。例如，所罗门·阿希(Solomon Asch)指出，只是通过改变系列中的词序，人们的反应就能发生变化。他要求研究的参与者用一系列形容词来评价一个人。当他把褒义形容词放在第一位时——聪慧、勤奋、冲动、批判的、固执、妒忌——参与者给出了积极的评价。当他调换这些词的词序，把妒忌放在第一位，把聪慧放在最后一位时，他们给出了消极的评价。[17]

同样，研究人员还表明，人的记忆也可以被控制。提问的方式可以改变一个人的记忆细节，甚至使一个人**回忆起从未发生的事情！**[18]

当然，广告商与承担政治和社会任务的人们并不满足于激发情感或把一些观念根植于我们的头脑，他们还试图通过一遍遍重复这些观念来强化这些印象。人们越是多次地听到一个口号或"论据"，对它就越是耳熟能详。很快，它就与那些经过慎重考虑的思想难以区分。令人悲哀的是，"这种包装方式往往是如此有效，以至观众、听众或读者根本不能作出自己的决定。相反，他要把这些包装过的观点输入自己的头脑中，多少有点像把 DVD 光碟放进 DVD 播放机。然后在任何合适的时候，他就按键'回放'这个观点。他不必进行思考就以认可的方式这样做了。"[19]我们视为最珍贵的、并且以最大的热情捍卫的许多信念，也许就是以这种方式根植于我们头脑中的。

许多年以前，哈利·欧弗斯特里(Harry A. Overstreet)注意到"舆论就像自然气候，它是如此地广泛深入人心，以至那些生活于其中、不知道其他观点的人视之为理所当然"[20]。大众文化的提升和操作手段的复杂用法使得这些洞见在今天比过去更有意义。

心理学的影响

我们时代的社会和心理学的理论对我们的信念也产生了影响。在几十年前，提请人们要自律、自我批评和自谦。提请他们践行自我否定，期望有自知之明，以一种确保维护其自尊的方式来行事。自我中心被视为恶行。

他们被告知："努力工作可带来成就，而这又可带来满足和自信。"大体而言，我们的祖父母们把这些教导内化吸收了。他们以自己的行动来尊重这些教导时，就会感到自豪；他们不尊重这些教导时，就会觉得可耻。

今天，这些理论都发生了改变——事实上，几乎正好颠倒了过来。自尊，曾被19世纪讽刺作家安布罗斯·毕尔斯（Ambrose Bierce）界定为"一种错误的称赞"，现在却被认为是一种必不可少的要求。自我中心已从恶行变成了美德，那些为帮助别人而献出生命的人，曾被认为是英雄或圣洁的人，现在被说成是患有"取悦他人的疾病"。成功和幸福的规则始于自我感觉良好。学校里表现差的学生，不能应付工作挑战的人，浪费钱物的人，违法的人——所有这些人一般都被诊断为缺少自尊。

此外，就像我们的祖父母们内化吸收了他们时代的社会和心理学的理论一样，当代大多数美国人也已经内化吸收了自尊的讯息。我们听到人们在喝咖啡时谈论它，在脱口秀节目中无休止地提到它。对自尊信条的质疑通常都会遭到反对。

然而，难道自尊理论不是自明的吗？不是。对我们能力的负面感知自然会阻碍我们的行为。马克斯韦尔·莫尔茨（Maxwell Maltz）博士解释了一名教育工作者通过改变学生的自我形象而提高这些孩子成绩的令人吃惊的结果。这位教育工作者观察到，当孩子们觉得自己在某个课目上表现愚笨（或者在各科都愚笨）时，他们就会无意识地以行为去证实这种自我形象。他们觉得自己愚笨，所以行动也表现得如此。这位教育工作者推断出，正是这种失败主义的态度而不是能力上的任何缺陷破坏了他们的努力，因而着手改变他们的自我形象。他发现，当他做到这一点时，**他们就不再表现得愚笨了！**莫尔茨从这个及其他例子中得出结论：我们的经验能对我们产生一种自我催眠的作用，这意味着一种有关我们自己的结论，从而促使我们将其变为现实。[21]

自尊的许多提倡者比莫尔茨关于自信是成功的重要因素的论证走得更远。他们主张，并不存在自尊太多这样的情况。研究成果未能支持这个主张。例如，马丁·塞利曼（Martin Seligman），一位杰出的研究型心理学家、所谓积极心理学运动的发起人，援引了重要的证据表明，现代对自尊的强调并没有解决个人和社会的问题，包括抑郁，而是**引起了**这些问题。[22]

　　莫尔茨在研究文献中指出，信心的缺乏妨碍人的表现，这是一个有价值的洞见。但这样的研究并未解释更加普遍的自尊概念为何变得如此占主导地位。这个问题的答案在于像阿伯拉罕·马斯洛(Abraham Maslow)这样的人文主义心理学家的研究工作之日益普及。马斯洛描述了他所说的以金字塔形式表示的人的需求层次，生理需要(吃、喝)在其底层。在它之上依次是安全的需要、归属和关爱的需要、自尊和认可的需要、美学和认知的需要(知识、理解等)；在金字塔的顶端是自我实现的需要，或者叫实现我们潜力的需要。对马斯洛来说，低级需要必须在高级需要之前得到实现。容易看出，从马斯洛的理论如何得出自尊的观念必须先于成就这一结论。

　　但是，也许还可采纳其他不同的理论。最著名的一个就是澳大利亚的精神病学家维克特·弗兰克尔(Viktor Frankl)的理论。这种理论提出的时间与马斯洛的理论大致相同，它以弗兰克尔的专业实践和他在希特勒集中营的经历为基础。弗兰克尔认为，人的一种需要高于自我实现：**自我超越**，这就是提升到超出狭隘的自我专注的需要。根据弗莱克尔的理论，"原始的人类学事实[是]，人总是被引导，指向自身之外的某件事或某个人：指向要实现的某个意义或相遇的另一个人、从事的某项事业、爱上的某个人。"一个人"通过忘掉自己和奉献自身、忽视自身并关注外界"才成为完整的人。

　　在弗兰克尔看来，把自我实现(或幸福)作为我们追求的直接目标，终究会适得其反；这种意图只是作为"自我超越非预想的结果"发生时才能实现。[23]弗兰克尔认为，对生活的恰当看法不是它能**给予**我们什么，而是它从我们这儿**期望**什么；生活就是每天(甚至是每小时)询问我们，要求我们承担"找到生活问题的正确答案的责任，完成生活不断地向[我们每个人]提出的任务。"[24]

　　根据弗兰克尔的理论，意义的发现包括"感知现实中蕴藏的可能性"，寻求具挑战性的任务，"这些任务的完成也许可以提升[一个人]生存的意义"。但是，这样的感知和寻求因为集中关注自我而受挫："只要现代的文献限于并满足于自我表达(不要说自我展示了)，那它所反映的是其作者空洞的、荒谬的感觉。更重要的是，它也创造了荒谬。鉴于意义必须被发现而并非不能被发明这一事实，这一点是可以理解的。感觉是不可以创造的，而可以完好创造的却没有意义。"[25]

13

无论我们是否完全同意弗兰克尔的观点，有一件事情是清楚的：如果过去几十年里人们强调的是弗兰克尔的理论而不是马斯洛和其他人本主义心理学家的理论，那么，当代美国文化会有很大的不同。我们所有人的态度、价值观和信仰都会受到影响——我们只能想象这种影响有多深远。

成 为 个 体

鉴于我们前面已经讨论论过的，我们应如何看待个性？不是把它视为我们生来俱有的，而是后天获得的——或者更准确地说，是**赢得**的。个性始于这样的认知：不可能逃脱受他人和环境的影响。个性的本质就是警惕。下面的指导原则将帮助你达到这一点：

1. **把你对任何人、议题或情势的第一反应看作是尝试性的。**无论它多么吸引人，在你未考察它之前，都不要接受它。

2. **判断你为什么会作出这种反应。**考虑你是不是借鉴自其他人——父母、朋友或者名人、电视中虚构的角色。如果可能，确定是什么特定的经验影响你作出这样的选择。

3. **考虑你有可能对这个人、议题或情势作出的其他可能的反应。**

4. **询问你自己是否还有其他比你的第一反应更恰当的反应。**你在回答时，排除你的制约条件的影响。

为了确保你将真正成为而不仅仅宣称是一个个体，将这些指导原则从头到尾贯穿于你对这本书的学习，贯穿于你的日常生活。

应 用 练 习

说明：发展你的思维(和写作)技巧的最好方法之一就是在日志上记下你的观察、疑问和想法；如果时间允许，再反思你记录下的东西——考虑所观察到的东西的意义和应用，回答所提出的问题，仔细阐述这些想法(在合适时质疑这些想法)，记录下你的洞见。一本便宜的装订好的笔记本或螺旋式装订活页的笔记本就很管用。一个好方法是把你最初的观察、问题和想法记录在页的左侧,留下右面的空白供以后分析和评论用。这种反思过程的价值是如此之大,以至你应当考虑坚持写这样的日志,即使你的导师没有把它当作课程的一个正规部分。

14

1. 做一个简单的像本章所描述的注意力转换研究。录下一个为时半小时的节目。然后倒带播放两次,第一次数一下节目中商业广告以外的切换次数,第二次只数一下商业广告中的切换次数。完成这些必要的计算,准备在课堂上交流你的研究结果。

2. 思考应用练习1的结果。写下几段文字来讨论这些发现对教育、工商业和家庭生活的意义。

3. 许多人乐于为特制的饮用水每加仑支付6或7美元,却为每加仑汽油支付3美元而怨声叹气。你在本章中读到的任何内容有助于你了解为什么会如此吗?

4. 想象一下,如果弗兰克尔所强调的自我超越(和个人责任),而不是马斯洛所强调的自我实现和大众文化所强调的自尊,在过去30年里占据了主导地位,那美国将会有何不同。尽你所能地列出我们社会今天有可能不同的许多方面,并对每一个方面是有益还是有害进行评论。准备在课堂讨论时解释你的观点。

5. 观看一个音乐电视频道(MTV、VH1、CMT、BET)至少一个小时。分析剧中是如何刻画男人和女人的。注意重要的细节。例如,观察是否把男人描述得比女人更多地充当强人角色,是否把女人刻画成男人欲望的对象。判断所传递的态度和价值观是什么。(你也许希望你正在观看的录像带是这样的,即你可以回顾已看过,定格重要的画面以供更仔细的分析,并记下你的观察心得,以备以后参考或课堂观看和讨论。)

6. 假设你问一个朋友:"你是如何获得你特有的认同因素——你的情感、偏好和态度的?"然后假设你的朋友回答:"我是一个个体。无人能够影响我。我做自己的事情,我选择了适合我的情感、偏好和态度。"你会如何向这位朋友解释你在本章学到的东西?

7. 问你自己一个问题:"我是谁?"在10张不同的纸片上写下10个答案。用本章的前三节来帮助你组织你的回答。把这些纸片按照它们对你的重要程度排序。哪一个自我描述对你是最重要的?为什么?

8. 指出那些塑造了你的各种积极和消极的影响因素。务必包括特殊的和一般的、微妙的和明显的影响因素。其中哪一个对你的影响最大?尽可能准确地解释这些影响。

9. 记下你对下列每条陈述的直接反应。然后运用本章提出的有关实现个性的四条指导原则。

    a. 应该要求医务工作者进行 HIV/AIDS 测试。

    b. 应当禁止儿童参加选美和才能测试。

    c. 应当允许像三 K 党(Ku Klux Klan)这样的极端主义团体在公共场所举行集会或在城市的街道上游行示威。

    d. 大一学生作文应当成为所有学生的必修课。

    e. 应当对高中和大学的运动员进行合成代谢类固醇的药物检验。

    f. 在高校的生物课上应当讲授创世说。

    g. 一夫多妻制应当合法化。

    h. 选举投票的年龄应当降低到 16 岁。

    i. 监狱制度应该更多地强调对犯人的惩罚而不是他们的改过自新。

    j. 医生和临床医师在对未成年人开列避孕处方或实施人工流产时应告知其父母。

    k. 如果妻子比丈夫赚钱多,那这个男人的自尊就会受到严重伤害。

    l. 女人喜欢依赖于男人。

15

10. **小组讨论练习**:运用本章提出的有关实现个性的四条指导原则,与两三个同学讨论应用练习 9 中的几个陈述。准备与全班同学交流你所在小组的想法。

不同的观点

下面是对一个重要的不同观点的总结。读完这个陈述后,利用图书馆或网络,找出有见识的人对这一问题的看法。确保能覆盖各种观点。然后评论每个观点的强项和弱项。如果你的结论是其中一个观点完全正确而其他观点都是错误的,那请解释一下你是如何得出这一结论的。如果(**也是更有可能的**)你发现一个观点比其他观点更有洞见,但这些观点都提出了某些有根据的论点,那就构建一个**综合了**所有各方洞见的你自己的观点,并且解释为什么这一观点是所有观点中最合理的。在作文或口头报告中按照指导教师的要求表述你的回答。

　　　　被捕获的恐怖分子应当在军事或刑事法庭上审判吗? 当美国决定用古巴关塔那摩湾的军事基地拘押在伊拉克战争的战场上捕获的人员时,许多人抗议这个决定。一些人认为,被捕的人员应当被视为刑事犯而非战俘,并获得美国宪法对所有受指控的人所保障的权利。另一些人主张把这些人划入战俘人员并依据 1949 年日内瓦公约的规定来对待他们。政府决定的支持者们反对这两种意见,辩称被俘的恐怖分子既非罪犯也非军人,而是"非法武装分子",并且指出,任何其他的身份指认会给美国增加负担,它使得美国难以与恐怖主义作战,并且威胁国家安全。

借助 GOOGLE(谷歌)搜索引擎检索"被捕的恐怖分子身份"开始你的分析工作。

第|二|章
什么是批判性思考?

亚瑟读一年级时,老师指导全班同学进行"思考",她说:"现在,同学们,我知道这个问题比我们一直在学的东西有点难度,但是,我将给你们额外的几分钟去思考它。现在开始思考吧。"

亚瑟不是第一次听到这话,他在家里已经听到好多次了,但他始终弄不清这种方法。老师似乎要求的是某项特殊的活动,是他应该知道如何开始和停止的某件事情——就像他父亲的汽车一样。"嗯,嗯,嗯",他嘟囔着发出声响。因为他的困惑,他没有意识到自己正发出响声。

"亚瑟,请不要出声,开始思考。"

他感到尴尬,不知所措,于是低下头,看着课桌。然后,他透过眼角的余光,注意到旁边的小女孩正盯着天花板。"也许这就是你开始思考的方法",他猜测道。他判定其他同学可能在去年已学会如何思考,那时候他正因为麻疹在家养病。于是,他也盯着天花板。

亚瑟上小学和中学时,数百次地听到同样的要求。"不,这不是答案,你没有思考——现在**思考**!"偶尔,他会听到特别自怜的老师大声地对自己说:"我到底做了什么才得到这种报应?他们在小学不再教孩子们什么东西了吗?你们这些人不关心思想吗?思考,该死的,**思考**。"

于是,亚瑟感到对整件事有些内疚。显然,这种思考是一项他还未学会的重要活动。也许他缺少脑力。但他足够聪明。他曾看着其他同学,仿效他们的做法。只要老师开始要求思考,他就振作精神,皱起眉头,挠头托腮,凝视空旷处或是天花板,默默地对自己重复说:"让我们考虑一下,我已经开

17 　始对此思考了,思考,思考(我希望他不要叫到我),思考。"虽然亚瑟并未意识到这一点,但这也正是其他同学对自己所说的。

　　你的经历也许与亚瑟相似。也就是说,许多人可能只是告诉你去思考,却根本未解释思考是什么,以及一名好的思考者具备什么样的品质,而这是差的思考者所缺乏的。如果事实如此,那你就有很多同伴。广泛、有效的思维训练是例外而非常规。这个事实及其令人遗憾的结果是由对人的生存条件卓有成果的观察家们所做的下述评论得出的:

　　　　对我来说,生活中最有趣和令人震惊的矛盾是:一方面,几乎所有人都不断坚持"逻辑"、"逻辑推理"和"合理推理";另一方面,他们却不能表现出这种能力,当别人表现出来时也不愿接受之。[1]

　　　　我们大多数所谓的推理在于为继续相信我们已经相信的东西找到理由。[2]

　　　　清晰的思考是非常罕见的事,但甚至简单清楚的思考也几乎是罕见的。我们许多人在大多数时间里根本就不思考。我们信奉并且感觉着,但并不思考。[3]

　　　　思想懒惰是人最常见的特质之一。[4]

　　这个每人都声称重要却没有几个人能掌握的活动是什么呢? 思考是一个普遍术语,它涵盖了从白日梦到反思和分析等许多活动。下面是罗杰特(Roget)的《分类词汇编》(Thesaurus)中所列出的"思考"(think)的近义词:

评价	商讨	幻想	推理
相信	默想	想象	反思
动脑筋	慎思	沉思	反复思量
思索	领悟	冥想	推测
设想	讨论	细想	假设
考虑	空想	认识	衡量

　　所有这些都是归入思考一类的**名称**。但它们并没有解释它。事实是,

在人类数千年思想的历程、谈论和写作有关思考的文字之后，它在许多方面仍是我们生存的一个巨大的谜。虽然许多事情还有待学习，但是，我们已经知道许多了。

心智、大脑，抑或两者兼有？

许多现代研究者把**心智**（mind）用作**大脑**（brain）的同义词，好像这个在人头盖骨里的身体器官独一无二地负责思维。这种做法方便地假设了，一个挑战了最伟大的思想家们近千年的问题（心智与身体物质之间的关系）在没人注意时不知怎么就解决了。而这个问题本身和花费毕生精力努力解决它的那些人，其价值更高。

神经科学对大脑的认知或思维活动提供了不少宝贵的见解。研究文献记载，大脑的左半球主要涉及详细的语言处理，并且与分析和逻辑思维相联系，而右半球则主要处理感官映像，与直觉和创造性思维相联系，位于两个半球之间的一小簇神经（胼胝体）则把各种功能整合了起来。

导致这些见解的研究证明，大脑是思考的**必要条件**，但没有表明大脑是思考的**充分条件**。事实上，许多哲学家声称它永远也不可能是充分条件。他们认为，可以证明心智与大脑是不同的。大脑是由物质组成的**物理**实体，因而会衰退，而心智则是**形而上的**实体。你在最强大的显微镜下研究脑细胞，永远不会看到一个观念或概念——例如，漂亮、政府、平等或爱——因为观念和概念不是物质实体，所以没有物理维度。那么，这些非物质的事情存在于何处？ 在非特质的心智中。[5]

已故美国哲学家威廉·巴雷特（William Barrett）说，"历史基本上是人类意识的冒险"和"人类根本的历史就是思想史"。在他看来，"现代历史的最大嘲讽之一"就是，由于人类心智而存在的科学，已经胆大妄为到否认心智的实在性。正如他所指出的："子女不认父母。"[6]

关于心智是否为实在的论辩，并不是几个世纪以来围绕心智而激烈争论的唯一议题。一个特别重要的议题是，心智是**消极的**，即像约翰·洛克（John Locke）所主张的经验书写于其上的"白板"，还是**积极的**，即像莱布尼

18

茨(G. W. Leibnitz)所认为的我们用以采取主动并行使我们自由意志的工具。本书乃基于这后一种观点。

批判性思考的定义

让我们先在思考和感觉之间作一个重要的区分。**我感觉**和**我认为**有时可以交换使用，但这种用法招致混乱。感觉是包括情感、情绪和欲望的主观反应；它通常自发生成，而不是借助于一种有意识的精神活动而产生。我们不必运用我们的心智就可在被羞辱时感到愤怒，在受到威胁时感到恐惧，或者在看到一幅饥饿儿童图片时感到同情怜悯。这些感觉都是自发产生的。

感觉在引导我们注意到自己应当思考的问题上是有用的，它也能提供完成艰苦的脑力工作所需要的热情和献身精神。但是，它从来就不是思维的一个良好替代者，因为它极不可靠。有些感觉是有益的、高尚的，甚至是崇高的；而其他的则不是，就像日常经验所证明的那样。我们经常"觉得想"做会伤害我们的事情——例如，吸烟、不涂防晒剂的日光浴，对教授或雇主的直言不讳，或把租房的钱花在买彩票上。

齐达内(Zinedine Zidane)是他的时代最伟大的足球运动员之一。很多专家认为，在他的决赛赛季(2006)中，他会带领法国奔向足球巅峰——赢得梦寐以求的世界杯。但是，在争夺冠军的最后时刻与意大利队的比赛中，他在数亿人的注视下恶意用头顶撞一名意大利球员。裁判判罚他离场，法国输掉了比赛，也**不得不感到**玷污了齐达内奉献一生用以建造的光辉职业形象。

与感觉相反，思考则是用以解决问题、作出决定或取得理解而进行的有意识的精神过程。* 感觉除了表达自身以外没有其他目的，而思考则有超越自身而达成知识或采取行动的目标。这并不是说思考是不会错的；事实上，本书的大部分是专门揭露思考中的错误，并向你表明如何避免它们。尽管思考存在这些缺点，它还是我们人类拥有的最可靠的行动指南。总结一

---

* 思考的一些非正式定义包括白日梦。它被排除在本定义之外，因为它是我们很少使用或不能控制的一种消极的精神状态。因此，它对于评估思想也没有什么用处。

下感觉和思考之间的关系,感觉需要检验才能信赖,而思考就是检验感觉最合理和最可靠的方法。

　　思考有两大类：创造性的和批判性的。本书关注的焦点是后者。批判性思考的本质是**评价**。因此,可以把批判性思考界定为我们用以检验各种主张和论据,并判定哪些具有优点、哪些不具有优点的过程。换言之,批判性思考就是寻找答案,是一种**探究**。不足为奇,批判性思考中所使用的最重要的技巧之一是提问探索性的问题。非批判的思考者会接受他们自己最初的想法和他人陈述的表面价值,而批判的思考者则以下述方式质疑所有的想法：

20

思　想	问　题
维尔(Vile)教授在我的作文成绩上欺骗了我。他对一些主题的评分比其他的重要。	他对每个人采用了相同的评分标准吗？这种不同的权衡标准是正当的吗？
在妇女进入劳动力市场之前,离婚的人较少。这说明妇女的位置在家庭。	你如何知道是这个因素而不是其他因素导致了离婚人数的增加。
大学教育不值你所付出的学费,有些人的工资水平从来没有高过他们不读大学可以获得的水平。	金钱是衡量教育价值的唯一尺度吗？对自己和生活增进理解、应付挑战能力的提高的价值如何？

　　批判性思考也通过提出问题来分析议题。例如,考虑价值观的议题。当讨论它时,一些人说,“我们的国家已经丧失了它的传统价值观”和“如果父母和老师们都强调道德价值,就会出现较少犯罪,特别是暴力犯罪”。批判性思考会促使我们提问：

　　1. 价值观和信仰之间的关系是什么？价值观和信念之间有怎样的关系？

　　2. 所有的价值观都是**有价值的**吗？

　　3. 一般人对自己价值观的意识如何？许多人有可能对他们真实的价值观是自欺欺人的吗？

4. 一个人的价值观来自何处？出自其个人自身还是外在的？来自思想还是感觉？

5. 教育改变一个人的价值观吗？如果是这样，那么这种变化总是变得更好吗？

6. 父母或老师们应该设法塑造孩子的价值观吗？

批判性思考者的特点

对批判性思考存在不少误解。一是认为，能够通过推理来支持自己的信念，就可成为批判性思考者。实际上，每个人都有自己的推理，无论这些推理是多么的不充分。对批判性思考的检验是看这些推理是不是好的推理、是否充分。

另一个误解是批判性思考者从不模仿他人的思想和行动。如果事实如此，那每个古怪的人都会是批判性思考者。批判性思考意味着作出合理的决定，无论这些决定是普通的还是不寻常的。

第三个误解是，批判性思考是一个人头脑中拥有许多正确答案的同义语。当然，有正确答案没有什么错。但是，当正确答案不易获得时，批判性思考还包括寻找答案的过程。

还有一个误解是批判性思考不能通过学习来获得，人们要么有、要么没有批判性思考。恰恰相反，批判性思考是一个习惯问题。通过培养批判性思考者的特性，最疏忽、草率的思考者也能成为一名批判的思考者。这不是说所有人都有同等的思考潜力，而是说每个人都可以实现引人注目的改善。

我们已经注意到了批判性思考者的一个特征——提出恰当问题的技巧。另一个则是控制人的心智活动。约翰·杜威（John Dewey）曾指出，我们把比大多数人喜欢承认的更多的时间浪费在了"琐碎的脑海图景，随机的回忆，愉悦但无根据的希望，掠过的、半生不熟的印象"。[7]好的思考者也不例外。但是，只要他们愿意，他们就会比差的思考者更好地学会如何停止随意的、恍惚的景象漂移，以及如何把自己的心智固定在一个具体的问题上，仔细地考察它，并形成关于它的判断。换言之，他们已经学会如何控制自己的思想,积极和消极地运用心智。

与那些非批判性思考者相比,下面是批判性思考者的另外一些特性:

批判性思考者	非批判性思考者
以诚待己,承认自己所不知道的事情,认识自己的局限性,能看到自己的缺点。	假装自己知道的比做的还多,无视自己的局限性,并假设自己的观点无差错。
把问题和有争议的议题视为令人兴奋的挑战。	把问题和有争议的议题视为对自我的损害或威胁。
尽力领会复杂性,对其保持好奇心和耐心,并准备花时间去解决难题。	对复杂性缺乏耐心,宁可困惑不解也不努力搞明白。
把判断建立在证据而不是个人喜好上,只要证据不充分就推迟判断。当新证据揭示出错误时,他们就修改判断。	把判断建立在第一印象和直觉反应上。他们不关心证据的数量和质量,并且顽固地坚持自己的观点。
对他人的思想感兴趣,因而愿意专心地阅读和倾听,即使他们往往不同意他人的观点。	只关注自身和自己的观点,因而不愿关注他人的观点。一看到不同意见,他们往往会想"我怎么能够反驳它"?
认识到极端的观点(无论是保守的还是自由派的)很少正确,所以他们避免它们,践行公正性并且寻求平衡的观点。	忽视平衡的必要性,优先考虑支持他们既成观点的看法。
践行克制,控制自己的感情而不是受感情所控制,三思而后行。	容易遵从自己的感情和冲动地行动。

正如所提倡的这些可取的特性表明的,批判性思考依靠的是心智的约

22

束。有效的思考者对自己的精神生活施加控制,引导自己的思维而不是受其控制,在他们检验并证实任何思想观念(即使是他们自己的)之前,拒绝对其予以认可。约翰·杜威把这种心智约束等同于自由。也就是说,他认为没有心智约束的人不是一个自由的人而是奴隶:

> 一个人的行动如果不受深思熟虑的结论所指导,那就受不假思索的冲动,不平衡的偏好,怪念头或一时的情境所引导。养成不受限制、不假思索的外部行为的习惯就是助长奴役,因为它把人置于喜好、感觉和情境的控制之下。[8]

直 觉 的 作 用

直觉通常被界定为对某事的直接看法或理解——即**不运用理性推理**而对某事的感觉或理解。一些日常经验似乎支持这种界定。你可能碰到过一个陌生人,并且马上"知道"你们将是终身伴侣。当一名汽车推销员告诉你,他给你的报价是最后的、最低的价格,你的直觉也许告诉你他在说谎。在学习某个特定课程的第一天,你可能有一种强烈的感觉:你将会学不好它。

有些重要发现似乎瞬间发生。例如,德国化学家凯库勒(Kekule)就是以这种方式发现了解决一个化学难题的方法。他非常疲劳地进入了一场白日梦。一条首尾相咬的蛇的形象出现他的面前——这就提供了苯分子的结构线索,它是一个原子环而不是原子链。[9]德国作家歌德(Goethe)在得知一位好友悲惨地自杀时,正因组织一部作品的浩瀚材料而遭遇巨大困难。就在那一刻,组织他材料的计划具体地呈现了出来。[10]英国作家萨缪尔·泰勒·柯勒律治(Samuel Taylor Coleridge)(你可能在高中学过他的《老水手之歌》)从梦中醒来,头脑中清晰地记着一首崭新而复杂的诗句中的200—300行文字。

这些例子似乎显示,直觉很不同于理性,也不受理性影响。但

23

在接受这一结论之前,要考虑下述事实:

突破性思想偏爱受过训练的、积极的头脑。在某个课题上完全没有接受过训练的人对此作出重要的新发现,那是罕见的。譬如讲,如果凯库勒是一名管道工,歌德是一位图书管理员,而柯勒律治是一名理发师,那他们就很可能不会获得这些让他们成名的直觉。

有些直觉最终证明是错误的。那位有吸引力的陌生人可能并没有成为你的终身伴侣,而是你很讨厌的人。那位汽车推销员的最后价格也许证明就是那么多。而且,那门课你学得很好,而不是很坏。

很难对我们的直觉的性质作一个全面的评价,因为我们容易忘记那些证明是错误的直觉。

这些事实导致一些学者推断,直觉仅仅是思考的结果。他们也许会说,那个陌生人的某些事吸引了你,那位推销员说的或做的事情的确包含不诚实,关于那位教授的某事惊吓了你。在每个例子中,他们都可能解释,你作出了一个快速决定——事实上是太快了,以至于你没有意识到你已经进行了思考。在突破性思想的案例中,学者们会说,当人们开始专心于问题或议题时,他们无意识的头脑经常在就这些问题连续工作很长一段时间后,才把注意力转移到别处。因此,当一种深刻见解似乎是"无中生有"时,它实际上是思考的延迟结果。

哪一个是正确的直觉观点?它们是否不同于并独立于思考呢?也许眼下最审慎的回答是:它们有时是独立的,有时则不是。我们不能确定它们何时是,因而依赖它们便是轻率的。

24

批判性思考的基本活动

思考的基本活动依次是调查、解释和判断。下述项目概括了每项活动与其他两项的关系:

活动	定 义	要 求
调查	发现证据——即,将要回答有关该议题关键问题的资料。	证据必须是相关和充分的。
解释	判定证据的意义是什么	这种解释必须比其他竞争的解释更合理。
判断	就此议题得出结论	这个结论必须通过逻辑检验。

正如我们先前注意到的,不负责任的思考者先选择他们的结论,然后找出根据来证明他们选择的正确性。他们没有认识到,唯一值得作出的结论是基于对问题或议题以及它们可能的解决方案或决议的透彻了解。推测、猜想并形成预感和假设,这是可以接受的吗? 完全可以。这些活动为思考过程提供了一种有用的起点(而且,我们甚至在尝试过了以后也无法避免这样做)。关键在于不是让预感和假设操纵我们的思考,并预先规定我们的结论。

批判性思考与写作

写作可用于两个广泛目标之一:发现思想或交流思想。毫无疑问,你在学校进行的多数写作属于后者。但是,前者也可以是非常有用的,不仅用于整理你已产生的各种思想,而且激发新思想的流淌。由于某种原因,写下一种思想的行为本身看起来可产生其他的思想。

每当你写作以开发思想时,集中于你正考察的问题并记录下你所有的想法、疑问和断言。不要担心组织结构或正确性。如果想法产生得缓慢,那要保持耐心。如果一些想法突然地匆忙到来,那也不要试图减缓这个过程并把其中任何一个都开发出来;只需把它们全部记录下来(此后会有时间去详尽阐述和矫正)。直接面对你的心智劳动,但是,对意识边缘的想法保持敏感。它们往往也证明是宝贵的。

如果你已很好地记录下你的发现,并对你已产生的思想进行了批判性思考,那书面交流的工作就会比较容易,也比较值得享受。你将有更多有待

25

开发和组织的思想——仔细评估了的思想。

批判性思考与讨论[11]

从最好的方面说,讨论加深理解并促进问题的解决和决策。从最坏的方面看,它使神经紧张,制造敌意,并留下重要的问题悬而未决。不幸的是,在当代文化中,最重要的讨论模式——收音机和电视的脱口秀——经常产生后一种效果。

许多主持人要求来宾用简单的"是"或"不是"来回答复杂的问题。如果来宾以这种方式来回答,他们就会被批评为过于简单化。反之,如果他们试图给出平衡双方的答案,主持人就会叫嚷"你没有回答问题",然后就自己作答。同意主持人观点的来宾会受到热情款待;而其他人则会以无知或不诚实的理由而被开除。通常,当两个来宾进行辩论,一人喊"让我说完"时,每一方都轮流打断对方。无人表现出任何了解对方的意愿。一般而言,当节目临近尾声时,主持人感谢参与者的"热烈辩论",并向观众承诺下次将有更多同样的辩论。

这里有一些简单的指导原则用以确保你参与的讨论(在课堂上、工作场所或在家里)比你从电视上看到的更加文明、有意义和富有成效。遵从下述指导原则,你将为周围的人树立一个好榜样。

只要可能,就提前做准备。 并不是每场讨论都能提前准备的,但许多讨论都可以。在召开企业或委员会的会议之前,通常提前几天先传阅议事日程。而且,在大学课程中,进度时间表提供了某天将在课堂上讨论内容的可靠指示。利用这些提前获得的信息为讨论做好准备。首先,考虑一下你对该话题已经了解的知识。然后决定如何扩展你的知识,并花一些时间这么做(在因特网上重点搜索 15 或 20 分钟就能把几乎所有主题上的大量信息找出来)。最后,尝试预测在讨论中有可能表达的不同观点,并考虑每一个观点的相对优点。在这个时候,让你的结论仍然保持相当的试探性,以便你对其他人将提出的事实和解释保持开放心态。

设定合理的预期。 你曾失望地离开过一场他人未放弃自己观点并接受你的观点的讨论吗？当某人不同意你的看法或者要求你有什么支持自己观点的证据时,你曾感到被冒犯了吗？如果你对这两个问题中的任何一个的回答是肯定的,那你可能对他人期望太高。人们很少轻易或迅速地改变自己的想法,特别是在长期持有的信念上。而且,当遇到与自己不同的观点时,他们当然想知道有什么支持这些观点的根据。期望有人质疑你的观点,并且从善如流地、优雅地作出反应。

抛弃自我中心和个人议程。 为了获得成效,讨论需要一种相互尊重和文明礼貌的氛围。自我中心显然产生对他人的无礼态度——特别是"我比其他人重要"、"我的观点比其他任何人的都好"以及"规则不适用于我"。个人议程,比如讨厌某个参与者或过于热衷一种观点,有可能导致人身攻击并且不愿倾听他人的观点。

起作用但不主导一切。 如果你是那种爱说话并有很多话要说的人,那你可能在讨论中比其他参与者发挥更大的作用。另一方面,如果你比较有节制,那就很少说什么。这两者中任何一种人都没有什么过错。但是,当每个人都献计献策时,讨论就是最有成效的。要做到这一点,健谈的人需要一点克制,而节制的人则要承担贡献他们想法的责任。

避免分散注意力的讲话习惯。 这种习惯包括开始说一句话,然后突然跳到另一句;说话咕咕哝哝或含糊不清;每个短语或从句不时地被发声的暂停("嗯"、"啊")或无意义的表达("诸如"、"你知道"、"人啊")所打断。这些恼人的习惯分散了人们对信息的注意力。为了克服这些习惯,你在说话时要倾听自己说了什么。更好的方法是录下你与朋友和家人的谈话(征得他们的许可),然后回放并倾听自己说什么。而且,你每次参加讨论都要力求表达上的清晰明了、直截了当和经济有效。

积极的倾听。 当参与者们并不相互倾听时,讨论就不过成了一系列的个人独白——每个人轮流发言,其他人则忽略正在说什么。这可能是相当无意识地发生的,因为大脑能够处理比最快的演讲者所能传达的还要快的思想。你的心智也许厌倦了等待,并且像一只挣脱链子的狗漫无目的地游荡。在这种情况下,你不是在听演讲者说什么,而是考虑他的服饰或发型,或看看窗外,观察那里正在发生的事情。即使你竭力倾听,也容易走神。如果演讲者的话触发了一个无关的记忆,那你可能溜回那个从前的时间和地点。如果演讲者说了些你不赞同的事，那你可能开始构思一个回答。保持注意力的最好方法就是警惕这种分神并且抵制之。努力进入演讲者的思想架构，并理解所说的每句话，并把它与前面的话联系起来。每当你意识到自己在走神，就把注意力拉回话题。

27

负责任地判断思想。 各种思想在性质上千差万别，从深刻到荒谬、从有益到有害、从崇高到卑鄙不等。因此，对它们进行判断是恰当的。但是，公正性要求你把判断建立在对想法的所有强项和弱项进行慎思考量的基础上，而不是建立在你最初的印象或感觉的基础上。对不熟悉或与你意见不同的观点要特别小心，因为这些是你最容易拒绝公正地听取的观点。

抵制喊叫或打断的冲动。 毫无疑问，你知道喊叫和打断是粗鲁和无礼的行为，但是，你认识到在许多情况下它们也是一种心智不安全的征兆吗？的确如此。如果你确信自己的想法正确，那你就不需要提高声音或使他人保持沉默。即使其他人诉诸这种行为，展示信心和品格的最好办法就是拒绝针锋相对地如法炮制。给自己订一条规矩：不要以不可反对的方式表示异议。

避 免 抄 袭[12]

一旦把思想用语言表达出来并予以发表，它们就成了"智慧财产"，而且，作者对它们所拥有的权利跟他或她拥有如房子或汽车等实物的权利是一样的。唯一真正的差别在于，智慧产权是用心智努力而不是金钱来购得的。任何一个曾经绞尽脑汁试图解决问题或把思想用清晰和有意义的文字表达出来的人，都能体会到心智努力会是多么艰辛。

剽窃是把他人的思想和语言冒充成自己的。这是双重冒犯，因为它既盗窃又欺骗。在学术界，视剽窃为道德亵渎，并受到论文或课程不及格的惩罚，甚至被机构开除。在学界以外，如果思想或语言的所有人愿意起诉，那它就是可能被指控的罪行。不管是何种情况，正如以下事例所显示的，违规者都遭受了诚信和名誉上的损害。

- 当南非的一所大学获悉马尔克思·查贝尔（Marks Chabel）教授的博

士论文大部分抄袭了佛罗里达大学的金伯利·兰格兰(Kimberly Lanegran)的成果时,大学解聘了他。而且授予他博士学位的大学取消了他的学位。

● 美国参议员约瑟夫·拜登(Joseph Biden)寻求 1988 年民主党总统候选人提名时,被揭露抄袭了英国政治人物尼尔·金诺克(Neil Kinnock)和罗伯特·肯尼迪(Robert Kennedy)的演讲片断,同时还获悉他在法学院读书时,抄袭了一篇法律文章的许多内容。接连发生的丑闻导致拜登退出候选人竞争,并且继续玷污他的名誉。

● 历史学家斯蒂芬·安布罗斯(Stephen Ambrose)被指控多年来抄袭几位作者的著作。林登·约翰逊总统的顾问和历史学家桃瑞丝·古德温(Doris Goodwin),遭受了类似的窘境,她被发现在她的一本书中抄袭了不止一个来源。

● 当苏格兰历史学家詹姆斯·麦凯(James A. Mackay)于 1998 年出版一部亚历山大·贝尔(Alexander Graham Bell)的传记时,罗伯特·布鲁斯(Robert Bruce)提供证据证明,该书大量抄袭他 1973 年获得普利策奖的传记。麦凯迫于压力将他的书撤出市场。难以置信的是,他没有从此事吸取教训,后来又出版了一本约翰·琼斯(John Paul Jones)的传记,该书抄袭了塞缪尔·莫里森(Samuel Eliot Morison)1942 年的一本书。

● 当《纽约时代》记者詹森·布莱尔被发现抄袭了其他记者的故事,并在他的故事中杜撰引文和细节时,他在耻辱中辞去职位。不久之后,曾是他最密切的指导者的两名资深编辑也辞去职务,据报告是由于他们不负责任地处理了布莱尔的报道和随后的丑闻。

有些抄袭案是因为故意欺诈,而另一些则是粗心大意。但是,许多、也许是大多数案例则是由于误解。"把你的论文建立在研究而不是你自己无根据的意见的基础上"以及"不要把他人的观点表述为你自己的",这些看起来是自相矛盾,可能使学生不知所云,特别是在没有进行澄清的时候。幸运的是,有一种遵从指示和在此过程中避免剽窃的方法。

第一步:当你研究一个课题时,把其他来源的思想与你自己的思想区分开来。首先把你查阅的每条信息的来源都记录下来。对因特网资源,记下网址、材料的作者和标题以及你访问的日期。对于书籍,记下作者、标题、出版地、出版社和出版日期。对于杂志或期刊文章，记下作者、标题、刊物名称及其发行日期。对于电视或电台广播，记下节目名称、台号和广播时间。

第二步：当你阅读每个资料来源时，用笔记记下你想在自己的写作中引用的思想。如果作者的话非常清楚和简洁，那就精确地复制它们，并用引号把它们标注起来。否则，就作**转述**——即用你自己的话重述作者的思想。把作者这段话出现的页码记下来。

如果作者的思想激起了你心智中的反应——比如一个问题，这个思想与你读过的某件事之间的联系，或是你自己的一段支持或质疑作者所说内容的经验——把它写下来并用方括号（不是圆括号）括起来，以便你在复习笔记时能知道它是自己的。下面是有一个说明这两个步骤的研究记录的例子：

> 莫蒂默·阿德勒（Adler, Mortimer）在《伟大的思想：西方思想汇编》（纽约：麦克米兰，1992）中说，古往今来，哲学家从古希腊起就对各种思想是否真实而进行争论。他说，引人注目的是，那些最负盛名的思想家对于真理是什么达成了共识——"思想与现实相符合"（867 页）。还讲到，弗洛伊德（Freud）将此视为科学的真理观。他引用弗洛伊德的话："这种与真实的外部世界的符合我们称之为真理。这就是科学研究的目的，即使这种研究的实用价值并不令我们感兴趣。"（869 页）〔我说真实的陈述符合事实，虚假的陈述不符合。〕

无论何时，甚至是一年以后你回顾这些记录时，你将能一眼就看出哪些思想和语言是作者的，哪些是你自己的。上面前三句除了直接引语的部分以外，是对作者思想的改述。第四句是直接引语。方括号里最后一句是你自己的思想。

第三步：你在写论文时，通过审慎地运用引语和改述来把借用的思想和语言加入你自己的作品中。此外，注明各位作者说的话。你这里的目的是消除有关哪些思想和语言属于谁的所有疑虑。在正式表述时，出处以脚注来标注；在非正式表述时，只需提及作者的姓名就可以了。

29

这里是一个例子,说明如何把莫蒂默·阿德勒的材料写入文章。(请注意所采用的脚注形式。)第二段例示你自己的思想有可能如何扩展:

莫蒂默·阿德勒解释道,古往今来,哲学家从古希腊时代开始就围绕各种思想是否真实而进行了争论。但对阿德勒来说,引人注目的事情是,即使在论辩时,最负盛名的思想家们也就什么是真理达成了一致看法。他们把真理看作"思想与现实相符合"。阿德勒指出,西格蒙德·弗洛伊德(Sigmund Freud)认为这也是科学的真理观。他引用弗洛伊德的话如下:"这种与真实的外部世界的符合我们称之为真理。这是科学工作的目的,即使当这项工作的实用价值并不令我们感兴趣。"*

这种真理符合论与这样的常规相一致,即一个陈述如果符合事实就是真实的,如果不符合就是虚假的。例如,"纽约世贸中心的双塔在 2002 年的 9 月 11 日被摧毁"就是虚假陈述,因为,它们是在此前一年被摧毁的。我也许真诚地相信它是真实的,但我的相信并不影响该事实的真理性。同样,如果一个无辜的人被定犯有某项罪行,法院的判决或世界接受这种定罪都不会使他减少无辜。我们也许可以自由地想象我们所期望的,但我们的思考并不能改变现实。

应 用 练 习

1. 回想一下你以前的学校教育。你的经历与本章开头说到的亚瑟有多近似? 予以解释。

2. 反思一下你聚精会神的能力。你感到在思考重要问题上有困难吗? 你能够防止随意的、半意识的影像漂移打断你的思考吗? 你在某些情况下

---

* Mortimer J. Adler, *The Great Ideas: A Lexicon of Western Thought* (New York: Macmillan, 1992), pp. 867, 869.

的控制力比其他情况下差吗？予以解释。

3. 根据本章"批判性思考与讨论"一节列出的好的思考者的八个特性逐一评价你自己。哪一项最强？哪一项最弱？如果你的行为随情形的不同而变化，那就努力判断哪些种类的问题或情境可给你带来最好和最坏的精神品质。

4. 思考你是如何处理问题和议题的。你考虑问题或议题的方式存在任何模式吗？一个形象最先出现在脑海中？或许是一个词？接下来出现的是什么？随后是什么？如果你不能完全回答这些问题，那就做如下练习：向前翻动本书五至六页，随意挑一句话，阅读它，并注意你的大脑是如何处理它的。（关于你思维的这种思考方式也许开始时有点不熟练。如果是这样，那就尝试做两三次这样的练习。）

5. 仔细阅读下面的每一句陈述。然后判断哪个（些）问题（如果有的话）是一个好的批判思考者会觉得适合提出的。

a. 电视新闻对战争的处理采用了轰动效应的手法，因为它只呈现给我们伤害、死亡和破坏的图景。

b. 我的父母太严厉了——在 16 岁之前，他们不允许我约会。

c. 显然，拉尔夫不关心我——当我们经过大厅时，他一句话也不说。

d. 在新闻网上的一则商业广告："新闻时时刻刻都在发生变化，所以，你要持续不断地更新你的信息。"

e. 亚拉巴马州公立小学的一名老师让学生背诵主祷文（Lord's Prayer）并在饭前祈祷，这位老师说："我认为作为老师工作的一部分就是向孩子们灌输过好生活所需要的价值观。"

不同的观点

下面的段落总结了一个重要的不同观点。读完这个陈述后，利用图书馆和/或网络，找出有见识的人对这一问题的看法。确保能涵盖各种观点。然后评估每个观点的强项和弱项。如果你的结论是其中一个观点完全**正确而其他观点都是错误的**，那请解释一下你是如何得出这一结论的。如果（也

是更有可能的)你发现一个观点比其他观点更有洞见,但这些观点都提出了某些有根据的论点,那就构建一个综合了所有各方洞见的你自己的观点,并且解释为什么这一观点是所有观点中最合理的。在按照你指导教师所规定的作文或口头报告中表述你的答案。

美国政府对非法移民应当作出什么反应? 随着美国南部边境暴力事件的增加和非法入境的持续,许多美国人对于联邦政府未能解决边境问题日益失去耐心。亚利桑那州已经采取行动抓捕非法入境者,但被批评是干涉联邦管辖的事务。亚利桑那的做法是最合理的吗? 如果不是,怎样的做法才是最合理的?

借助 GOOGLE(谷歌)搜索引擎检索"亚利桑那非法移民"开始你的分析工作。

31

第 | 三 | 章
真理是什么？

数百年来，哲学家们一直争论是否存在"真理"。这种辩论通常关注(大写的)绝对真理，即对过去、现在或将来是什么的内容不会出错、不必怀疑和争执的一种完整记录，对人们思想和理论之对或错的最终检验。

承认这种绝对真理存在的那些人认为，它是一种精神实在，而不是物理实在。这就是说，它不是一段优质横木或文件抽屉——而是超越时空的。它被认为是对神灵的领悟，或是上帝头脑中的思想，或仅是所有实在的总和。人究竟能否认识绝对真理？一些人说不能，永远不能。另一些人说可以，但只有在来世。还有一些人说，最睿智和最优越的人能瞥见它，而其他人则能通过这些特殊的人来了解它。

否认这个令人敬畏、无所不包的绝对真理观念的那些人辩称它是一个空洞的观念。如何能以这种方式来总结所有的实在呢？更重要的是，能提供什么样的可能证据来支持这个真理的存在呢？许多这么想的人把绝对真理的理念当作一厢情愿的、一种哲学保护伞而予以否定。一些人走得更远，甚至否认普遍真理的存在。

我们的时代继承了这整个论点。但是，关注的焦点却发生了变化。它很少再关注绝对真理。即使的确存在绝对真理，它对我们的世界和生活也少有帮助，因为它超出了人类的理解。甚至许多持有强烈的和相当保守的宗教观点的人，也不再认为绝对真理的问题对他们信仰的理解或践行是重要的。

然而，(不是大写的)真理的问题仍然存在，并且我们对这个问题所持的立场的确对我们如何进行思考和行动具有重要的影响。不幸的是,对这个概念还有许多模糊和混乱之处。本章的其余部分将试图予以澄清。

今天,把真理看作是相对和主观的,已是一种时尚。俗话说:"每个人创造他或她自己的真理,对你是真理也许对我并不是。"这句话的含义远远超出了"这是个自由的国度,我可以相信自己想要的"这种说法。于是,这个陈述就变成了**任何一个人认为是真理的任何事情,都是因为他或她认为它是真理**。毫不奇怪,质疑他人对某个问题的看法令人生厌。"你们正在谈论的就是我的真理,巴斯特(Buster)。请给一点尊重。"

这个观念的含义相当令人惊愕,但由于某些原因,很少有人认识到这些含义,而且更少的人有兴趣检验其合理性。一种含义是,每个人都对,无人是错的。事实上是无人**有可能**出错。(一种可反对客观检验——真实/虚假、多种选择等等的论辩:"教授,我的答案不可能错。它们是我的真理!")另一种含义就是,每个人的感知和记忆都是完美无瑕的,从不会出错、失灵或有过失。第三种含义就是无人采纳他人的"真理"。创造真理的想法排除了借用——如果真理完全是个人的,那每个人的真理必定是独特的。让我们更加仔细地考察这些观点。

究竟始于何处?

如果我们仅仅关注成年时期,那我们不受外界影响或帮助就创造真理的这种想法也许听起来就是合理的。但是,我们一考虑童年时期,这种意见就令人怀疑,因为我们在童年时期完全依赖于每一种感觉:在生理、感情和智力上依赖。我们了解和相信的每件事都是别人告知我们的。我们提问——"为什么,妈妈?""为什么,爸爸?"我们的父母作回答。我们接受这些答案,并将其作为我们信念体系的基石,无论在成年时期它会变得怎样复杂。

当然,相对主义者可能声称,当我们步入成年时,会把所有这些早期影响抛在脑后,但是,这否认了最基本的心理学原理。下面是一位作者如何解释童年经验的持续影响:

我们在观察世界之前，都是被告知世界如何。我们在体验大多数事情之前，先想象它们。除非教育使我们敏锐地意识到这一点，否则，这些先入之见深深地控制整个感知过程。他们把某些物体标识为熟悉或陌生的，强调差异性，以致把稍微熟悉视为非常熟悉，把有点陌生视为迥然相异。从真实指标到模糊类比不等的各种小迹象都能引发这些先入之见。一旦发生，它们就用旧形象淹没新视觉，并将其投射到被激活进入记忆的世界之中。[1]

34

你听到过一句老话：**"所见即所信。"** 反之也同样正确——**所信即所见。** 在或多或少的程度上，我们视为自己独特视角的看法承受着他人思想和信念的印记。

不完善的感知

感知是没有缺点的吗？几乎不可能。首先，它受我们的欲望、兴趣和期望的影响："感知从一开始就是有选择的，并倾向于简化我们周围的世界。记忆持续并加速了这个过程。"[2] 其次，即使在它有限的关注范围内，感知也经常出错。一名大学生完全有把握地肯定教科书上的某个陈述可回答一道考试题。但是，当这名学生拿回批改过的试卷时，发现这道题判为错，然后匆忙翻开书，再查看这一段，他或她也许发现它说的完全是另外一回事。

在 20 世纪三四十年代，常看电影的人在人猿泰山发出他著名的吼声并荡过树梢抓住坏人时，兴奋不已。如果告诉他们人猿泰山从没发出那种吼声，他们会说："错了，我们亲耳听到的。"但此言并不对。据首批出演人猿泰山角色的一名演员巴斯特·克拉比（Buster Crabbe）说，吼声是在电影制片厂配的音。它混合了三种声音——女高音、男中音和 hog caller 音乐声。

从 9 月到次年 1 月，每个周末至少有 12 次通过瞬间回放这种令人惊奇的技术凸显出人的观察之不完善。没有见过经常叫嚷"黑哨"而片刻之后就被证明是错误的橄榄球迷吗？我们可以足够有把握赌一个星期的工资说，在球出手之前接球员的脚落在界内或完成了持球回跑。然后瞬间回放显示我们最初的感知是多么不正确。

处理人的证词的那些人——特别是出庭律师、警官和心理学家，长期以来一直注意到感知的反复无常。人们普遍认为，许多因素能使我们的所见和所闻不准确。黑暗、阴沉的环境，或远离我们见证的事物，有可能模糊我们的视觉。我们也许在关键时刻分神。如果我们疲劳或受强烈感情如恐惧或愤怒所控制，那我们正常的感知力也许会大大减弱。而且，感知还可能与解释相互交织——对事情以某种方式展现的期望有可能影响我们对事情实际进展方式的感知。对所涉及的人或事的忠诚和热爱也可能扭曲我们的视觉。如果我们不喜欢的某个人大声说话并且神气活现，那我们有可能认为此人是故意炫耀以引人注意。但如果是一个朋友以同样的方式行事，那我们就把他或她看作活泼和外向。

不完善的记忆

即使我们的感知最初是正确无误的，我们的记忆也经常扭曲它。我们忘记了细节，当后来试图回想发生什么时，我们就求助想象来填充这些空白。虽然我们可能最初意识到这样一种重建过程在发生，但这种意识很快就消失了，我们开始相信自己记起来的正是最初的感知。正如心理学家威廉·詹姆斯(William James)所解释的：

> 虚假记忆最常见的来源是我们向他人对自己的经验所作的解释。对这样的行为我们几乎总是做得比真实情况更简单、更有趣。我们引用我们应该说和应该做的，而不是我们实际说或实际做的；在第一次讲述中，我们也许会充分意识到这种区别，但不久[以后]，虚构就把真实从记忆中驱逐出去并[取代了它]。我们以为自己所希望的事情已经发生，并考虑行为的可能[解释]，很快，我们就不能把实际发生的与我们关于可能发生的事情的想法区别开

来。我们的愿望、期望，有时还有恐惧都是控制的因素。[3]

似乎这还不够，记忆还易受自己头脑以外的情事所污染。记忆研究专家伊丽莎白·洛夫特斯(Elizabeth Loftus)向孩子们放映一分钟的电影，然后问："你看到了一只熊吗？"或者"你看到了一艘船吗？"他们说看到了，尽管电影中并没有熊或船。她还给成年人放映有关汽车事故的电影，然后给他们提问。通过用"撞碎"而不是"碰撞"一词，她能改变观众对汽车速度的估计，并且给他们造成撞碎玻璃的记忆，而实际上并没有。在另一次实验中，洛夫特斯要求大学生的父母描述自己儿女童年时期的一些事情。然后她跟每个学生谈论这些事，但同时添加一两件捏造的事件。仅稍微哄骗一下，这些学生就"记住了"这些捏造的事件，并能阐述细节，而且在某些情况下，即使洛大特斯解释自己所做的事情，他们也拒不相信它们是捏造的。[4]

有缺陷的信息

在很大程度上，一个信念的质量取决于支持它的信息的质量。因为这是一个庞大的世界，现实有多张面孔，我们容易被误导。由于错误的指点，多少司机转错了方向？多少人上错了巴士或火车？多少位汽车拥有者因服务站工作人员的某些建议而给轮胎多打或少打了气？而且，如果误导信息在如此相对简单的事情中很常见，那在法律、医药、政府和宗教这些复杂问题中，它要更常见多少呢？

当然，对一个特定领域的研究，有可能奉献出毕生的精力。但是，即使作出这种奉献的人也不会了解自己学科的一切。事情一直在发生着，变得太快。无论我们是否看到，它们都在发生。当我们喝咖啡小憩或去洗手间时，并没有办法使其终止。离家三个月的大学生有可能生动地画出邻家的榆木树，但它却可能在两个月前就被砍掉了。一个士兵也许完整地记得家乡的一切——每一个景色、声音和气味，回家却发现主街道的一半被市区的更新所摧毁，老旧的中学已经关闭，一辆新轿车停在他最好朋友的门前的车道上。

36

即使最明智的人也会出错

我们迄今已经确认,人们在自己所感知和记忆的事情上有可能出错,他们所接收的信息可能是错误或不完整的。但是,这些事关涉到个人。然而,**群体**判断——当代最优秀的思想家们,最明智的男人和女人们的仔细分析观察——的情况又怎么样呢? 其记录更好些吗? 让人高兴的是,它是好些。但是,它也不尽如人意。

经常,最受人尊重的头脑在某日视为真理的事,在后来被证明是错误的。毫无疑问,你知道一些这样的例子。在 17 世纪早期,当伽利略(Galileo)认为太阳是我们太阳系的中心时,他被指控为异端,遭到监禁,并迫使其声明放弃自己的错误。那时被每个称得上伟大的科学家接受的"真理":地球乃是太阳系的中心。

这里还有其他一些你也许没听说过的"真理"变成非真理的例子。

● 长期以来,外科医生在做手术时,把滑石粉涂在橡胶手套上。然后他们发现它可能有毒。于是,他们转向淀粉,却发现它可能对病人也有毒性作用。[5]

● 电影权威们确信熟悉已故的查理·卓别林(Charlie Chaplin)出演的所有电影。而在 1982 年,一部此前不为人知的电影在英国电影档案馆被发现。[6]

● 几百年来,历史学家认为庞培(Pompeii)人在公元 79 年的维苏威(Vesuvius)火山爆发中被埋没,而邻近的赫库兰尼姆(Herculaneum)居民则逃脱了。后来在火山灰下发现的 80 具尸体(以及暗示有数百人被埋)表明许多赫库兰尼姆人也被埋没。[7]

● 你的祖父母可能知道我们的太阳系有 8 大行星。自 1930 年发现冥王星以来,你和父母知道有 9 大行星。但是,如果加利福尼亚大学约瑟夫·布雷迪(Joseph L. Brady)观察正确的话,你的孩子将知道有十大行星。[8]可是最近,冥王星却从名单中剔除了。

● 医生用吗啡做止痛药多年后,发现人对它有依赖性。于是搜寻没有依赖性的替代物。发现的替代物是什么呢？海洛因。[9]

真理是发现的，不是创造的

让我们回顾一下我们的评估所揭示的内容。首先，我们的思想和信念不可避免地受他人的影响，特别是在童年时期。第二，感知和记忆是不完善的。第三，我们的信息可能会不准确或不完整。再加上第二章提到的事实，有些人的思维技能贫乏得可悲和／或被无效地使用，而且，那种"每个人都创造他或她的真理"的想法也让人感到可笑。不错，我们的确创造一些事物，但是，它不是真理。它是信念，即我们信以为真但很可能是虚假的想法。

那么，最合理的真理观是什么？关于某事的真理就是，**它原本就是什么**——其准确安排和比例上的事实。当我们的信念和断言与现实相符时，它们就是真实的，而不符合时就是虚假的。

篮球运动员在跳投之前已经超时了吗？引力是如何起作用的？谁偷了你的汽车轮盖？宇宙有时间／空间限制吗？上周末，你和邻居谁先发起了争论？你在这门课程中激发自己的潜能了吗？在这些问题上寻找真理，是为了找到符合事实的答案，即**正确**的答案。

真理是通过**发现**而被掌握的，发现是一个偏爱好奇和勤奋之人的过程。真理既不依赖我们对它的认可，无论如何也不因我们的无知而被改变，或者因为我们的一厢情愿而被改造。当地质学家挖掘图特王（King Tut）墓时，它不会自己冒出来；它在那里等待被发现。艺术的赝品在人们受骗时并不变成真货，在欺骗被揭穿时就显出是伪造物。香烟不会因为我们喜欢抽烟而变得对我们的健康无害。

关于真理的许多困惑来自其难以确定或表达的复杂情境。思考这样一个问题，真有外星人驾驶的 UFO 吗？虽然人们经常激烈地讨论这个问题，并且作出肯定的断言以表达真相，但还没有充分的证据说我们知道关于 UFO 的真相。但是，这并不意味着没有关于它们的真理，或者说肯定其存在的人与否认其存在的人一样是正确的。这意味着无论真相是什么，我们还没有掌握它。

38

类似的困难来自许多心理学和哲学问题——例如,为什么有些人是异性恋,而有些人是同性恋? 犯罪的原因是遗传或环境,还是两者的结合? 人类天生有暴力倾向吗? 有来世吗? 成功的构成要件是什么? 这些问题的答案经常是不完整或尝试性的,而且在本书的应用练习中你将碰到很多这样的议题。但是,这个事实并不应动摇你有关存在待发现的真理这一信念。

当 2001 年 9 月 11 日,飞机撞向世界贸易中心的双子座和五角大楼,杀害了数千人的生命时,该事件被官方定性为恐怖主义袭击。但此后不久,有人提出了一个很不同的理论——美国政府最高层的人们事先计划并实施了这些袭击,以为其对伊拉克的军事行动制造借口。这个阴谋理论得到了不少著名的支持者,包括影视明星,以及至少一位美国国会议员,并在世界上散布开来。例如在法国,一本支持该理论的书成了畅销书。这个议题成了国际辩论的话题——在某些角落里,人们至今仍然存在观点上的分歧。但据我所知,无论在这个国家还是在国外,还没有一个人采取了这两个观点都是正确的立场——也就是**每一方**都有资格宣称自己的真理性。如果任何人真这样认为,那他或她就会被这两方阵营批评为胡言乱语,并且把一个重要的议题琐碎化了。当面对像"9·11"这样的重要事件时,人们需要知道**唯一的**真相,究竟发生了什么。

拥有恰当的心境可以使你对真理的追求不那么负担沉重,并产生历史上最伟大的思想家所体验过的那种冒险意识。良好的开端是记住下面的思想:"我知道我有局限性并且容易出错。而且,毫无疑问,我将永远不可能找到自己想知道的所有答案。但是,我可以观察得更准确一点,权衡问题更全面一点,作出决定时更仔细一点。如果我这么做了,我就会更接近真理。"

这就迥异于下述说法:"每个人都制造他或她自己的真理"或者"这完全取决于你如何看待它",而且这种态度要合理得多。

理解原因和结果[10]

对发现真理的一些最困难的挑战发生于决定原因与结果的关系之中。不幸的是,在这些问题上的错误司空见惯。一个错误是在并不存在因果关

39

系的地方看到了这种关系。另一个错误是只看到简单而明显的因果关系，而忽视了复杂或微妙的因果关系。第三个错误是相信因果性只与物质的力量相关，并且与人间事务无关。为了避免这样的混淆，必须理解四个事实：

1. **一个事件可以先于另一个事件却并不导致该事件**。有些人相信，当一个事件先于另一个事件时，它就必定是另一事件的原因。大多数迷信都源于这种观念。例如，打碎一面镜子，看见黑猫穿过马路，或者在楼梯下面行走，都被认为造成了厄运。你不必犯这样的错误而成为相信迷信者。你可能相信你的教授今天出了一场事先未宣布的小测验，是因为学生们在前天漫不经心，而他也许在学期开始时即已计划好了这场测验。或者你可能相信股票市场的下跌是因为新总统就职，而实际上可能是其他的因素促使股票下跌。

先前事件必然导致随后事件这个信念的问题在于，这样的思维忽视了**巧合**的可能性。这种可能性是"相关性并不证明因果性"这一原则的基础。为了确定原因和结果的关系，有必要排除巧合，或者至少举出针对巧合的有说服力的案例来。

2. **并非所有的因果关系都包含强力或必然性**。**因果性**这个词通常与一种影响物质现实的物理行为相联系，比如，一个闪电击中一幢房屋，该房屋着火燃烧了。一只花盆偶然地从窗口跌落到地上打碎了。或者一辆高速行驶的汽车未能遵循弯道，冲出了公路，撞到一棵树上。这些例子适用科学的原理或规律（燃烧、重力、惯性），其结果是不可避免的，或许至少是可预测的。

这种类型的因果关系是有效的，但如果把它当作**唯一的**因果类型，那就错了。因果性也发生于我们称为人间事务的非物质的现实中——特别是在激情和思想的过程中。这种类型的因果性与科学的原理或规律没有多少关系（如果有任何关系的话），几乎不是不可避免的，往往也难以预测。如果我们要避免过度简单化，就需要以一种涵盖科学和人间事务这两个领域的方式来界定因果性。下面是这一点的一个注释：《牛津英语辞典》对**原因**给出的第一个定义是："产生了一个结果；造成了任何行为、现象或状况。""产生"与"造成"之间的区别是我们在此所关注的。因此，我们将把因果性界定为**一件事情影响另一件事情发生的现象**。这种影响可以是大的，也可以是小的,可以是直接的,也可以是间接的,在时间或空间上可以是接近的,也可以是远离的。它可以是不可抗拒的,如在上面所提到的燃烧、重力和惯性的例子;也可以是可抗拒的,如在下述父母的教导或同伴的例子中所显示的那样。在后一种情况下,以及在其他涉及观念的事情中,影响(原因)并不**迫使**结果发生,而是**诱使、促使**或**鼓励**其发生。考虑下面这些例子:

> 关于智力是由遗传决定的观念导致 20 世纪早期的教育得出思维是不能被教导出来的结论,因而强调死记硬背式的学习和扩大职业教育的课程。

> "人之初,性本善",因而个人不应对他们的恶行负责这一观念把责任转移给家长、教师和社会,并导致法官比较仁慈地对待罪犯。

> 一个种族或族群比另一个优越的观念导致针对相信国家的军事行动,歧视性法律、奴役制和种族灭绝。

> "不能信任 30 岁以上的人"这一观念在 20 世纪六七十年代的美国很普遍,导致许多年轻人蔑视他们父母和教师的教诲以及过去积累起来的智慧。

> 感觉是行为的可靠指南这一观念导致许多人把限制抛到一边,听从他们自己的冲动。这一变化可以说造成了不文明现象、道路抢劫和虐待配偶等社会问题。

> 自尊是成功的先决条件这一观念改变了传统的自我改善的观念,促成了上百本集中于自我接纳主题的书,并导致教育者关于家庭作业、打分和纪律的更加宽容的观点。

在上面每一个例子中,一个观念影响了一个行为或信念的产生,在此意义上是它的**原因**。专栏作家乔治·威尔(George Will)在面对"无人会因为观看'天生杀人者'或听'黑帮说唱录音'而毙命"这一陈述时,无疑持有这样一种因果性的观点。威尔回答说,"无人因为阅读纳粹反犹太人报纸《风暴》而毙命,但它所服务的文化导致 600 万犹太人死于非命"。[11]

3. 人间事务中有一张狂野的卡片——自由意志。至此我们注意到因果性在物质事件中通过强力或必然性而发生,但在非物质的事件——人间事务中通过**影响**而发生。而且,在人间事务中,结果在某种程度上是可预测的,但比在物质事件中低得多。现在,我们需要考虑它们为什么是可预测的。其答案是,因为**人们具有自由意志**——也就是以抵制甚至最强烈的影响的方式而作出反应的能力。自由意志本身是一种原因的因素,并且可以胜过其他所有的因素。这就解释了为什么有些人在最恶劣的环境中(比如在功能不良、虐待的家庭或者在主要收入来源是贩毒和卖淫的高犯罪的社区)长大,却能抵制所有负面的影响,并且成为体面的、勤奋工作和遵守法律的人。

41

　　有人正确地指出,人们很少能够选择将他们置身其中的环境,但他们总能选择对这些环境的反应,因为他们拥有自由意志。在对人间事务中的原因和结果的任何考察当中,必须考虑自由意志的因素。但是,**拥有**自由意志并不能保证我们会**运用**它。事实上,有一个因素使得这样的运用难以进行。这个因素就是习惯。

　　习惯使得吸烟者继续吸烟,说谎者继续说谎,自私的人继续自私自利,以及无数的人不假思索地追求最新的时尚。当顶尖的设计师说"底边应该抬高"时,许多妇女都追随听从。当尺寸不合、无裤带的工装牛仔裤成为时尚时,无数年轻人行走在大街上,他们裤子顶端落在臀部的中间,裤裆齐膝盖。当偶像运动员剃光头时,成千上万的粉丝也剃光了头。抵抗习惯的力量总是可能的,但决不容易。

　　最难破除的是随着时间逐渐养成的习惯。考虑一下对电视和电影中暴力和性内容的接受。在 20 世纪 50 年代,屏幕上没有显示多少暴力和性内容,偶有显示的也是温和的。只让观众瞥见少许血腥和打斗,闪现裸露的身体。一年又一年,这样的场景逐步增多,镜头慢慢推近,时间也一点点加长。随着时间的推移,一个又一个主题禁忌被打破。最终,暴力与性活动结合在一起,加入了强奸、儿童骚扰甚至人相食的场景。更近一些时候,该项工业精心制作了冲击感官的新手段——论辩项目,它描述真实发生的强奸杀人案,然后以极端逼真的方式呈现尸体解剖的每一个血腥镜头,伴随着频繁的图像闪回,让观众脑海中更新这些罪犯行为的惊人细节。

　　起初,这些暴力和性内容激起了抗议。但是,随着时间的推移,随着感觉形象变得熟悉,人们养成了接受它们的习惯,抗议逐步减少。(最终,这个习惯变得如此强烈,以致任何一个反对这种图像显示性和暴力的人都被认为是怪人。)这个案例中发生的不是人们失去其抗议的自由或能力,而是这个习惯夺走了他们抗议的意向。

4. 因果性经常是复杂的。当一颗小石子投入平静的池水,它在每个方向泛起了涟漪,这些涟漪可以影响更远的距离。美国航空航天局(NASA)研究人员发现了大气中起作用的一个类似的过程:空气中被称为悬浮粒的小微粒可以对其来源区域上千英里以外的气候产生涟漪效应。

人间事务的效应也可以是复杂的。一家化学工厂的老板也许在努力降低成本时,把化学品倾倒入附近的小溪,最终流入河中。这个行为可能产生了他意料之外的结果,河流污染,鱼类死亡,甚至让居住在远离此工厂的人们致癌。这些结果并不会因为他无意为之而不真实。

一名处于流感初期的妇女并未意识到自己已经生病,也许会在一架拥挤的飞机中打喷嚏,感染了数十名同行的旅客。作为其结果,他们也许会损失工作时间;有些人可能还不得不住院治疗;那些缺乏免疫力的人可能会死去。鉴于她并不知道自己的状况,合乎情理的人不会认为她要为自己打喷嚏的结果承担罪责(负道德上的责任),但是,仍然不会怀疑的是,她造成了这些状况。

一辆汽车夜晚在州际公路上行驶。迅速接续的事件发生——一头鹿窜了出来,驾驶员猛踩刹车,但仍然撞死了这头鹿,紧随其后的一辆车撞上了此车,后面的五辆车依次撞上前面的车。作为这一系列反应的结果,驾驶员和乘客们遭受了各种各样的伤害——系上安全带的受轻伤,其他人则受重伤。指认原因因素的任务要求小心关注细节。最初的原因是这头鹿在不幸的时间穿过马路。但这不是唯一的原因。第一位驾驶员导致了鹿的死亡。其他每一位驾驶员导致自己车前端和(六辆车的前五辆车)车后端的损坏。* 不系安全带的乘客使得他们的伤害比驾驶员和其他乘客更加严重。

这些例子包含了有关需要小心调查原因和结果的重要教训。但是,如

---

　　* 初想一下,在每个案例中,看起来前车驾驶员导致了他或她后面的事故。但是,法律规定每位驾驶员有责任保持足够的车距以停车并避免撞车。

果我们以调查通常进行的方式考察一个案例,这个教训就会更加清楚——这个方法就是时间上从最后的结果**向后推到**最早的原因;也就是推向"根本"的原因。

例如,有一段时间显而易见的是,生活在欧洲的中东裔人数如此剧烈地增长,以致按照一些观察家的说法,无须多长时间,欧洲也许就会成为"欧亚"。是什么**导致了**这种变化呢?分析家发现有几十年时间,欧洲的公司在其政府的允许下,一直邀请外国人在他们的国家工作,而这些工人把他们的家庭带过来,形成了他们自己的飞地,建造他们自己的清真寺和教堂,并"培育"他们自己的族群文化。下一个问题是,什么**导致了**这些政府同意这些工人的拥入?答案是,欧洲国家的本土人口减少到接近或低于"替代水平",本土出生的工人太少,不足以完成现有的工作,从而支持老人的退休金和医疗卫生服务。

是什么**导致了**人口的减少呢?20世纪六七十年代可以获得有效的生育控制技术,以及越来越多的家庭选择采用这些技术。是什么**导致**这些家庭限制他们孩子的数量?一个因素是长达一个世纪的人口从农村地区向城市的转移,而在城市,孩子是一个经济负担而不是资产。其他因素是,日益强调自我实现,以及相应的把养育孩子当作扼杀自我的倾向。

正如这个对原因和结果的简略分析所显示的,对复杂议题轻率不经意的反应(在本案中,"中东人正在试图占领欧洲"或者"十字军又来了,只是方向相反")不仅是无益的,而且是不公平的。下面的提醒将有助于避免分析当中的过度简单化。

　　记住,事件很少是(如果有的话)"偶然发生的"。它们是作为特定影响的结果而发生的,这些影响可以是大的,也可以是小的,可以是直接的,也可以是间接的,在时间或空间上可以是接近的,也可以是远离的;可以是不可抗拒的(强力或必然的),或者是可抗拒的(遭引诱、鼓动或怂恿的)。

　　记住,自由意志是人间事务中强大的原因,并且经常与其他原因交织在一起。在欧洲社会变化的例子中,人们从农村向城市的迁移以及生育控制的采用是个人的选择,但城市提供更多的工作

（经济现实）和生育控制技术（一项科学的进展）却不是个人的选择。

要意识到，在事件的链条中，结果经常成为原因。例如，欧洲人口的减少导致外国工人的迁入，这又导致了本土出生公民与外国公民之间比例的变化，这迟早可能改变大陆主导的价值观和态度。

要意识到，在处理人间事务时，结果有可能是不可预测的。因此，在确定原因时，你可能必须设定概率而不是确定性（如你在需要科学测定的事情上会做的那样）。换言之，你也许总结某事有相当可能发生，或者当概率很高时，在很大程度上更可能是原因。这两个结论的任何一个比只是概率具有大得多的强力，但它还少一点确定性。其差别大致类似于判决中的司法标准：在民事案件中，其标准是"证据的优势"或"明显的和令人信服的证据"，而在刑事案件中则是更严格的"超越合理怀疑的"标准。

在寻求真理时，你如果遇到可能的因果关系，切记上面的这些提醒。

44

应 用 练 习

1. 考虑最近某人不恰当地援引"我的真理"的情况，用你自己的话写下两三段，并向此人解释你从本章学到的东西。

2. 社会学的核心问题是，社会是如何进化的？有三位名人给出了颇不同的答案。奥古斯特·孔德（Auguest Comte，1798—1857）认为这包括三个阶段：宗教、形而上学和科学的阶段。赫伯特·斯宾塞（Herbert Spencer，1820—1903）认为它遵循达尔文的"自然选择"，在此过程中适者生存。卡尔·马克思（Karl Marx，1818—1883）认为它是在经济剥削的结果导致的阶级冲突中发生的。相对主义的信念（即每个人创造他或她自己的真理的信念）会增强或降低一个人分析这三种观点并探究社会发展问题的积极性吗？解释你的回答。

3. 阅读下面每一段，判断其合理性，并解释你的想法。

　　a. 相信"每个人都创造他或她自己真理"的人们决不应与任何人就任何事情进行论争。他们如果这样做，那就是自相矛盾。

　　b. 做任何事的积极性依赖于它还没有完成这一信念。每个丢失了贵重物品比如钻戒的人，都将努力甚至竭尽全力地寻找，直至找到它为止。但是，只有愚蠢的人才会在找到它以后还继续寻找。这与其他类型的寻找比如对真理的寻求并没有什么区别。我们一旦认为找到了，就不再去寻找了。

4. 多年来，小学生要面对这样的科学测验题："判断正误——著名的土星环是由固体物质组成的。"如果学生们选择"对"，他们就丢分，因为"真理"是土星环由气体或尘埃组成。而在1973年，雷达探测揭示出曾被认为错误的答案却是正确的。事实上，土星环是由固体物质组成的。[12] 这个令人困惑的案例似乎暗示**真理改变了**。真的如此吗？予以解释。

5. 这是校保安部门的一幕，有两名学生被询问。几分钟前，他们在餐厅参与了斗殴。校园警察再三询问是谁先动手的。所陈述的事实相互矛盾。因为每一个学生似乎的确深信对方是攻击者，而且没有目击证人，校园警察不可能发现事实真相。但是，存在一个待发现的事实真相吗？还是存在两个事实真相，每个学生各持有其中之一？本章就这些问题澄清了什么？

6. 心理学家们对一个影响世界上少数居民的奇异现象关注了一段时间。当它发生时，挪威人称之为"黑暗时期"，即每年有两个月，位于北极圈以上的地区经历无白天的漫漫黑夜。心理学家发现，这种现象对人们的影响是不幸的，甚至是危险的。在最糟糕情况时，人们经历了严重的紧张、疲劳、恐惧和一心想着死亡甚至自杀。在最好情况时，他们经历了不能集中精力、感到疲惫、对任何事缺乏热情、怀疑和妒忌。部分原因被认为是缺少睡眠。人们习惯于昼夜交替，持续的黑夜使其紊乱不堪。[13] 这种现象提供了一种对真理有趣的检验。在心理学家承认和认识它之前，说这种现象是真实的，这会是恰当的吗？抑或只有当他们意识到它时，它才是真实的吗？你与这种现象有什么关系吗？你在第一次知道此事（无论是在本书还是在其他

45

地方)之前,它曾经"对于你是不真实的"。但这使得它现在变得缺少真实性了吗? 根据本章内容作出解释。

7. 根据你在本章所学,判断下列对话。如果你缺乏判断该议题的足够知识,可查阅相关资料。

a. **玛萨**:我不关心法院如何对待堕胎——但我确信这就是谋杀,因为胎儿是人。

玛丽安:你要这么认为,那是你的事。但你不要把自己的信念强加于人,并阻止他们行使自己的权利。

玛萨:你好像不明白。不只是我子宫里的胎儿是人,而且每一个怀孕妇女子宫中的胎儿都是人。

玛丽安:胡说。你没有权利规定别人子宫中存在的是什么。那是她的事。你应该管好你自己的事情。

b. **芭比**:应当禁止播放关于自杀的电视节目。

肯:为什么?

芭比:因为它们导致人们自杀。

肯:太荒唐了。播放自杀悲剧的电视剧或纪录片如何能导致自杀?

芭比:我不知道它是如何发生的。也许是有些人已经有了自杀的想法,而电视节目则强化了这些想法。或者也许是他们着眼于自杀的行为而忽视其悲剧所在。我所知道的是,这种节目播放后,企图自杀的案子会上升。

c. **玛贝尔**:我注意到你一拿到报纸就翻到占星术那栏。你真的相信那些无稽之谈?

阿方斯:这不是胡说。这些行星对我们的生活有强大的影响;我们出生时间对应的天体方位能够决定我们的命运。

玛贝尔:我不能相信我所听到的这些废话来自一位学理科的学生。

阿方斯:你未能理解的是,占星学也是科学,它是最古老的科学之一。

d. **杰克**：你如何看待本章"真理是什么？"

罗基：这是愚蠢的。

杰克：你什么意思？

罗基：它与第一章相矛盾。

杰克：我未得出这种印象。哪里矛盾？

罗基：在第一章，作者说我们应争取成为个体并独立思考。现在他说，他关于真理的想法是对的，而我们的则不对，并且我们应遵循他的想法。这是自相矛盾的。

8. **集体讨论练习**：有多少次你确信是真实的某事尔后发现它不是真实的？跟两三位同学讨论这些经验。准备跟班上的其他同学分享这些非常戏剧性和有趣的经验。

不同的观点

下面是对一个重要的不同观点的总结。读完这个陈述后，利用图书馆或网络，找出有见识的人对这一问题的看法。确保能覆盖各种观点。然后评论每个观点的强项和弱项。如果你的结论是其中一个观点完全正确而其他观点都是错误的，那请解释一下你是如何得出这一结论的。如果(**也是更有可能的**)你发现一个观点比其他观点更有洞见，但这些观点都提出了某些有根据的论点，那就构建一个**综合了**所有各方洞见的你自己的观点，并且解释为什么这一观点是所有有观点中最合理的。在作文或口头报告中按照指导教师的要求表述你的回答。

谁应当为 2008 年的金融危机负责？这个议题仍然是克服该危机的后果并确保它不再重演的核心问题。评论员们就其原因存在分歧。有些人认为这是乔治·W·布什行政当局的政策；另一些人认为是克林顿行政当局的政策；还有一些人认为是华尔街执行官们的贪婪。而许多人则指出是 20 世纪 90 年代国会施压于银行给那些偿还不了的人提供贷款。还有些人说这场危机源于卡特行政当局时期，特别是 1977 年的社区再投资法案。

借助 GOOGLE(谷歌)搜索引擎检索"社区再投资法案"、"导致金融危机"和"次级房贷危机"开始你的分析工作。

第｜四｜章
认知意味着什么?

莎莉在做作文时抬起头,问室友:"embarrass 怎么拼写?"

南希说:"我不确定,我想它可能有两个 r 和两个 s。噢,我的确不知道。"

玛丽露出得意的笑容。"南希,我猜拼写可不是你的特长。正确的拼写是 e-m-b-a-r-a-s-s,只有一个 r。"

这个时候,莎莉已打开字典。"还是查找确认一下好",她说,"让我看看,embargo, embark... 在这儿,embarrass。两个 r 和两个 s,南希,你说对了"。

让我们更仔细地考虑一下所发生的事。玛丽**知道**答案,但她是错误的。南希**不知道**,但她是对的。令人困惑不解。这个"知道"能是什么样的事?当你正在知时,却没有在知。而当你没有在知时,却是在知。

幸运的是,事情只是显得这种方式。这种困惑的出现是因为在我们不知时,伴随着认知的感觉却可能出现。玛丽就有这些感觉。她不再感到疑虑或混乱不堪;她对答案有把握。但她却是错的。

认知的必要条件

因为南希答对了,所以她处在比玛丽好的地位。但是,她也不知道,因为知道不仅包括正确答案。它还包括**认识到**你已经拥有了它。

当然,问题也许不会总是像拼写一个单词那么简单。它可能要求了解许多细节、复杂的原则或一个过程中的各步骤。(它也许还包括一种技巧——知道如何做某事。但是,这个词的用法与我们这里所关注的稍有不同。)

认知通常也意味着其他事情——有能力表达知道什么和我们如何得知它。但是,事情并非总是如此。我们也许不能用文字表达我们的知识。我们至多也许能够说:"我只是知道,仅此而已"或者"我知道乃是因为我知道"。但是,这些回答是软弱无力的,很难让那些想验证我们的知识或获取知识的人满意。

48

检验你自己的知识

下面是一些"共同知识"。判定你已知道多少,然后(如果可能)判定你是如何知道每一个常识的。在继续本章学习之前,完成这个非正式的清单。

1. 是女人而不是男人有抚育特质。

2. 非洲裔美国人很少或不到一半定居于美国西部。

3. 发泄愤怒的效果是可减弱它,并使我们感觉好些。

4. 清教徒是"整洁、有礼貌和过分规矩的正经人"。

5. 在哥伦布(Columbus)到达新世界之前,美洲原住民之间彼此和平相处,并充满敬意地与环境和谐相处。

6. 阿尔弗雷德·金赛(Alfred Kinsey)对人类性行为的研究完全是学术的和客观的。

7. 雇主从其他国家进口非熟练劳动力,为的是省钱。

8. 奴隶制的实行起源于美国殖民地。

如果你不"知道"上面大多数陈述,那将令人吃惊。毕竟,许多作者已写到过它们,并普遍公认为传统智慧。但是,让我们再仔细地看看每一条。

1. 芭芭拉·里斯曼(Barbara Risman)对这一看法感到好奇,决定进一步研究它。她的发现结果挑战了这个传统智慧。显然,承担照料孩子和年迈父母责任的男人显示出同样的抚育特质,而这个特质通常与女人联系在一起。她的结论是,这些特质与人的性别一样取决于人在生活中的角色。[1]

2. 事实和"知道"的事情恰恰相反。例如,在得克萨斯州赶牛的牛仔中,25%是非洲裔美国人,就像洛杉矶最初 60%的移民也是非洲裔美国人一样。[2]这些鲜为人知的事实可能是因为史书在学术上忽视了关于非洲裔美国人的信息。

3. 传统智慧再次出错。在重新考察了关于愤怒的证据后,卡罗尔·塔佛瑞斯(Carol Tavris)断定:"关于发泄愤怒的心理学原理经受不住实验的仔细考验。对证据的权衡清晰地表明了相反的情形:表达愤怒使你更加愤怒,强化了愤怒的态度,并形成一种敌视习惯。如果你对暂时的愤怒保持冷静,并以一种愉快的活动分散你的注意力,直到你的愤怒平息下来,那你很可能会比加入到大叫大嚷的争吵中感觉更好,并且更快地感觉好起来。"[3]

4. 虽然清教徒确实主张性行为应正当地限于婚姻关系中,但他们并不忌讳公开谈论这一话题,也不是主张婚内过分节制性生活。问题看起来是人们把维多利亚时代的人与清教徒相混淆了。[4]

5. 这纯粹是传说。很少有部落是完全和平的,许多部落不仅好战,而且还屠杀儿童和妇女,并严刑拷打他们的俘虏。一些部落还奉献人祭,屠杀老年人,并且人相食。至于他们宣称的尊崇自然并与之和谐相处,实际上是许多部落滥伐大地上的树林和肆无忌惮地杀害整个畜群的动物。[5]

6. 阿尔弗雷德·金赛(Alfred Kinsey)关于人类性行为的研究被看作是客观的、学术的和权威的几乎达半个世纪之久。事实上,它已成为精神疗法、教育,甚至是宗教的基础。令人惊奇的是,很长一段时间没人对它进行批判性的研究,直到朱蒂丝·雷斯曼(Judith A. Reisman)和爱德华·艾歇尔(Edward W. Eichel)才这么做。他们的文献记载,金赛的研究方法带有严重的偏见,这种偏见明显影响他的结论,他试图证明,固定对象的异性恋是不正常的,并且只是源于规约和禁止;男女之间的性行为并不比两个男人、两个女人、男人与小孩之间的性行为或者男人与动物之间的性行为更加自然；而双性恋应该被看作人类性行为的标准。亚伯拉罕·马斯洛（Abraham Maslow）向金赛证明他的研究方法是不科学时，金赛只是视而不见。金赛继续声称乱伦可以让人满足和充实，而孩子因成年人的性要求而心烦意乱只是因为父母和法律权威的约束。这两位作者还声称，金赛在研究中雇佣9人一组的性罪犯，采用手或口的方式刺激几百名婴儿和孩子达到性高潮。[6]

7. 事实是，在许多情况下，当把运送劳工的费用也计入时，进口劳工的成本就高于使用国内劳工。例如，挑选更多的印度人而不是本地非洲人去修建东非的铁路。同样，选择的中国工人也超过殖民地的马来西亚人。在这两个案例中，用于输入工人的总成本是巨大的，**但每个单位的工作成本因进口劳工的更多产出而较低**。在这些和许多其他的例子中，选择国外而非本地的劳工的主要原因在于外国劳工"比较勤奋、可靠、有技能或仔细"[7]。

8. 这个观点也是错误的。奴隶制比伊斯兰教、佛教和基督教早出现几千年。实施奴隶制的有威尼斯人、希腊人、犹太人、中国人、印度人和埃及人，还有其他人。早在哥伦布时间以前很久，美洲土著部落就彼此奴役。南北美洲与它们的差别不在引进奴隶制，而是废除了它。早在奴隶制在非洲、亚洲和中东被废除以前好几十年，它在西半球就已是非法的。[8]

50

你对这8条"知道"得越多，对自己的"知识"就越有把握，你就可能发现这些事实越是麻烦。实际上，你也许想："等一下，这里一定有些错误。鲁杰罗（Ruggiero）所引用的这些人是谁？他们是真正的学者吗？我怀疑他们所有人。"这是可以理解的，因为伴随认知的感觉通常是强大的。但是，它是批判性思考者对短期束缚的一种反应。古希腊哲学家爱比克泰德（Epictetus）的警告是有意义的："摆脱自负。因为任何人都不可能开始学习他认为自己早已知道的事。"

我们对上述传统智慧的揭穿仍然让你烦恼吗？那就想一想，在长达几个世纪里，传统智慧还主张重的物体比轻的物体下落速度更快，以及意识的所在地是心脏而不是大脑。[9]它还否认这样一些想法：机器可以飞翔，可使人们穿越城镇进行相互交流，或画出人体内部的图片。这些"智慧"的确是短视的，这对我们是显而易见的，只是因为有些人喜欢问：我和其他人认为我们知道的事情有可能在事实上并非如此吗？在批判性思考中，这个小问题是最有用的工具之一。

我们如何知道

我们能够要么主动、要么被动地获得知识。我们通过直接经验，通过检验和证实想法（比如在科学试验中）或通过推理而主动地获取知识。当借助推理这么做时，我们分析问题，考虑所有的事实和可能的解释，并得出合乎逻辑的结论。

我们通过其他人的告知而被动地获取知识。在课堂上进行的学习，以及在看电视新闻报道、阅读报纸或杂志的那种学习，大部分都是被动获取。我们受被动学习所制约，因而依赖在与朋友和同事的日常交流中进行被动学习，也就不足为怪了。

令人遗憾的是，被动学习具有严重缺陷。它使我们易于非批判地接受被告知的事，甚至当告诉我们的只是些传闻和谣言的时候也是如此。

你曾玩过谣言（或打电话）的游戏吗？它开始时是一个人写下一条讯息，但不让任何人看到。然后这个人开始逐字逐句地把此讯息小声地传给另一个人。这个人再小声地传给其他人，依此类推，传遍所有参加游戏的人。最后一个人逐字写下他或她听到的讯息。然后比较这两个文字记载的讯息。一般情况下，最初的讯息在一个传一个的过程中发生了改变，往往是巨大的改变。

这就是发生在日常生活中的事。没有两个词恰好包含完全相同的意思。因此，人们用自己的话复述一个故事，而不是准确地引用原话，这一简单事实改变了故事的内容。还有大部分人听得也不完整。而且，许多人喜欢对一个故事添加自己的创造，试图改进它，打上他们自己个人风格的印记。这种倾向也许是有意识的，也许是无意识的。但是，在任何一种情况下,结果都一样——听到它的那些人都以为自己知道。

这个过程并不仅仅局限于人与人之间的日常交流。学者和作家之间也是如此:"一位作者陈述的观点可能被另外一名作者重新表述为一个事实,他又可能被另一位作者作为权威来引用;这个过程可能会无限地继续下去,除非有人怀疑最初作者作为其观点依据的事实或质疑他对这些事实所作的解释。"[10]

为什么认知是困难的

认知困难的原因之一在于未解决的老问题继续抵制解决,诸如:是什么导致了癌症? 什么样的教育方法对孩子最好? 我们如何能在不损害个人权利的情况下阻止犯罪?

另一个原因是每天新发生的情况无先例可寻。当所谓前脑叶白质切除术(frontal lobotomy)的脑手术被用来平息人精神错乱的暴力行为时,它提出了一个剥夺患者的人身敏感性的"治疗"道德的问题。当心脏移植手术和人造心脏成为现实,这就提出了哪些病人应给予优先考虑的问题,以及如何获得捐赠者的问题。当确诊吸烟是许多致命疾病的病因时,我们被迫审视这种允许香烟广告误导电视观众并诱使他们伤害自己的智慧。最近,当表明吸烟既危害吸烟者又危害非吸烟者时,关于吸烟者和非吸烟者在公共场所的权利问题的争论就发生了。

认知困难还有另一个原因,在世代传承时,知识经常被遗忘或被不明智地拒绝。例如,古希腊人知道鲸鱼有肺而不是腮,所以它是哺乳动物。但是后来,古罗马人把鲸鱼看成鱼,直到17世纪以前,这种错误观点根植于西方人的头脑中。在该世纪,一个人提出鲸鱼的确是哺乳动物,后来另一个人把它确认为事实。西方人才重新发现了一项知识。[11]

在我们的时代,把"罪过"和"有罪"这些观念看成无用的观念,甚至是源自清教徒时代的有害遗留物。这种"新道德观"促使人们把这种过时的观点当作实现幸福和成功的障碍而放在一边。然而,美国一位杰出的精神病学家卡尔·门宁格(Karl Menninger)在撰写的《究竟什么是罪过?》一书中提

52

出,"罪过"和"有罪"观念对一个文明社会是有益和必要的。[12]换言之,他认为我们这个时代排斥这些概念太快,相当地不明智。

通常认为,知识是储存在昏暗图书馆里积满灰尘的书架上的死物。遗憾的是,图书馆里沉寂的气氛会使人想起教堂的葬礼或墓地。但是,这是骗人的表象。书架上的这些思想是非常鲜活的——彼此之间经常激烈地争斗。请考虑下述案例。

哥伦布是从欧洲、非洲或亚洲登陆到北美或南美海岸的第一人,这一观念根深蒂固。而与此对立的观念则一再地质疑这种看法。(反对这种哥伦布理论的证据继续增长:在厄瓜多尔(Ecuador)发现了古代日本陶器,以及西顿海员在公元前541年、希腊人和希伯来人在公元200年、北欧海盗在公元874年访问的足迹。[13]最近的许多证据提示,中国人可能在公元前2500年就发现了美洲。)[14]

奴隶制和清贫的历史使得非洲裔美国人比白人更缺少自尊,这一观念众所周知。然而,康涅狄格州大学的两位社会学家乔罗德·海斯(Jerold Heiss)和苏珊·欧文斯(Susan Owens)却对此提出质疑。他们的研究表明,中产阶级非洲裔美国人的自尊与中产阶级白人的几乎相同,并且下层非洲裔美国人的自尊要**高于**下层白人的自尊。[15]

当最小的孩子离开家时,已届中年的父母特别是母亲深感沮丧,并认为生活对他们而言已经终结,许多人对这种观点深信不疑。但是,至少有一项研究驳斥了这种观点。它表明许多、也许是大多数父母根本就没有感到沮丧;而是期望一种更简单、更轻松的生活。[16]

同样,直到最近,大多数科学家认为,衰老是大脑自然退化的结果,是渐进和不可逆的。然而,在阿拉巴马一所退伍军人医院进行的试验表明,在许多案例中,通过"一种使老年人不断接触周围环境的简单项目"就能抑制甚至逆转衰老的症状——紊乱、迷惘和逃避现实。[17]

提到运动员"第二春"的书籍和文章汗牛充栋。但是,犹他州大学的尼尔斯·汉弗莱(Nyles Humphrey)和罗伯特·鲁林(Robert Ruhling)已呈现证据,根本就没有什么第二春,而许多运动员体验过的这种感觉只是心理上的。[18]

53

一个警示故事

即使是拥有最复杂测试工具的权威也未能用这些工具达到认知的确定无疑。例如,考虑一下塔萨代部落(Tasaday tribe)对人类学家提出的挑战。20 世纪 60 年代末在菲律宾棉兰老岛上被发现时,塔萨代人还生活在石器时代——居住在丛林深处的洞穴里,对农耕一无所知,靠狩猎和采集为生。曼纽尔·艾利萨尔多(Manuel Elizaldo)是当时该国独裁统治者斐迪南·马科斯(Ferdinand Marcos)的朋友,艾利萨尔多很快成为他们的保护人、导师和与迷人世界的联系人。一些人类学家和其他专家参观了这个部落,并研究他们的工艺品、语言和社会结构。除了少数怀疑者外,大多数人类学家判定他们是真正的石器时代人。像《国家地理》这种权威刊物发表了关于塔萨代人的文章,并惊叹于这一事实:他们是这样一些天真单纯、善良的人,在他们的语言中没有"武器"、"战争"或"敌视"这些词语。

1986 年,在马科斯政权垮台以后,一位瑞士记者访问了塔萨代,并发现他们住在房子里。据报道,他们向这名记者承认,他们的故事是艾利萨尔多精心编造的一场骗局。据信他告诉他们何时住进洞穴,并向参观的记者和学者装出石器时代的行为。艾利萨尔多否认这种指控并得到许多科学家的继续支持。道格拉斯·严(Douglas Yen)是一位人种生物学家和早期塔萨代的研究者,最初,他试图把这一部落与邻近的农业部落相联系,但现在,他相信石器时代的情形是真实的(他举了一个展示小孩种植水稻并表现惊人的例子)。语言学家卡罗尔·莫罗尼(Carol Molony)是另一位早期研究塔萨代的学者,她也相信此说。她论辩道,部落中的大人和小孩如能消除自己语言中所有农业上的隐喻,那他们一定都是些出色的演员。当地的一名牧师和先前的怀疑者,肖恩·麦克多纳兄弟(Fr. Sean McDonagh)也认为塔萨代是真实的,并说邻近的部落也如此。

一直存在的一个争论单元是关于塔萨代人所用工具的真实性。菲律宾人类学家宙斯·萨拉查(Zeus Salazar)坚持认为,在木柄上用松弛的带子绑着石头显示出一种拙劣的伪造石器时代的做法。但是考古学家伊恩·格洛弗(Ian Glover)说,这种松弛在真正的石器时代工具中可以看到。而塔萨代人自己的陈述也没有简化这种困惑。他们告诉美国全国广播公司 NBC 和菲律宾电视台,他们最初的叙述是真实的,然后告诉美国广播公司 ABC 和英国电视台,他们的叙述是假的。

在这种复杂情形下,任何一个外部观察者**知道**塔萨代真实情况的可能性有多大?不大可能知道。这就是为什么在本案和类似困难的案例中,负责任的人们不宣称自己知道发生了什么。而是说,根据证据,他们认为最可能发生什么事情。这正是详尽研究塔萨代案例的人类学家托马斯·赫德兰(Thomas Headland)所说的。他认为,其中很可能不是骗局,而是存在一些严重的夸张和虚假的媒体报道,以及人类学家的一些自我实现的期望。他认为,塔萨代可能曾是几百年前逃离的邻近农业部落的成员(或许是为了逃避奴隶贩子),并在丛林中隐藏了许多代,以至他们不仅退回到石器时代的文化中,而且失去了自己比较发达状态的所有记忆。[19]

信仰是一种形式的知识吗?

有些读者,特别是宗教保守派或许会怀疑,迄今关于知识所说的话是否代表了对信仰的排斥。看看 21 世纪和以前数百年的许多知识分子把宗教当作迷信而予以抛弃,这样的担心是可以理解的。但是,这里并无意肯定这种排斥。知识与宗教信仰之间的关系是复杂而微妙的。按照定义,**宗教信仰**这一术语表示对不能证明的某事的信仰。这并不是说相信的事情不真实,而只是说**它的真实性不能被确定性地证明**。犹太人(和许多其他人)相信,上帝给了摩西(Moses)十诫,穆斯林相信穆罕默德(Muhammad)是阿拉的先知,基督徒认为耶稣基督(Jesus Christ)是上帝的儿子。科学只是不适用于这些信念。哲学家能提供补充性的论据支持或反对这些信念,但不能证明或反驳它们。

莫蒂默·阿德勒(Mortimer Adler)是一位杰出的哲学家,对信仰的性质提出了一种很有用的见解:

通常所说的"信念跳跃"需要引领任何人跨越[哲学与宗教]之间的鸿沟。但信仰跳跃常常被误解为一种从持有肯定上帝存在的不充足理由到对这种肯定更加坚定的状态的进步。但事实并非如此。信仰的跳跃在于，从一种纯粹哲学的神学之结论到对上帝虔诚的信仰的转变，上帝显示出自己是一位博爱、正义和仁慈的宇宙造物主，一个受到爱戴、崇拜和祈祷的上帝。[20]

宗教保守派的一个相关的担忧也许是，他们接受本章所表达的哲学立场是否就损害了自己的信仰。当然，我们每个人必须为自己回答这个问题。但是，在决定之前，我们最好考虑一下领头的福音派学者马克·诺尔(Mark Noll)提出的论点。他说，福音派在抛弃哲学研究时不仅远离了对所有人都重要的问题的讨论，也避免接触"近两个世纪以来在美国被界定为福音经验的思维习惯"。在他看来，这已被证明是一个悲剧性的错误。[21]

知 识 的 障 碍

在讨论如何最佳地寻求知识之前，让我们考虑两个**妨碍**知识的习惯：设定和猜想。**设定**就是把某事看作理所当然的——也就是随意地把未被证明或可以合理争论的某事当作真的来接受。因为设定一般是无意识的活动，所以我们经常意识不到自己的设定和它们对我们的影响。* 未予确证的设定的主要负面影响是其扼杀了通向知识的好奇心。

例如，许多人从未思考过鱼的日常生活。他们可能偶尔驻足购物商场的宠物店前，盯着鱼缸中的热带鱼看。但他们从未对鱼群的社会角色和关系显示好奇心，因为他们以为鱼没有此类角色和关系。但事实是，用社会学者拉维特·史密斯(C. Lavett Smith)的话说，"有些鱼相当于理发师、警察和农场主。一些鱼始终在游动，而其他的则固定不动。有些鱼在晚上工作，

---

* 当然，有可能把设定提高到有意识的水平并对其予以表述。在此语境下所作的大多为对设定的科学引证。

而有些则在白天[22]"。

猜想是提出一个直觉判断或是冒险提出一个对正确性没有任何信心的答案。它是一种常见的日常活动。对那些没有为考试认真学习的学生来说,这是最后时刻的生存技巧。为了举一个猜想的例子,那就让我们谈一个比较愉快的话题——喝啤酒。前一段时间,加利福尼亚学院的一名行为科学教授在他的学生中进行了一场啤酒口味测试。所测问题是他们能否真正区别啤酒的好坏或从其他啤酒中辨别自己最喜欢的。许多学生都会猜想自己能,而试验的许多参与者的确也这样猜想的。但是,该项试验表明,标签从酒罐上拿走后,没有一个学生能辨别出一个品牌来。[23]

56

因为设定扼杀了好奇心,而猜想拒绝了证据的重要性,所以它们任何一个都不可能通往知识。最可靠的方法就是对于断言你知道某事采取谨慎态度。对你断言的程度应小心谨慎——只要你不够确定,那就说可能和大概。说"我认为"或"在我看来"而不是"我知道"。最重要的是,向自己或他人坦诚地面对自己的无知。承认你自己不知道某事,可显示卓识、克制和学术真诚。这些不是缺点而是优点。承认无知是通往知识关键的第一步。

这是否意味着你应当是无主见的,并对你说的每件事都加上也许和大概?这是否意味着要成为一名批判的思考者,你必须抛弃信念?对这两个问题的答案是加着重号的**不**!这仅仅意味着你应当恰如其分地评估有把握的、大胆的陈述,以便为证据允许时的情况留下余地。类似地,你应当这样来高度评估你的信念,以至只在你有足够知识这样做时才接受这些信念,并在学术真诚需要时修改它们。

应 用 练 习

1. 考虑古希腊哲学家爱比克泰德的下述陈述:"心智的呈现有四种。事情要么既是也显得是;要么既不是也不显得是;要么是而不显得是;要么不是而显得是。在所有这些情况下,正确的目标是智者的任务。"这强化或挑战了你在本章所学到的吗?请予以解释。

2. 阅读伯纳德·戈德堡(Bernard Goldberg)的下述评论,他是记者,

《偏见》一书的作者。"下面是记者们龌龊的小秘密之一，你决不可料想他们会在观众的普通人中揭示此秘密：一位记者能够找到一名专家说记者想要的任何事——任何事！只要不停地打电话，直到其中一位专家说到你需要他讲的事，然后告诉他，你马上带摄影人员去采访他。如果你发现一位专家说：'你知道，我认为平头税也许能奏效，其理由是……'你感谢他，然后挂断电话，并找另外一位专家。这就是新闻记者如何在客观新闻报道的伪装下把自己个人的观点渗入到报道中的。"[24] 这一陈述对本章主题有什么意义？解释你的答案。

3. 在下面的每个例子中，一些人认为他或她知道某事。根据你在本章所学内容，讨论这些人是否真正知道。

  a. 泰德从晨报看到，他的一名好友被逮捕，并被指控夜盗多家商店。泰德震惊不已。他告诉妈妈："这不可能。警察搞错了。鲍伯和我就像亲兄弟一样，我知道他没有犯罪。"

  b. 拉尔夫：瞧，哈里，试试我的除臭剂。它的确能抑制汗液。

  哈里：不，谢谢。我对防汗药持怀疑态度。在我看来，设计来阻碍正常人体功能的任何物质都可能造成很大的危害。如果它致癌，我不会感到奇怪。

  拉尔夫：别犯傻了。我知道它不会致癌。像这样的产品在准许销售之前，都经过仔细检验。如果它致癌，就会被禁止。

  c. 简：我刚刚看到一些有关阿司匹林能防止心脏病的证据。

  詹妮：简直是胡说。我知道它不能防止心脏病。我叔叔吃了许多阿司匹林，但他去年死于心脏病。

4. "受错误的强奸指控的人被释放"、"揭露传统思想"、"前任助手承认有关立法者的谎言"——每天的报纸载有无数条诸如此类的报道，这些报道显示，一周、一月或一年前所"知道"的事情被揭露为虚假的。在当日或最近的报纸中找出至少三则这样的报道。

5. 19世纪美国幽默作家乔希·比林(Josh Billing)写道："并不是一个

57

人不知道的东西把他弄得像个傻子,而是他的确知道的东西不把他变成傻子。"尽可能多地回忆你自己经历中的例子去肯定他的看法。

6. 1982年年末,在南达科塔,一件让美国政府与美洲印第安人运动相互对立的诉讼悄悄地进行着。政府试图终止这个印第安团体对黑山国家森林公共土地20个月的占据。该团体声称该地区对他们是圣地——他们的出生地、他们祖先的墓地,以及他们宇宙的中心,因此,应当将此地变成以宗教为基础的美洲原住民永久社区。而政府主张,该团体对这片土地没有合法的主张权。在诸如此类的案例中,你认为应当考虑哪些因素,以及什么解决方案能最好地服务于公正的利益? 在回答时,确保仔细地把你所知道的与你所设定、猜想和推测的东西区别开来。回答了这些问题之后,在因特网上搜索关于此事的最新版本。运用搜索词"American Indian Movement Black Hills National Forest (美洲印第安人运动黑山国家森林)"。

7. 近些年,许多讨论围绕把精神错乱的理由用作合法辩护的议题展开。许多人认为应该将其废除,但其他许多人则把它看作任何合理的刑事司法系统的必要组成部分。你的态度是什么? 在回答时,确保仔细地把你所知道的与你所设定、猜想和推测的东西区别开来。如果你的知识很有限,你也许希望去做一些调查研究。

8. **集体讨论练习**:确定你是否知道下列每一项陈述是否准确。与两三位同学讨论你的判断。确保把知道与猜想或设定区别开来。

    a. 许多犯罪来自较低经济收入的家庭背景。

    b. 非洲裔美国人比白人更多地成为犯罪受害人。

    c. 美国宪法保障每个公民拥有手枪的权利。

    d. 媒体中的暴力应对现实中的暴力负责。

不同的观点

下面是对一个重要的不同观点的总结。读完这个陈述后,利用图书馆或网络,找出有见识的人对这一问题的看法。确保能覆盖各种观点。然后评论每个观点的强项和弱项。如果你的结论是其中一个观点完全正确而其他观点都是错误的,那请解释一下你是如何得出这一结论的。如果(**也是更**

58

有可能的)你发现一个观点比其他观点更有洞见,但这些观点都提出了某些有根据的论点,那就构建一个综合了所有各方洞见的你自己的观点,并且解释为什么这一观点是所有观点中最合理的。在作文或口头报告中按照指导教师的要求表述你的回答。

全球性变暖威胁是真实的还是虚构的? 早在 20 世纪 70 年代,许多科学家警告的不是全球变暖而是全球变冷的危险。然而,今天最广泛传播的警告是有关全球变暖。例如,美国气象学会资深研究员鲍勃·考瑞尔(Bob Corell)注意到地球的冰川以惊人的速度后退,北极周围的冰原显著收缩。总计约有一亿零五百万英亩的冰区在过去的 15 年中消融掉了。他相信这些变化的起因是人类活动,特别是使用矿物燃料所创造的二氧化碳。他预言,100 年后海平面最终将升高 3 英尺,在地球上每个国家的低海岸地区泛滥成灾。[25]

然而,并非所有科学家都赞同这个观点。比如麻省理工学院的大气科学教授理查德·林岑(Richard Lindzen)坚持认为,全球性变暖的主张是"垃圾科学",是"对警报充满兴趣"的人大肆宣传的骗局。林岑争辩道,即使这些人所发表的数据是准确的,这些数据也不支持所得出的结论和所作出的可怕预言。而且他宣称,敢于挑战关于全球变暖的官方观点的专家被恐吓保持沉默,特别是受到中断研究资金和限制出版的威胁。为了支持这个主张,他援引了他自己和其他国家的几名科学家的经验。[26]

(增加这个议题难度的还有这样的事实,即在近期的 20 世纪 70 年代,许多科学家警告全球变冷而不是全球变暖的危险。)

借助 GOOGLE(谷歌)搜索引擎检索"全球变暖争议"开始你的分析工作。

第|五|章
你的观点有多少根据?

> 在我看来,真理是宝贵的……我宁愿独自一人坚守正确的,也不愿追随多数人而坚持错误的……因此,持有这样的观点已使我遭受到一些同胞的轻蔑、鄙视和嘲笑。我被看成是古怪的、奇特的和孤僻的……但是,真理就是真理,即使全世界都拒绝它并反对我,我仍然固守真理。[1]

这是些激动人心的话语。你可以想象其作者勇敢地面对众多意图把他们狭隘的教条强加于他的保守派。在此背景下,你几乎可以听到齐声合唱"坚毅勇者":巍然屹立,勇敢的英雄,永不放弃!

但是等一下。这个作者到底是谁?他勇敢捍卫的观点究竟是什么?他的名字是查尔斯·西尔维斯特·德·弗特(Charles Silvester de Fort)。这段引文出自他于1931年写的小册子。这个观点是(你准备好了吗?):**大地是平的**。

人们总是认真地对待自己的观点,但是,今天许多人以不寻常的激情持有自己的观点。"我有权拥有自己的观点"和"每个人都有权拥有他或她的观点"是常用的表述。询问别人的观点,你可能会听到:"好啦,这是我的观点。"其未道出的讯息是:"到此为止。"

这是一种合理的观点吗?质疑其他人的观点是不适当的吗?答案取决于所涉及问题的种类。如果是**个人喜好**的问题,那么,标准就是要求不高的个人偏好标准。如果艾格尼丝发现雷金纳德英俊,而莎莉不同意,那就的确不存在什么有意义的争辩的基础。同样，如果拉尔夫对有黄铜丝轮毂盖和紫色内饰的橙色雪佛兰 Camaro 轿车垂涎三尺，而卡拉对此表示反感，则情况也是如此。一些人把酱涂在热狗上，而另一些人更喜欢倒上芥末或调料，也许此时此刻某人在某处正往热狗上涂抹大量的蛋黄酱、蓝莓或球芽甘蓝。那又怎样？差别万岁！（原文系法语 Vive la différence——译者注）

60

　　然而，考虑一下**观点**这个词的这种很不相同的用法。某报纸报道，最高法院就一件有争议的案例发表见解。显然，大法官们不是陈述他们的个人偏好，他们纯粹的喜欢或不喜欢。而是经过深思熟虑的判断，是在彻底调查和审议后艰难作出的判断。

　　在批判性思考的背景下，观点这个术语指的是判断的表达而不是喜好的表达。＊ 不幸的是，在某些情况下，并不清楚某人是在表达喜好还是在表达判断。当你离开电影院时，一位朋友也许对你说："这是一部精彩的电影。"这可能意味着"我喜欢它"或"它达到了很高的电影制作水平"。如果她仅仅说喜欢它，而你不喜欢，那么争论会是围绕个人喜好的争论，一场无意义的争论。但是，如果她作出一个美学判断，那你能够合理地质疑她，引用这部电影未达到的具体电影标准。

　　每个人有权拥有他或她的观点？在一个自由的国度，这不仅得到允许而且得到保障。例如，在英国，仍然有一个"平面大地协会"。顾名思义，该组织成员认为地球不是圆的而是平的。在我国，我们每个人也都可以就我们选择的任何问题自由地持有自己喜欢的一种奇怪的看法。当话务员宣布："前 3 分钟要付 95 美分"，你可能回答："不，不是——这是 28 美分"。当服务站工作人员通知你："你的机油在线下 1 夸脱"，你可能回答："不对——它是线上 3 夸脱"。

　　当然，自由地持有一种观点并表达它，并不必然保证获得有利的结果。话务员有可能挂断你的电话，而服务站工作人员可能作出不愉快的反应。

　　根据我们的观点**行事**甚至会更缺少把握。考虑这样一个案例，加利福

＊ 当然，判断和个人喜好可以未经表达地出现在头脑中。虽然我们可以评估我们自己的判断，无论它们是否表达了出来，但是，只有当他人的判断表达出来时，我们才能进行判断。因此，我们的定义具体规定为表达出来的判断。

尼亚一对夫妇带着患糖尿病的 11 岁儿子去见一位信仰疗法者。他们确信此人已治好了他们的男孩,就停止给孩子注射胰岛素。三天后,这个男孩死了。这对父母仍然保持着坚定的信念,表达上帝能让这男孩起死回生的看法。警察逮捕了他们,指控他们谋杀。[2]在这件事中,法律是清楚而合理的。只有当不伤害他人时,我们才可自由地根据自己的观点行事。

可能出错的观点

如果我们可以自由地拥有一种观点,那我们也许会试图推断它一定是正确的。但事实并非如此。自由社会的基础在于这样的明智观点:人们拥有不可剥夺的权利去思考自己的想法并作出选择。但是,这个事实并不是说,他们思考的想法和作出的选择将都是合理的。批判性思考的基本原则就是,各种思想很少具有同等的性质。问题的解决方案从切合实际到不切实际之不等,信念从有根据到无根无据之不等,论证从符合逻辑到不合逻辑之不等,观点也从有见识到无见识之不等。批判性思考的任务是把较有价值的与较无价值的区别开来,并最终确定最佳者。

观点有可能出错的证据俯拾皆是。周末酗酒者通常认为,只要他在周一至周五不喝酒,他就不是一个酒鬼。在油量指针指到零时继续驾驶高耗油车的某人,也许认为指针显示的问题还可以撑过下一个 50 英里。16 岁退学的学生可能认为,早点进入就业市场最终能提高就业保障。然而,无论如何深刻地、真诚地持有这些观点,他们还是错了。

研究表明,人们甚至在特别努力地进行客观判断时,也可能出错。有时,一些错误是由如此微妙的想法引起的,以至于人们并未意识到它们。例如,前面介绍了品尝者的咖啡选择,对咖啡进行检验并对样品贴上三种不同的标签——棕色、黄色和红色。喝了贴有棕色标签容器内的咖啡的人们说它太强烈,致使他们彻夜难眠。喝了贴有黄色标签咖啡的人们认为它微弱、索然无味。喝了标有红色标签咖啡的人们则说其强度恰到好处而且味美。尽管如此,所有三种罐中装的咖啡却是完全相同的。**人们无意中受到了标签颜色的影响**。[3]

关于道德问题的观点

　　每个人都有权拥有他或她的观点,这一观念在道德领域特别强烈。对与错的问题被认为是纯主观和个人的。根据这种信念,如果你认为某种特定的行为是不道德的,而我认为它是道德的,甚至是高尚的,那我们两人都是对的。你的观点"对你是对的",而我的观点"对我是对的"。

　　这种流行观点也许看起来是相当有道理和宽宏大量的,但它却是完全肤浅的。几乎每一天都出现需要理性的人们违背的情况。你听过任何人声称,入室盗窃、虐待配偶或强奸,对于信奉这些行为的人来说在道德上是可接受的吗? 当某人因猥亵儿童被定罪,有市民在法院前面拉着写有"恋童癖对我们来说可能是错的,但对他却是对的"横幅游行的吗? 如果你的老师发现你考试作弊,她能接受你的目的可为手段辩护的解释吗? 如果酒精测试表明,你正在开车的同学血液酒精含量高于平均积分点,交警会表扬他按照自己的道德信念而生活的行为吗?

　　事实上,每个职业团体和每家公司都有一套伦理规范,用以规定所要求或禁止的行为。每个国家都规定了制裁违法者的法律体系,甚至还有处理国家间事务的国际法。所有这些规范和法律体系都不是从天上掉下来的。它们是道德判断的结果,个人用于决定日常对错问题的也是同样的心智活动。而且,它们也具有同样的局限性和不完善性。关于道德问题的看法,就像其他看法一样,可以是正确的或不正确的。

　　存在我们可用来提高我们正确道德判断的可能性的标准吗? 当然有。最重要的标准是义务、理想和结果。*

　　● **义务**:义务是对行为的限制,要求我们做或不做某事。最明显的义务种类是正式协议,如合同。其他的包括职业和商业义务,以及友谊和公民的义务。当两个或更多义务之间发生冲突时,应优先考虑最重要的一个。

---

　　* 这里因篇幅的限制只允许对道德判断作一个简要解释。更充分的讨论可见本书作者撰写的配套书《批判地思考道德问题》(*Thinking Critically about Ethical Issues*, New York: McGraw Hill, 2003)。

● **理想**：从一般意义上说,理想是卓越的观念,是带来自身之内、与他人之间更大的和谐的目标。在伦理上,它们也是有助于我们尊重他人的特定概念。一些显著的理想的例子是：诚实、正直、正义和公平。在某种情况下,当两个或更多理想之间发生冲突时,应优先考虑最重要的一个。

● **结果**：结果是既影响行为人自己也影响他人的一个行为所产生的有利和/或有害的后果。对结果的任何一种检验都应考虑各个方面：个人和社会的；身体和情感的；当下的和永久的；有目的和无目的的；明显的和微妙的；可能的、概率的和确定的。应当选择导致有利结果的行为,放弃造成有害结果的行为。只要结果是混合的(有些是有利的,其他则是有害的),首选的行为应是那种导致较大善或较小恶的行为。

63

甚 至 专 家 也 可 能 出 错

历史多次记录下这样的情况：专家观点被证明是错误的。在古代,通常的医疗观点认为,头疼是由脑壳内的恶魔引起的。公认的治疗法从开脑释放恶魔到提供取自牛脑和山羊粪的药品等(有些印第安部落更喜欢河狸睾丸)[4]。

18 世纪早期,当给人们打针以预防像天花这样疾病的想法首次出现在殖民地时,许多权威专家认为这是胡闹。他们当中有本杰明·富兰克林(Benjamin Franklin)和后来成立哈佛医学院的一些人。对权威的挑战来自一位名不见经传,甚至没有医学学位的人,他就是扎博迪尔·波尔斯顿(Zabdiel Boylston)。谁的观点证明是对的? 不是专家们的,而是波尔斯顿的。[5]

1890 年,获得诺贝尔奖的细菌学家罗伯特·科赫(Robert Koch)报告说他已经发现了一种可治愈结核病的物质。但是,当它注入患者时,发现它加重病情,甚至导致死亡。

1904 年,心理学家斯坦利·霍尔(G. Stanley Hall)表达自己的职业见解,即当妇女从事艰苦的脑力活动,特别是与男人一起考虑时,她们会丧失乳腺功能和对母性的爱好,以及降低生育能力。即使她们以后有了孩子,那些孩子也容易生病。[6]今天看来，这种想法是可笑的。

在1919—1922年之间，纽约大都会艺术博物馆买了17个黄金容器，它们被专家鉴定为来自一座有3 500年历史的埃及古墓的真正宝藏。1982年，人们发现这些容器是20世纪的赝品。[7]

1928年，发明了一种叫二氧化钍胶体(thorotrast)的药，并把它用于显出身体的某些器官的轮廓，以便能获得更清晰的X光射线。19年以后，医生们获知，即使小剂量的这种药物也可致癌。

1959年，一种叫沙利度胺(thalidomide)的镇静剂投放市场。许多医生为孕妇开这种药。后来，当大量畸形婴儿出生时，医疗权威认识到这应归咎于沙利度胺。

1973年，科学家运用精确的雷达绘图技术，认定他们早期关于金星表面的断言是错误的。它并不像他们原先以为的是光滑的表面，而是满月疮痍般布满陨石坑。[8]

20世纪80年代和20世纪90年代，出版业和专家讨论会上的热门话题之一是共同依赖现象(co-dependency，又叫关系成瘾症)。任何一个酗酒或吸毒成瘾的人都被视为带有这方面的问题，主要通过无意识地助长此人的习惯或"使得"此人沉溺于它而产生。很快，这种共同依赖的观念就成了任何以行为失控为特征的情形下的诊断选择。共同依赖的人们被敦促去购买书籍，出席研讨会并与陷入困境的家庭成员一起接受咨询。然而，一位好奇的研究者伊迪斯·戈姆伯格(Edith Gomberg)检验了作为该运动基础的该项科学研究。她发现……无、不存在、什么也没有。她说："并不存在调查，也没有临床研究，没有评估；只有描述，仅凭印象的陈述。"[9]

在20世纪的大部分时间，普遍接受的科学观点是胃溃疡因压力而产生过多的胃酸所引起的。然而，巴里·马歇尔(Barry Marshall)证明溃疡是因细菌造成的，并通过抗生素可以得到治愈。

还记得电影《侏罗纪公园》中的雷龙把头伸到树梢的情形吗？这个镜头反映了传统的科学观点，即大恐龙在离地30英尺或更高处吃树叶。但是，在1999年，北部伊利诺伊州研究员迈克尔·帕里什(Michael Parrish)进行了大恐龙颈骨电脑模型试验，发现恐龙永远不能把头伸出身体水平线之上。如果那样做了，它们的椎骨就会散架。它们也不能用后腿站立，因为这对它

64

们血压的要求太高了。[10]

多年来,医生告诉我们,纤维能降低胆固醇,并预防结肠癌。最终医学研究表明,它并不能降低胆固醇。而且,研究者也证明它不能预防结肠癌。[11]

至今,许多专家确信,犯罪的原因是恶劣的社会环境,而解决的办法就是向贫穷社区投入数以百万计的美元,以开展各种社会项目。其他专家也同样程度地确信,犯罪的原因是情绪失常,这只能通过心理咨询来治愈。但是,一位杰出的研究员斯坦顿·赛米诺(Stanton Samenow)对这两种观点均提出质疑。赛米诺认为"坏社区、失职的父母、电视节目、学校、吸毒或失业"都不是犯罪的原因——罪犯本身才是原因。他们违法并不是因为形势所迫,而是因为他们选择这么做,他们这样选择是由于他们认为自己特别,因而凌驾于法律之上。在赛米诺看来,罪犯改过自新的关键是让他们承担自己行为的责任。[12]赛米诺是对的吗?时间会证明一切。

不可能知道未来的研究人员将推翻我们这一代专家的哪些观点。但我们可以确定,某些观点将被推翻。而这些很可能是在当代看起来无懈可击的观点。

65

错 误 的 种 类

观点有可能受到四种普遍错误中任何一种的侵蚀。* 下面是这些错误的种类,再加上各类别的例子:

1. 由于人的本性,错误或出错的倾向在所有人之间是普遍的(例如,有选择地感知、仓促作判断或过于简化复杂的现实的倾向)。

2. 错误或出错的倾向与一个人的思维习惯或个人态度、信仰或理论有关(例如,习惯于思考一个人怀有偏见的某个种族或宗教的成员之最坏情况)。

3. 源于人际沟通和语言的局限性的错误(例如,不恰当地表达一个想

---

* 这里所作的分类是弗兰西斯·培根(Francis Bacon)著名的"假象"说的改写本,见其《新工具》第一卷(1620)。

法或感觉,从而引导他人形成错误印象的做法)。

4. 存在于一个时代的普遍风气中的错误(例如,在我们祖父母的时代,不加质询地接受权威的倾向,或是在我们的时代不承认权威而是承认自己的倾向)。

当然,有些人比其他人更容易犯错。英国哲学家约翰·洛克说,这些人可以分为三类:

> 那些根本不进行推理,而是像其周围人(父母、邻居、牧师和他们羡慕或尊敬的任何其他人)一样思考和行动的人。这样的人想避免伴随自己思考而来的困难。
>
> 那些决意让激情而不是理性统摄自己生活的人。这些人仅受支持其偏见的推理影响。
>
> 那些真诚地遵循理性,但缺乏准确、全面的判断力,从而看不到问题的各个方面的人。他们喜欢跟同一种类型的人谈话,读一种类型的书,所以所接触的也只是一种观点。[13]

对于洛克的这个清单,我们还应增加一种类型:那些对已经形成的观点从不费心再次检验的人。这些人是所有人中最容易出错的,因为他们拒绝了在新证据面前纠正错误的所有机会。

有见识的对无见识的观点

如果专家像我们其他人一样可能出错,那为什么他们的观点比非专家的观点更受重视呢?鉴于我们已考虑过的例子,或许可以推断,向专家咨询是浪费时间。让我们看看一些情形,并考虑这种结论是否合理。

大麻对吸食它的人有什么作用?我们可以询问吸烟者的看法,或对大量吸烟者作一项问卷调查。但是,取得一位或多位训练有素的观察者、对吸食大麻的作用进行过研究的科学工作者的看法,那会是更谨慎的做法。(至少有一个这样的团体即一个军医团队发现大量使用大麻可导致严重的肺损

66

害。而且,如果吸食者有精神分裂病史,那吸食它会导致此症的长期发作。[14])

一个巨型类星体也许处在我们宇宙的边缘,离我们有 100 亿光年。[15](用英里来计算这段距离,用一天 86 400 秒乘以光速每秒 186 000 英里,再乘以一年 365 天,最后,把所得的结果乘以 10 000 000 000)。天文学家所看到的极微弱的光已驰过太空这么多年,刚刚到达我们这里。而该类星体很可能在千百万年前就不复存在了。是这样吗? 在我们能够这样说之前,也许需要千百万年。如果我们想更多地了解这个类星体或者一般地了解各种类星体,那我们可以在街角叫住某人并询问他,这个人会自由地提出一种看法。但是,去问一位天文学家会更加明智。

鲸能相互交流吗? 如果可以,那它们能传递信息多远? 我们的汽车修理工对这个问题会有一个看法吗? 可能有。我们的杂货商、牙医和银行家也可能有自己的看法。但是,无论这些人多么聪明,他们有关鲸的看法并不是很有见识。观点有价值的那些人是对鲸做过一些研究的人(他们会告诉我们座头鲸会发出各种各样的声音。除了滴答声以外,它们还发出吱吱声、砰砰声和叽嘎声。人们发现,它们一次发出这些声音可长达几分钟,强度达到 100 到 111 分贝,并在 25 000 英里的距离上听得见。[16])

类似的例子可以从每个知识领域举出来:从古董收藏到伦理学,从艺术到犯罪学。所有这些可能都会支持同一个观点:在我们作出决定之前,通过考察有见识的人们的观点,我们扩展自己的视域,发现那些光靠我们自己也许看不到的细节,考虑我们会在其他情况下意识不到的事实,并减少犯错的可能性。(寻求正确性**担保**的做法是愚蠢的——不存在这样的担保。)谁都不能对每件事知道一切;根本就没有足够的时间来了解一切。因此,咨询那些对于相关知识领域给予了特别关注的人,并不表示依赖性或不负责任,而是高效和明智的。

一个观点要被看作是有见识的,就必须以更加坚实的事实为基础,即比我们对这个观点的熟悉程度、我们持有该观点的时间长度或我们思考自己所希望的东西的假定权利还要坚实。它必须建立在对证据仔细考虑的基础之上。而且,我们以正式的口头或书面形式表达自己的观点时,应当恰如其分地支持它。例如,作家雷·马歇尔(Ray Marshall)和马克·塔克(Marc

Tucker)声称,在美国,教书不是一个备受尊敬的职业的原因在于大多数学校老师一向都是妇女这一事实。为了支持这一论点,他们追述了相关的历史发展,引用行政指令和哲学陈述,提供雇用模式(从 1870 年 59％的妇女到1920 年 86％的妇女),详细阐述了课程的重要转变,比较男女教师的薪水统计数字,并显示妇女在进行职业水平工资和工作条件的谈判中所处的相对软弱地位。[17]

正如本例所展示的,在最负责任的观点表达中,观点陈述仅占了一两句,而支持的细节则要占据若干段落、页面甚至是整个一章。你在写作自己的分析论文时,需要记住这一点。

明辨是非地形成观点

造成人比牛或树更为复杂、更有趣味的事情之一就是他们形成观点的能力。形成观点是自然的。即使我们想停止这么做,也做不到。我们不应该这样想。然而,这种能力有两个方面。它可以要么把我们上升到智慧,要么使我们陷入肤浅甚至荒唐之中。这里有一些能帮你提高观点质量的技巧。

1. **了解观点是如何形成的**。像所有其他人一样,你不断地感知——也就是通过你的感官获取资料。也像其他人一样,你有一种发现自己感知意义的自然冲动。这种冲动可以被强化,也可以被压制,但它永远不会完全消失。从实践方面来看,这意味着你不得不形成关于你所看到和听到的东西的观点,**无论你是否能控制这个过程**。当你不能控制时,你的心智体系就**以非批判的默认模式**运作。下面是这种非批判的模式与有意识和更自觉的**批判性思考模式**之间的比较:

非批判的默认模式	批判性思考模式
感知	感知
允许“脑中出现”一种观点	考察该议题
集中于支持该观点的信息	考虑其他观点
接受该观点	决定哪种观点是最合理的

68

2. 抵制把你的观点看作事实的诱惑。这种诱惑有可能是强大的。一旦你形成了一种观点,就自然地与它联系在一起,就像父母与孩子联系在一起一样。你越是记住它并向他人表达它,这种联系就越是强烈。很快,质疑它合法性的做法就变得难以想象。不过,你可以肯定,你的某些观点是非批判性地作出的,因此需要受到质疑。问题在于你不能确定质疑哪些观点。谨慎的方法是质疑任何观点,即使是你珍爱的观点,马上就会出现的证据显示,该观点是基于习惯、冲动、幻想、个人喜好或是流行思想的影响而不是现实。

3. 监控你的思想以防止非批判性默认模式的掌控。每当你开始对一个人、地方或情况形成印象时,就遵循古希腊哲学家爱比克泰德的忠告:"不要让你被生动的印象弄得神魂颠倒,而是说,'印象,稍等片刻。让我看看你是什么以及你代表什么。让我尝试[检验]你'。"这种方法可防止你在确定印象的合理性之前把印象固化为观点。

你从遵循这三个步骤中将获得什么益处? 你将可控制自己的观点,而这比让它们控制你具有相当大的优势。

应 用 练 习

1. 想象你是所在大学的资深图书管理员。一位教师递给你下列推荐杂志的清单,每个杂志后面都附有一条简要说明,均引自比尔·卡茨(Bill Katz)和琳达·斯腾伯格·卡茨(Linda Sternberg Katz)编著的《图书馆杂志》(Magazines for Libraries)标准指南。[18]

《民族周刊》(The Nation):"这是最重要的自由派/左翼杂志,应当按照它所定的标准来判定所有其他自由出版物……公然地偏向一方。"

《人间事》(Human Events):"其编辑并不主张公正性……社论调子相当保守,特别是在讨论国会时。"

《自由探索:世俗人文杂志》(Free Inquiry: A Secular Humanist

Magazine)："此杂志上的文章强烈反映了民主和世俗人文主义理事会(CODESH)的立场,往往比积极的世俗人文主义者更加反对有组织的宗教。"

《派的卡：恋童癖研究学刊》(Paidika：The Journal of Paedophilia)："《派的卡》是一本旨在研究人类性行为以及为恋童癖和鸡奸者发现其历史和认同的学术杂志。"

解释你可能给图书馆订阅哪些杂志,不订阅哪些杂志,哪些杂志是你在作出决定之前需要了解更多信息的。你如果需要更多信息,那再解释是哪些信息以及你将如何获得它。(注意：你的图书馆可能有一份《图书馆杂志》。)

69

2. 下列哪些个人最有可能成功地说服公众去购买某品牌的运动鞋? 解释你的推埋。

a. 一名经验丰富的教练。
b. 一位奥运会的赛跑冠军。
c. 一名足病医生。
d. 一名通常开业的内科医师。
e. 一名美国一般的外科医生。

3. 在应用练习2所列举的名单中,谁可能是跑鞋最有见识的信息来源?

4. 什么因素有可能使应用练习2所列举的各种人达成共识? 哪个人的认可会是你最可能信任的? 予以解释。

5. 当作者使用**观点**一词时,他主要强调的是下面的哪一个? 解释你的推理。

a. 一个偏好的陈述。
b. 一个慎思的判断。
c. 一个随意产生的看法或信念。
d. 一个固执坚持的立场。

e. 一个不可支持的立场。

f. 以上都是。

g. 以上都不是。

6. 本书作者可能认为下列哪一项对形成可靠的观点是最重要的？解释你的推理。

a. 寻找理由支持你自己的观点。

b. 区分来自专家与来自其他人的意见。

c. 否定他人的观点。

d. 根据新证据对观点进行不断的再检验。

7. 一名高中生邀请他35岁的邻居、一位有四个孩子的母亲参加他的舞会。这位妇女已经结婚，她的丈夫也同意这个约会。但是，学校董事会决定，这个男孩如果带她参加舞会，就会被拒绝入场。[19]你对这个董事会决定有什么看法？

8. 仔细阅读下列对话。然后判定所说的任何事是否违背了本章的观念。找出任何错误的观点，并用自己的话解释它们为何是错的。

弗雷德：今天的课堂讨论的确让我烦恼。

阿特：是吗？讨论的是什么？

弗雷德：青少年性问题。问题是，只要我们愿意就可以和我们喜欢的任何人发生性行为，这对青少年是否有害。一些人说有害，而另一些人则说这依情境而定。

阿特：你说的是什么？

弗雷德：我说它根本不会对任何人造成伤害，父母利用这个故事来吓唬我们。然后老师问我有什么根据支持自己的看法。

阿特：你告诉他什么？

弗雷德：我说我不需要任何根据，因为它是我的观点。我说，性是私人的事，我有权利思考我希望的任何事。我的观点不比任何人的逊色。

9. 考虑你自己或你了解的某人形成一种后来证明是错误的观点之一例。陈述这个观点并解释它为什么是错误的。

10. 下列每个问题都反映出一个有争议的议题——也就是往往在人们之间激起严重分歧的一个议题。运用你在本章所学到的东西,陈述并支持你对每个议题的观点。

　　a. 在离婚案件中,法院应采用什么指导原则来判定父母的哪一方获得对孩子的监护权?

　　b. 孩子多大时能被打屁股(如果他们的确有必要被打的话)?

　　c. 美国所有各州的最小饮酒年龄应该是 16 周岁吗?

　　d. 在什么情况(如果存在的话)下,美国应以核武器首先实施攻击?

　　e. 邪恶的灵魂存在吗? 如果存在,它们会影响人们的行为吗?

　　f. 目的到底能够证明手段的正当性吗?

　　g. 按部就班听课可提高一个人学术成功的机会吗?

　　h. 50 年前的老师比今天更受人尊重吗?

　　i. 周末狂饮属于酗酒性质吗?

　　j. 是反社会行为上升了,还是媒体只是做了更好的报道它的工作?

11. 仔细阅读下列对话。然后判定有关此议题的哪个观点更合理。确保你的判断是根据证据而不仅仅是偏好。

　　背景注释:纽约州罗切斯特(Rochester)的一名律师向法院抗议让妇女在"女士之夜"酒吧消费时克付半价的做法。他辩称这种做法是对男士性别歧视的一种形式。[20]

　　亨里埃塔:这个律师一定是在对女性主义开个玩笑。他不可能是认真的。

　　伯特：为什么不？它显然是一件歧视案件。

　　亨里埃塔：你看，我们两人都知道酒吧为什么安排"女士之夜"：作为吸引顾客的一个小花招。妇女聚在酒吧间进行便宜的消费，而男人聚在那里是因为有女人在那里。它与其他花招没有什么不同，比如泥泞摔跤竞赛和"买一赠一"的鸡尾酒时间。

　　伯特：抱歉，汉克。它跟"买一赠一"的鸡尾酒时间确实不同，在那里，无论男女都能以同一价格买到鸡尾酒。"女士之夜"以性别为基础建立了双重标准，纯属性别歧视。

　　亨里埃塔：所以你现在是一名伟大的反对歧视者。那你为什么不抱怨人们没有获得平等参与半裸的泥泞摔跤赛的机会？而且，你为什么不抗议男女同工却不同酬的事实？伯特，你是一个骗子，你让我感到恶心。

　　伯特：谩骂不是坚强理智的表示。为什么你对某些律师的抗议如此的感情冲动，我不能想象。我猜想它表明了女人比男人更情绪化。

不同的观点

　　下面是对一个重要的不同观点的总结。读完这个陈述后，利用图书馆或网络，找出有见识的人对这一问题的看法。确保能覆盖各种观点。然后评论每个观点的强项和弱项。如果你的结论是其中一个观点完全正确而其他观点都是错误的，那请解释一下你是如何得出这一结论的。如果（**也是更有可能的**）你发现一个观点比其他观点更有洞见，但这些观点都提出了某些有根据的论点，那就构建一个综合了所有各方洞见的你自己的观点，并且解释为什么这一观点是所有观点中最合理的。在作文或口头报告中按照指导教师的要求表述你的回答。

　　美国政府已经增长得太大以致难以为其公民的福祉服务了吗？ 许多人认为是的。他们最普遍关注的是政府涉入金融机构的"紧急援助"，对通用汽车实际上的接管，以及制定卫生保健的立

71

法。他们也指出了联邦、州和城市的所得税，汽油和香烟税，以及日益增多的管制规定——例如对食品中的盐和脂肪含量、吸烟和安全带的规定。那些不同意政府已经太大的观点的人指出了政府在保护环境、维护产品安全和克服贫困及歧视方面做出的贡献。

借助 GOOGLE(谷歌)搜索引擎检索"限权政府"和"自由企业经济"开始你的分析工作。

第 | 六 | 章
证据是什么?

　　陈述一种观点,就是告诉他人我们对某事的看法;提供证据是向他人表明我们认为有意义的事情。被表明要比被告知更有趣、更令人印象深刻——我们从小学就知道这一点。那么,为什么如此多的写作和演说由一个又一个观点堆砌而成,而很少或根本就没有提供支持这些观点的证据? 正如我们在第五章看到的,一个原因是,人类心智是名副其实的意见加工厂,因此,大多数人有丰富的意见进行交流。另一个原因是人们易于记住自己的观点,而忘记他们获得这些观点的过程,就像学生们在忘记构成期末课程成绩的各个测验和家庭作业成绩以后很久,仍然记得他们的最后成绩一样。

　　第三个原因,在某些方面也更为重要的原因是,有时候很少有或者根本就没有什么可以记住的证据——也就是说,所说的观点并不是依据什么重要的东西。例如,在 1999 年年初,许多人都持这种看法,威廉·杰斐逊·克林顿(William Jefferson Clinton)在宣誓后的说谎并未"提升到可弹劾的过错的程度"。当要求他们解释为什么这么想时,一些人重复完全相同或相似的话语:"他不应为他做过的事而被免职。""这是他和希拉里之间的事。"或者是他们提出相关的看法:"这是右翼的阴谋。""独立检察官肯尼思·斯塔尔(Kenneth W. Starr)是进行政治迫害。"虽然不可能**确定**他们为什么这样想,但是,他们以五六位白宫顾问和无数其他克林顿支持者不断重复的完全相同的话语来表达这个观点,这一事实表明他们只是未作评价就借用了这个观点。*

　　我们都能认同于这些人。当需要征引一些东西来支持我们的观点时，很多时候我们不愿承认，其实我们只能勉强提供一些根本站不住脚的证据。我们也许借这样的观念聊以自慰，即头脑中有厚厚一摞归错档的证据，但真正现实的可能性仍然是，我们手中只拥有最微不足道的证据。批判性思考者受到诱惑也犯同样给他人造成困扰的自欺欺人的错误，但是，他们了解到抵制这种诱惑的意义。更重要的是，他们养成了在形成一种观点之前检查证据的质量和数量的习惯。而且，在表达观点之前，他们温习自己的证据。这样花费的额外时间得到的补偿要多于由于通晓所谈之事而带来的信心。

证　据　种　类

　　评价你自己和其他人的看法，你将需要了解各种各样的证据。这就需要知道每一种证据的价值和局限性，以及提出恰当的问题。最重要的证据类型是**个人经验、未公开的传说、公开的报道、目击者证言、名人证言、专家意见、实验、统计资料、调查、正规观察和研究评述**。

　　重要的是注意到，这里的排列不是按照可靠性递增或递减顺序，而是按照熟悉程度的大致顺序——**个人经验**是大多数人所非常熟悉的，而关于**研究评述**则不熟悉得多。

个　人　经　验

　　个人经验是一种我们不用去图书馆或利用因特网就能获得的证据。我们的大脑里就装着它。由于这个原因，它会造成比其他证据更大的影响。我们碰到的个人、我们所处的情境、对我们已发生的事情，与我们只是听到

----

　　* 许多人接受这种没有很多证据的看法，这一事实并不意味着不能找到支持这种看法的证据。克林顿总统的其他支持者更具实质性地作了回应。

或读到的相比,看起来更加真实、更富有意义。我们对自己的个人经验充满信心。令人遗憾的是,这种信心可能使得我们把更大的意义和普遍性附加于具体事件上,这是指超出了这些事件本身应有的意义和普遍性。如果我们偶尔在纽约市乘坐出租车,那我们也许会认为自己熟悉纽约市的出租车司机。如果我们有一个韩国朋友,我们也许会觉得自己普遍了解韩国人,甚至普遍了解亚洲人。但是,需要不止一个或一些例子来支持概括;对于广泛的概括,即使十来个例子也可能是不充分的。

74　　　　**评价个人经验(你自己的或他人的经验),可询问**:该事件是典型或独特的吗? 它们在支持结论的数量和种类上是充分的吗? 请记住,一件趣闻轶事的生动性和戏剧性特质并不能弥补它的局限性。

未公开的传说

未公开的传说是我们从他人那里听说的故事,通常称为流言蜚语或小道消息。这种报道的最大问题在于很难证实它们。在许多情况下,我们不知道这些故事是二手、三手、四手还是**五十手**的。而且,这些故事在人们间传播时,也有其改变内容的方式。复述这些故事的人并非不诚实;事实上他们可能力求准确,但在不经意间遗漏一些语词、增添其他语词、改变细节或事件的顺序。

评价未公开的传说,可询问:故事源自何处? 我如何能够证实所听到的版本是准确的?

公 开 的 报 道

这种证据出现在各种出版物和广播节目中,从学术著作、专业期刊和百科全书的词条,到杂志或报纸上的文章、新闻广播、电台或电视台的评论。在学术作品中,通常在脚注和文献引用中为材料的来源仔细地提供记录。在非学术作品中,这种引证可能是非正式的、零碎的,或者在某些情况下并不引证。即使不引用出处，我们也能评价作者和出版商的可靠性。在现代出版物特别是在非学术作品中，事实和观点经常混杂在一起，因此，有必要仔细地阅读，以揭示哪些陈述构成了证据，哪些陈述自身应由证据来支持。

评价公开的报道，可询问： 这个报道引用了所有重要信息项的来源吗？（如果有，你也许希望检查它们。）这位作者有仔细报道的声誉吗？这个出版商或主持人具有可靠的声誉吗？在公开报道中，哪些陈述构成证据，哪些陈述自身应由证据来支持？（这个问题的另一种问法是，一个慎思的人有可能质疑哪些陈述？作者令人满意地回答了这些质疑吗？）

目 击 者 证 言

由于通常认为目击者证言是最可靠的证据类型，所以，你可能惊奇地发现，它有时因为几个原因中的任何一个而存在严重缺陷。外部环境也许不是最佳的——例如，事件可能发生在有雾的后半夜，目击证人可能离现场有一段距离。目击者可能疲倦了，或是受酒精或毒品的影响；他或她的观察也可能受先入之见或期望所歪曲。最后，此人对于所发生事件的记忆有可能与随后发生的事件相混淆了。当事件与证言之间经过了相当长的一段时间，这种混淆可能就是一个特殊的问题。

评价目击者证言，可询问： 事件周围的哪些情境包括目击者的心智状态可能歪曲了他或她的感知？（如果任何这种歪曲是可能的，那就设法确定它是否真的发生过。）自事件发生以来的什么情境（例如发表了对这一事件的其他说明）可能影响了目击者的记忆？

名 人 证 言

在商业广告和商业信息节目中，日益看到名人们认可的产品和服务。此外，他们在作为嘉宾出现在电台和电视脱口秀节目时，受到敦促就当时恰好发生在新闻中的任何事情阐述其个人观点。在任何一天，你都可能听到歌星、演员或运动员就宗教、刑事审判、教育、经济学、国际关系、竞选资金改革和心理学等话题进行讨论。例如，一名电视主持人曾问一位演员："你认为宇宙中的机遇在人生中是多大的一个因素？"

你对名人充当娱乐者的重视可能让你假定，他们知道自己在采访中所谈论的事情。这种假定经常是错误的。他们也许消息灵通。或者他们可能无意中被主持人的问题卡住，又不想显得无知，于是就把头脑中碰巧出现的想法表达出来。有些人也许对自身重要性的印象是如此深刻，以致他们以为自己无论说什么都是深刻的，别无其他原因，只因是他们说的！在产品或服务的推荐证言的情况中，名人可能是接受付费去读有关他们了解很少或一无所知的产品的信息。

评价名人证言，可询问：在广告和商业信息节目的案例中，名人是收了费的发言人吗？（这往往在广告最后一页的小册子上注明。）在脱口秀节目评论的案例中，名人为他或她自己的观点提供任何支持了吗——例如，引用比较有资格的人进行研究的成果了吗？而且，主持人要求提供这些证据了吗？如果讨论仅由表达名人无根据的观点的一系列断言所构成，那么，无论你多么崇拜这个人，你最好对其观点打个折扣。

专 家 意 见

正如你有可能期望的，专家意见通常比我们迄今考虑的大多数证据更可靠。它所享有的超出个人经验的优势在于，它通常能解决什么是典型的、什么是非典型的这一关键问题。然而，即使专家意见也并非一贯可靠。实际上，不可靠的最重要原因是，几乎每个领域的知识都在迅速扩张。一个世纪之前，人们有可能获得不止一门学科的专业知识。今天的学者一般专长**于某一学科的某个狭隘的方面**，而且可能也难以跟上这一方面的重要进展。令人遗憾的是，有些人不能抵制视自己为全知专家的诱惑。例如，一位有名的天文学家曾经常在大众化杂志上写文章，并提出对伦理学、人类学和神学的看法。

评价专家观点，可询问：除了在相关的广义领域的背景知识以外，这个人对正在讨论的特定问题有**具体的**专业知识吗？该领域外的人们并不总是容易确定这一点，但一个良好的显示指标是，这个人不仅陈述他或她的意见，而且还通过引证当今研究成果来支持它。还要问，这位专家是否收了费。收费并不必然毁坏专家意见，但是，它可能对此人的客观性提出疑问。最后，询问其他权威是同意还是反对该专家意见。

实　　验

有两大类实验。**实验室**的实验能使研究者更改条件，从而更准确地找到原因和结果。但是，这种实验的缺点是它的人为性。**现场**实验具有发生在自然背景下的优点，但研究者的在场有可能影响实验对象，可能歪曲调查的结果。

评价实验根据，可询问：对于实验室实验，它已被其他研究者复制了吗？对于现场实验，其他研究者独立地确认调查结果了吗？如果复制或确认的努力不成功，那最好推迟接受实验的结果。

统　计　资　料

从广义上看，**统计资料**这个术语适用任何能被量化的信息。例如，通过一段时间平均气温的变化判定全球变暖的现象是否正在发生。**统计资料**这个词也可更狭义地用于意指关于某个群体的可量化的信息，这种信息是通过与该群体中每个人的接触或是进行说明而获得的。美国的人口普查就是这个意义上统计资料的一个例子。其他还有美国参议员的投票记录，涉及酒后驾驶的汽车事故百分率，在过去一个世纪里移民模式的变化，出生于单亲家庭的未婚妈妈的百分率，以及各个种族民族群体的相对教育和收入水平等。

正如伯斯特(Joel Best)所指出的，尽管"我们把统计数据当作我们发现的事实，而不是我们创造的数字……，但统计数据并不独立地存在"，而是复杂信息的总结。他解释说，有时候，统计数据上的误差是有意的，但更多的

77

时候,"它们是思想混乱、无力、科学盲或有选择的、自认为正当的做法之结果,这些做法产生的一些数字再度肯定其提倡者认为是正当和正确的那些原则和兴趣点"。伯斯特建议在评估任何统计数据时提出三个问题:"谁造出了它?在造出它时出于什么目的?它是如何被造出的?"[1]

评价统计信息,可询问: 统计资料的来源是什么?这个来源可靠吗?这个资料有多长时间了?从收集该资料以来,一些重要因素发生变化了吗?

调　　查

调查是专业人士最常用的工具之一,特别在社会科学领域。因为从调查获得的资料可以量化,所以,调查经常归入宽泛的"统计资料"之列。但是,我们在此把两者分开考虑,以突出一个有区别的特征:调查一般通过接触该群体(称为**母体**)中有代表性的而并非每一个人的样本来获得数据。调查通过电话联系、邮件或面谈来进行。样本可能是随机的、系统的(例如,在电话簿中每 10 人或每 100 人中抽一人)或分层的(构成群体成员的准确比例,例如,51%的女人和 49%的男人)。

约尔·伯斯特(Joel Best)警告道:"公众对于大多数社会议题的态度过于复杂,以至不能划分为简单的同意或反对,或者以一个简单的调查问题来衡量。"而且,进行调查的那些人认识到,"表述问题的方式影响其结果",而且,他们如果不诚实,就可以用一种促进其个人目的的方式来构建其问题。[2]

评价调查,可询问: 样本具有真正的代表性吗?即,所调查人口总数中的所有成员都有被选中的平等机会吗?问题是清楚明了、无歧义的吗?它们是客观表述而不是有偏见的吗?至于邮件调查,大部分人没有回应吗?如果是这样,未回复者可能与回复者有什么不同?而且,其他调查确认了本调查的结果吗?

正　规　观　察

有两种正规的观察研究。在**独立**观察中,观察者与被研究的个体互不影响。例如，一位儿童心理学家可能走访学校操场，观察孩子们如何活动。在参与型观察中，研究者参与到所研究的活动中。一位人类学家在游牧部落生活了几个月，跟他们一起吃饭，并参加他们的社区活动，这就是一位参与型观察者。

评价正规观察，可询问：观察者的在场有可能改变被观察的行为吗？足够长时间的观察可以证实所得出的结论吗？结论是过度概括了的吗？（例如，也许把对单一游牧部落的观察概括为适用于所有游牧部落，忽视了其他游牧部落在重要方面有可能不同的事实。）

研 究 评 述

这种研究是在对某个主题已经做了大量调查研究之后进行的。评论者考察所有已做过的学术研究，然后总结并比较他们的成果。经常要考察数十项，甚至数百项研究成果。全面的研究评述揭示了赞同和反对的各个方面，并对该主题当前的知识现状提供一个重要的综述。例如，在评述有关电视对青少年影响的研究成果时，维克托·斯特拉斯伯格（Victor Strasburger）考察了许多研究，包括三项"超级研究"（每项涵盖 67 项独立研究），另外的 230 项研究，以及其他 188 项研究。[3]

评价研究评述，可询问：鉴于这些评述所涵盖的研究成果，评论者的结论看起来是合理的吗？评论者遗漏了任何相关的研究吗？（作为外行，你可能发现自己对后一个问题没法回答。但是，你可以就此询问这一领域熟悉实际研究和成果评述的其他专家。）

另外一个问题可适用于各种证据：这个证据与正在考虑的议题**有关联**吗？如果没有关联，就不值得考虑，无论它在其他方面是多么出色。这里是一个采用不相关证据而严重混淆议题的实例。许多大学行政管理者拒绝教师们提出的缩小诸如写作、口语和批判性思考课程班级规模的要求。这些管理者引用表明，教学效果与班级规模没有关联的学术研究成果——也就是说，教师教 50 人一班和 15 人一班的效果都一样。但是，这里引用的学术研究成果只考察了传递信息的课程，而不是那些培养技巧的课程。对于后

79

者,即正在谈论的这些课程,该证据并不相关。

评 价 证 据

我们都喜欢把自己视为完全客观的,对每个议题的正反两面都平等地开放。但是,事实很少如此。即使在评价之初我们没有就某个议题采取坚定的立场,但由于我们整体上的生活哲学、我们的政治或社会观点、对相关议题的看法或我们对与各种观点相联系的人们的态度,我们通常也将"倾斜"于某一个方面或其他方面。这种倾向性也称之为**偏见**,它可能微不足道,以至对我们的判断很少或没有影响。另一方面,这种倾向性可能大到足以妨碍批判性思考。我们越倾斜于某个议题,我们的思考缺陷可能就越严重。

你如何能够知道偏见正在阻碍你评价证据呢?寻找一个或更多个如下迹象:

● 你对待评价的态度是总想证明一个方面是正确的。

● 你的调查始于一个假定,即熟悉的观点将证明是正确的。

● 你寻找支持该议题的你喜欢的那一种观点的证据,而忽视反对它的证据。

● 你对证据来源的评定是根据其如何赞同你的想法,而不是其研究的可靠性和质量。

● 你挑剔地批评你所反对的观点之证据,而不加批评地对待你赞同的观点之证据。

● 当碰到反对你偏见的证据时,你往往在完成对它的考察之前,就开始辩驳它了。

虽然你也许不可能消除偏见,但你仍然可以**识别**并**控制**它们,而所有这些都是必要的。评价证据的目的是为了发现真理,无论它是否让人愉悦,这样做的唯一方法就是公正地评价。这样的评价有时需要你推断你所倾向(或实际持有的)的观点是错误的。要毫不犹豫地这样做。改变你的想法并不影响名誉,而为了保住面子坚持错误观点不仅是愚蠢的,而且在德性上是

80

不诚实的。

充分证据的构成要件是什么？

通常难以判定你自己的证据或你正在评价其观点的他人的证据在何时是充分的。你在作判定时,将不得不考虑证据的数量和质量。虽然不存在简单的公式,但下面这些一般指南将有助于你判定具体的情况:

1. **当一个证据允许作出一个确定性的判断时,该证据就是充分的。**希望、假定或假装一个判断是正确的,并不构成确定性。当没有充分理由去怀疑、没有争议的根据时,就存在确定性。例如,刑事审判的定罪标准是:"超出合理怀疑的罪证确凿。"确定性是一个很难满足的标准,特别在有争议的议题中,所以,通常你将被迫接受一个比较温和的标准。

2. **如果达不到确定性,而对议题的某个观点已经显出可能性的强度,那证据就是充分的。**这意味着该观点显然比任何一个相竞争的观点更合理。在民事法庭诉讼案件中,这个标准表述为"证据优势"。当然,**论证**其合理性很不同于只是断言该观点,而且,在任何一个观点能被确认为最合理的观点之前,必须举出并评估所有可能的观点。

3. **在所有其他情况下,必须认为证据是不充分的。**也就是说,如果证据并未显出一种观点比其他相竞争的观点更合理,那么,唯一审慎的行动方案就是不作判断,直到有充分的证据可以利用。这种克制可能是困难的,特别是你赞成某个特定观点的时候,但是,这种克制是批判性思考者的一个重要特征。

应 用 练 习

1. 许多年前,一位研究思维的专家说:"受过训练的思考者主要特征大概是他不会像未受过训练的人那样,在证据不足时就跳到结论。"[4](请注意:在当时,他和人通常既可指称男人也可指称女人。)考虑近期你在很少有或没有证据时就形成观点的几个例子。在每个例子中,陈述一下该观点,并解释哪一类证据会是充分支持它所必需的。

2. 卡图尼斯特·亚当斯(Cartoonist Scott Adams)曾经评论说:"记者要面对每天的选择:是艰难地寻找故事,还是写下人们告诉他们的任何事情。两种方法所得报酬一样。"[5]这一评语以何种方式(如果有的话)与本章的主题相关联?解释之。

3. 几年前,一位著名的电视女演员在脱口秀节目中讨论一些话题,其中包括她电视剧中的一个片断,其中有两个女同性恋者在镜头前接吻。这位演员自愿提供这种看法:"我们社会所处的这个时期,同性恋恐惧确实是巨大的,而针对同性恋者的犯罪也达到了历史的最高点。"如果当时的脱口秀主持人是个批判的思考者,那么他在这一时刻可能问什么问题?哪种类型的证据会有助于检验这位女演员看法的合理性?

4. 按照第五章的应用练习10,你对下述每个问题都回答了一种看法。重温这些看法和你提供的支持它们的证据。在每种情况下,把证据划分为**个人经验、未公开的传言、公开的报道、目击者证言、名人证言、专家意见、实验、统计资料、正规观察**和**研究评述**。判定你的证据是否充分。如果你发现它不充分,那就解释哪种类型的证据会是充分支持它所必需的。

a. 在离婚案件中,法院应采用什么指导原则来判定父母的哪一方获得对孩子的监护权?
b. 孩子多大时能被打屁股(如果他们的确有必要被打的话)?
c. 美国所有各州的最小饮酒年龄应该是16周岁吗?
d. 在什么情况(如果存在的话)下,美国应以核武器首先实施攻击?
e. 邪恶的灵魂存在吗? 如果存在,它们会影响人们的行为吗?
f. 目的能够证明手段的正当性吗?
g. 按部就班听课可提高一个人学术成功的机会吗?
h. 50年前的教师比今天更受人尊重吗?
i. 周末狂饮属于酗酒性质吗?

j. 是反社会行为上升了,还是因为媒体以其出色的工作对它进行了报道?

5. 按照第一章的应用练习 9,你对下列每个陈述都表达了一种看法。遵循上面应用练习 4 的指点,重新考察你的每一个答案。

　　a. 应该要求医务工作者进行 HIV/AIDS 测试。
　　b. 应当禁止儿童参加选美和才能测试。
　　c. 应当允许像三 K 党(Ku Klux Klan)这样的极端主义团体在公共场所举行集会或在城市的街道上游行示威。
　　d. 大一学生作文应当成为所有学生的必修课。
　　e. 对运动员应当进行合成代谢类固醇的药物检验。
　　f. 在高校的生物课上应当讲授创世说。
　　g. 一夫多妻制应当合法化。
　　h. 选举投票的年龄应当降低到 16 岁。
　　i. 监狱制度应该更多地强调对犯人的惩罚而不是他们的改过自新。
　　j. 医生和临床医师在对未成年人开列避孕处方时应告知其父母。
　　k. 如果妻子比丈夫赚钱多,那这个男人的自尊就会受到严重伤害。
　　l. 女人喜欢依赖于男人。

不同的观点

　　下面是对一个重要的不同观点的总结。读完这个陈述后,利用图书馆或网络,找出有见识的人对这一问题的看法。确保能覆盖各种观点。然后评论每个观点的强项和弱项。如果你的结论是其中一个观点完全正确而其他观点都是错误的,那请解释一下你是如何得出这一结论的。如果(**也是更有可能的**)你发现一个观点比其他观点更有洞见,但这些观点都提出了某些有根据的论点,那就构建一个**综合了**所有各方洞见的你自己的观点,并且解

82

释为什么这一观点是所有观点中最合理的。在作文或口头报告中按照指导教师的要求表述你的回答。

应该废除最低工资吗？在过去的半个世纪中的主导观念是：不应当废除最低工资。事实上，许多人相信它太低了应当予以提高。此观点的支持者作出这样的道德论证：每位工作者应当获取一份"生活工资"，并且只有政府才能确保雇主履行此项义务。他们还作出了实践的论证：高的起点薪资激励工作者努力工作并改进他们的技能。那些相信应当废除最低工资的人论辩道，当最低工资施加于小企业时，就强迫提高价格并转嫁给消费者，或者削减岗位并限制潜在的工作者的机会。一位经济学家注意到，最低工资法律伤害了年轻的工作者和少数族裔成员，因为"最低工资法律的净经济效果是使得较低技能、较少经验，或者其他方面较不可取的工作者变得比较昂贵——从而让他们中许多人失去工作"。[6]

借助 GOOGLE(谷歌)搜索引擎检索"赞成或反对最低工资"开始你的分析工作。

第 | 七 | 章
什么是论证？

论证这个词有几种含义，我们的首要任务是澄清每一种含义，并注意它与其他的含义有何不同。一个常见含义是"争吵"，如在"他们进行了激烈的论证，一场真正的尖叫比赛"这句话中所显示的。由于争吵更多的是由情感而不是思考所构成，而这种情感是自我之间的冲突，时常退化为无理智的瞎扯，所以论证的这种定义与批判性思考没有什么关系。因此，就我们的目的而言，论证不是争吵。

论证的另一个含义是"两人或更多人之间的意见交流"，如发生在正式辩论中那样。从该术语的这个意义上看，论证在理想上是具有不同见解的人一起工作以达到对某个议题更深刻、更准确理解的合作性努力。经过这样的努力，各个自我受到了控制，每个人即使都希望是正确的，也愿意被证明是错误的。因为每个人在这个过程中呈现出更深刻的洞察力，所以就没有输家。遗憾的是，自我是不容易被压制的。此外，我们大多数人已被训练成相信，每次论证就像体育竞赛一样，必定存在赢家和输家。因此。我们常常更多关注的是驳斥针对我们"对手"的"得分"，而不是知识和智慧的增长，所以，即使我们竭尽所能，也往往达不到这种理想状态。

虽然论证作为"两个或更多人之间的意见交流"与批判性思考有关联，但这个术语还有另外一种含义，它甚至与成为批判的思考者的挑战更具有关联性。在这第三种意义上，论证意味着"支持一个判断的推理思路"。当我们说"约翰对死刑问题的论证比莎莉的更具说服力"，我们集中关注的是他个人对全面慎思所做出贡献的质量。因为我们在本章，甚至是贯穿本书

的主要关注点是对个体的、你自己的以及其他人的论证进行的评价,所以这
第三种定义是我们将集中关注的。

把一个论证看成是一种没有数学符号的文字方程式,也许是有用的。
数值方程式具有 $1+1=2$ 或 $2-1=1$ 的形式。文字方程式不用减号、加号
或等号来表达类似关系。这里有一个例子:

> 法律禁止老师在公立学校带领全班同学进行祈祷。
>
> 维诺娜带领全班同学在公立学校的课堂上进行祈祷。
>
> 因此,维诺娜违反法律。

像数值方程式一样,论证可以是复杂的,也可以是简单的。就像在一个
数值方程式中总和可能由许多数字所组成一样($342+186+232+111+$
871),一个论证的结论也可能从许多前提(断言)中得出。而且,就像某列数
值中有一个不正确的数字将导致错误的总数一样,拥有一个不正确的断言
也会造成错误的结论。* 在上述全班同学进行祈祷的论证中,如果我们错
误地认为法律允许老师带领全班同学进行祈祷,那我们的结论可能就是维
诺娜没有违反法律,而这是错误的。

但是,数值方程式与论证并不完全相似。一个重要的区别是,论证通常
更复杂和更难检验。维生素 C 可以预防普通感冒或减轻其严重性吗?电视
暴力导致现实的暴力吗? 约翰·肯尼迪(John F. Kennedy)是被单个刺客
杀死的吗? 以色列 2006 年轰炸黎巴嫩是正当的吗? 在这些或其他许多问
题中,证据还不是完全的,所以,仍存在分歧的空间。

论证的各部分

与论证研究最密切关联的知识领域是逻辑,像处理复杂问题的其他领

---

* 对这一点,仅有的例外是纯属巧合。考虑这个论证:"皮肤白皙的人比皮肤黝黑的人容易患
皮肤癌。佛罗里达州比密歇根州有更多皮肤白皙的人。因此,佛罗里达州人患皮肤癌的比率比密
歇根州人的比率更高。"这个论证是有问题的,因为第二个前提缺乏事实基础。但巧合的是,结论碰
巧是真实的。

域一样,逻辑有它自己独特的术语。因为本书更偏重实用性而非理论性,所以我们把关注点限于表示论证各部分的术语。这就是**前提**和**结论**。在上文提及的有关维诺娜的论证中,前提是"法律禁止老师在公立学校带领全班同学进行祈祷"和"维诺娜带领全班同学在公立学校的课堂上进行祈祷"。结论是"因此,维诺娜违反法律"。("**因此**"这个词和诸如"**所以**"、"**从而**"这些同义词经常用来指认结论。在不使用这些词的地方,你通常可以借助回答下述问题来确认结论,即其他断言支持或加强了哪一个断言。)

85

逻辑学家用于评价论证的基本原则如下:

1. 前提要么**真**,要么**假**(正确或不正确)。

2. 衔接前提与结论的推理要么**有效**,要么**无效**。(要成为有效的,所陈述的结论,而且只有这一结论必须是在逻辑上从前提推导出的。)

3. 正确的前提加上有效的推理等于**合理的**论证。

4. 或者是不正确的前提,或者是无效的推理将使得一个论证是**不合理的**。

思维中的错误就像数学中的一样常见。这不仅是其他人思维的事实,也是我们自己思维的事实。就像我们拥有准确的数字,并尽力仔细相加,却可能得出错误的答案一样,我们也可能从准确的信息中得出错误的结论。当然,在我们始于**不准确**或**不完全**的信息,或者**草率地**进行推理时,错误的可能性就增加了。这里是一个鲁莽推理的有趣(幽默)的例子:一个工人因为习惯性的迟到而被解雇以后,他的律师辩称,他的主管负有未要求此人佩戴手表的失误之责![1]

对思想和推理过程的不恰当态度也会造成错误的论证。例如,如果你认为自己的第一印象是不会错的,那你就可能非批判性地接受它们,并寻找证据支持它们,而拒绝质疑它们的证据,然后狂热地为它们辩护。这种方法使得你容易自欺欺人或被他人所操纵。与此对照,如果你尝试性地看待自己的第一印象——作为有趣的可能性而不是确定性——在你作决定之前把它们与其他思想进行比较,那你就不大可能愚弄自己或被他人所欺骗。

评 价 论 证

评价论证的基本方法可以简述为:**判定前提是真还是假,以及从前提**

导向结论的推理是否有效。如果两个标准都满足,那么该论证就是合理的。当论证得到清楚、充分的陈述,而且你提出了正确的问题时,这种方法是相对容易遵循的。当然,你可能不得不做一些调查来确定一个或两个前提的真伪。这里有一些清楚、充分地陈述论证的例子:

86

论　证	问　题
所有人都会死。	所有人都会死吗?
苏格拉底(Socrates)是人。	苏格拉底是人吗?
因此,苏格拉底会死。	该结论在逻辑上是从前提中所陈述的事情中推导出来的吗?还有任何其他结论也同样可以从前提中推导出来吗?

评论:显然,这两个前提是真的。而且,从前提中推导出来的是所得出的结论,而且是唯一的结论。因此,该论证是正确的。

论　证	问　题
任何包含强体力运动的活动被恰当地归入体育。	有不是体育却包含强体力运动的身体活动吗?
健美包含强体力运动。	健美包含强体力运动吗?
因此,健美被恰当地归为体育。	该结论是在逻辑上从前提所陈述的东西中推导出来的吗?任何其他结论也会是合理的吗?

评论:即使第二个前提是真的,结论也是在逻辑上从前提所陈述的东西中推导出来的,这个论证也是不合理的,因为第一个前提是假的。许多身体活动与体育一点联系也没有,却是剧烈的体力运动——例如搬钢琴。请注意,表明这个论证之不合理性并不证明健美不应被划归体育。也许可以提出一些会被证明为合理的其他论证。

论　证	问　题
有罪的人通常不能通过测谎器测试。	这是真的吗?

布鲁诺(Bruno)没有通过测谎
器测试。

　　因此,布鲁诺是有罪的。

他真没通过吗？

　　该结论是在逻辑上从前提中
所陈述的东西中推导出来的吗？
任何其他结论也会是合理的吗？

　　评论：第一个前提和第二个前提都是真的。(权威人士有可能谎报了
布鲁诺的得分,但是让我们假定他们没有谎报。)但是,这些前提并没有提供
充足的证据去得出所给出的结论或是(在此事情上的)任何其他结论。我们
需要知道一名无辜的人是否不能通过测谎器测试。如果是这样,那布鲁诺
可能是无辜的。

87

论　　证	问　　题
成功属于努力工作的人。	总是如此吗？
简(Jane)成功了。	她成功了吗？
因此,简工作努力。	该结论是在逻辑上从前提所陈述的东西中推导出来的吗？任何其他结论也会是合理的吗？

　　评论：第一个前提不完全真。有些努力工作的人也以失败而告终,因
为他们缺乏满足挑战的必要才能或背景经验。而且,有些不努力工作的人
也会成功,因为他们拥有财富和/或影响力。即使我们假定第二个前提是真
的,这个论证也必须因为其第一个前提而被判定为不合理的。

　　你是否有过这种经历：听到关于某些议题的论证,并对其印象深刻,然
后又听到相反的论证,对其印象甚至更为深刻？这样的事经常发生。例如,
在2000年总统大选前的初选竞争中,一个关于候选人乔治·W·布什
(George W. Bush)多年前是否使用过可卡因的问题产生了。一些专家认
为,如果他使用过,那他就是一个虚伪的人,因为作为得克萨斯州的州长,他
签署了一项包含严惩可卡因使用者的法案。这个论证听起来不错。但另一
方面,其他专家认为,用过毒品的人比不吸毒的人更了解毒品对个人和社会
的危险并远离毒品。他们推论称,酗酒者比禁酒者对滥用酒精能发表更为

权威的意见,而改过自新的罪犯比守法市民更熟悉犯罪的邪恶,等等。

请记住,当你能倾听双方或至少考虑人们对构成对方观点的议题的各个方面所进行的批判时,你对任何论证的评价有可能是最有效的。

比较困难的论证

令人遗憾的是,并非所有的论证都是清楚和/或充分地阐述了的。下面是你将会遇到的主要类型的困难情形,以及解决它们的指南:

当某个论证超过一个段落篇幅时,在提问和回答你的问题之前先把它做个总结。当然,总结的危险是你有可能歪曲这个人所说的内容。但是,你如果仔细做好,就能避免这个问题。

当你不确定哪些陈述是前提,哪个陈述是结论时,问一下自己,这个人究竟想让你接受什么思想(这就是结论)。然后问一下,为支持这个思想而提出了哪些理由(这些就是前提)。

当一个论证包含两个以上的前提时,对每一个前提都提问并回答你的这些问题。如果有许多前提,也不要气馁——每次只对付一个前提。在排除掉所有不相关的前提后,判定结论是否在逻辑上从剩余的前提中推导出来,所得出的是不是唯一的结论。如果可得出不止一个结论,那就判断所陈述的这个结论是不是最合理的结论。

当你评价两个相互对立的论证,其中任何一个也不具有说服力(即使有一个在技术上是合理的)时,那就寻找第三个选项。这个选项往往是从每一方抽取一点。正在进行的关于是否应在公立学校的课堂上展示十诫的讨论,便提供了一个良好的例子。下面是一些出现在非法律专业讨论中相当典型的对立的论证:*

肯定论证	否定论证
公立学校(像其他学校一样)应当鼓励道德价值观。	在公立学校,文化或宗教团体不应得到优先对待。

---

* 当然,除了这些,还有关于合宪性的法律层面的论证。

展示十诫将鼓励道德价值观。

因此，公立学校应当展示十诫。

在公立学校展示十诫将使基督徒和犹太人得到优先对待。

因此，不应在公立学校展示十诫。

评论：参照上述每方论证又超越它们的一个选项是，同意展示所有版本的十诫（的确存在几个版本），以及任何其他宗教或世俗道德价值观列表。其理由是容纳所有的观点不再像忽视所有观点那样冒犯，并且具有强调道德价值观重要性的额外好处。

89

当一个论证含有隐蔽的前提时，在你进行评价之前先把它们找出来。构想并表达论证时，隐蔽的前提显然意味着还未认识到的思想。当隐蔽的前提准确时，就不会有什么坏处；但是当它不准确时，就会暗中破坏论证。这里有一些这样的例子。每一个例子先以它可能在非正式讨论中出现的方式表述。然后再把它分解为各个构成部分，包括隐蔽的断言。批判性思考将要解决的问题以各个部分对应的方式表示出来。

1. **论证**：他们决不应该结婚——在求婚过程中，他们彼此没有感受到强烈的肉体吸引。

组成部分	问题
陈述的前提：他们彼此之间没有感受到强烈的肉体吸引。	他们彼此之间没有感受到强烈的肉体吸引吗？
隐蔽的前提：强烈的肉体吸引是婚姻最好的，或许是唯一有意义的基础。	强烈的肉体吸引是婚姻最好的，或许是唯一有意义的基础吗？
结论：他们决不应该结婚。	这些前提推导出了这个结论，而不是其他结论吗？

2. **论证**：显然，莫顿在学校未充分发挥学习潜能的原因是——他几乎没有自尊心。

组成部分	问　　题
陈述的前提：莫顿几乎没有自尊心。	莫顿几乎没有自尊心吗？
隐蔽的前提：自尊心是达致目标所必须的。	自尊心是达致目标所必须的吗？
结论：显然，莫顿在学校未充分发挥潜能。（这个陈述的意思是**"这解释了为何……"**）	这些前提推导出了这个结论，而不是其他结论吗？

3. **论证**：应当禁止这本书，因为它让儿童接触暴力。

组成部分	问　　题
陈述的前提：这本书让儿童接触暴力。	这本书让儿童接触暴力了吗？
第一个隐蔽前提：接触暴力是有害的。	接触暴力总是有害的吗？（注意，在没有限定语比如"有时"时，**总是**暗指普遍术语。）
第二个隐蔽前提：对这类材料，禁止是最恰当的反应。	对这类材料，禁止是最恰当的反应吗？
结论：应当禁止这本书。	这些前提推导出了这个结论，而不是其他结论吗？

4. **论证**：饮用纯净水是健康的，"原始山峦"（Pristine Mountain）的水是纯净水，所以，饮用它而不是自来水对我的身体有好处。

组成部分	问　　题
陈述的前提：饮用纯净水是健康的。	饮用纯净水是健康的吗？
陈述的前提："原始山峦"的水是纯净水。	原始山峦的水是纯净水吗？
隐蔽的前提：自来水龙头里的水不是纯净水。	自来水龙头里的水不是纯净水吗？

结论：饮用原始山峦的水而不是自来水对我的身体有好处。

这些前提推导出这个结论而不是其他结论吗？

认为段落越长,所包含的隐蔽的前提就可能越少,这是挺诱人的想法,但事实并非如此。有可能用一个或数个隐蔽的前提把一个论证详细阐述成长篇大论,而并不指出或表述这些隐蔽的前提。事实上,段落越长,就越难确认这些前提。无论你评价(或撰写)的段落长度如何,你都要警惕隐蔽的前提。

应 用 练 习

1. 想一想你最近看过的电视脱口秀节目,其内容是考察一个有争议的问题,并请来两位或多位意见有分歧的来宾进行讨论。(如果你不熟悉这类脱口秀节目,在电视指南上找到一个,并观看它的一个片断。)判断这种交流是争吵还是论证。解释你的答案。

2. 下述每个问题近年来引发了激烈的公众讨论。选择其中之一,并检索图书馆数据库或因特网,找到一篇介绍某个观点的文章,而不是只报道事实的新闻。然后运用你在本章所学的内容来评价该论证。(参见第十七章的研究策略。)

a. 应该把少年犯作为成年人来对待吗?

b. 州和/或联邦政府应当向父母提供教育补贴券,以便他们能把孩子送到自己所选定的私立或公立学校吗?

c. 病人应该能够起诉他们的健康护理组织吗?

91

d. 在州和联邦议会能够提高税金之前,应该要求进行公民投票吗?

e. 应该使大麻医用合法化吗?

f. 应该允许警察扣押酒后驾车嫌疑人的车辆吗?

g. 家庭教育可提供像传统的课堂教学一样好的教育吗?

3. 若干年前,当搜寻被称为"铁路杀手"的连环谋杀恶魔时,联邦调查局(FBI)约谈了到过犯罪发生区域和有可能见过罪犯的人。作为这些报告的一个结果,联邦调查局发布了一份带有某些特征描述的一个"西班牙裔男性"的"通缉"海报。在一场新闻发布会期间,一名记者问负责这次搜寻的联邦调查局探员,具体指明疑犯为西班牙裔是否构成歧视。你如果是那位联邦调查局的探员,将如何回答? 以论证的形式作出你的回答。

4. 运用你在本章学到的东西评价下列论证。

a. 应当大幅度削减或许是完全取消美国的国防预算,因为苏联不再对美国安全构成威胁。

b. 目前的福利制度造成人们失去自尊和自信,并使得他们依赖政府。这整个体系应被强调责任和努力工作的制度所替代。

c. 在操场上,"把人分成两队进行比赛"的做法对不擅长体育的孩子是一种尴尬,甚至是羞辱。因此,应阻止在操场上的这种做法,并禁止它在体育课中出现。

d. **背景注释:在收到教授与学生谈恋爱的投诉后,大学行政人员进行了有关校园政策的辩论。他们认可下列论证:**

两个未婚成年人谈恋爱没有什么错,所以,教授约会18岁以上的学生是可以接受的。

e. 复制电脑软件违反了著作权法。但是,我对自己的软件支付了全价,我的朋友不仅上课需要它,而且他自己也买不起。如果把我软件的复制品给他,他将获得帮助,也没人伤害什么人。(软件公司无论如何不可能卖给他,因为他没钱。)所以,我给他这个软件程序就得到了辩护。

f.《独立宣言》说"人人生而平等"。然而,许多美国人是贫穷和歧视的受害者,缺乏受教育和就业的机会。而富人和社会精英能够买到普通公民无法得到的正义标准。平等是个神话。

g. **背景注释**：在美国，一些人仍然践行被称为萨泰里阿（Santeria）的古老宗教。它们的信仰之一是牺牲动物以取悦至上神。因此，作为他们仪式的一部分，萨泰里阿的牧师割断小鸡、鸽子、海龟和山羊的喉咙；把血放入陶壶；并准备吃这些动物的肉。其他许多美国人向当局抱怨这种做法，但它的支持者辩称：

> 美国宪法保障自由信仰宗教。它不排斥让多数人不悦的宗教。无论牺牲动物对其他公民是多么令人生厌的仪式，法律仍然应当维护萨泰里阿教的宪法权利。

h. **背景注释**：近些年来，许多城市都经历了攻击性乞讨——逼近路人、讨要钱财的行为的增加。有些乞丐堵塞行人的道路，要不然就恐吓他们。一些城市已宣布乞讨是非法的。在一些法院的判决中，发现下述论证的表达：

> 乞讨是一种言论方式。言论是受宪法保护的。因此，乞讨是一种不能被剥夺的权利。

不同的观点

下面是对一个重要的不同观点的总结。读完这个陈述后，利用图书馆或网络，找出有见识的人对这一问题的看法。确保能覆盖各种观点。然后评论每个观点的强项和弱项。如果你的结论是其中一个观点完全正确而其他观点都是错误的，那请解释一下你是如何得出这一结论的。如果（也是更有可能的）你发现一个观点比其他观点更有洞见，但这些观点都提出了某些有根据的论点，那就构建一个综合了所有各方洞见的你自己的观点，并且解释为什么这一观点是所有观点中最合理的。在作文或口头报告中按照指导教师的要求表述你的回答。

是否应当限制医疗过错中的金钱赔偿数额？ 最近几十年，陪审团在法庭判决中倾向于大量增加赔偿造成的"痛苦和损害"的金额。对此趋势作出回应，立法者提议对陪审团能够判决的赔偿数额设限。这个观念的支持者相信它将减少随意诉讼的数量，减少医疗保健费用,并让好医生不放弃从事医疗职业。反对者说,这样的立法会不公正对待受伤害者,并增加医疗过错的可能性。

借助GOOGLE(谷歌)搜索引擎检索"赞成反对限制医疗过错赔偿金"开始你的分析工作。

第二篇 易犯的错误

前面七章探讨了思考发生的背景。现在你知道,个体性并非自发生成,而必须一次又一次地去赢得;批判性思考对你自己的思想和他人的思想都一样适用;真理是被发现的而不是被创造的,真正的知识是不容易掌握的;各种看法实际上取决于支持它们的证据;并且,论证不是"得分"或用叫喊声压倒他人的问题,而是收集准确的信息,对其进行逻辑推理。

在本篇,我们将考察有可能阻碍思考的各种错误。我们还将考虑你如何能够最有效地在其他人的写作和讲话中发现它们,并在你自己的写作和口语中避免它们。"我的更好"式的思维这个最基本的错误看起来植根于我们的人性中,并为许多其他错误铺平了道路。其他的错误可根据其发生的时间进行分类。**立场的错误**是多多少少持续出现在我们头脑中的关于现实的错误观念。**程序的错误**发生在我们处理具体议题的时候;**表达的错误**在我们把思想用语言表达出来时发生;而**反应的错误**发生在某人批评或质疑我们已作出的陈述或论证之时。本篇的最后一章考察这些错误如何可能以组合的方式发生。

第│八│章
基本问题:"我的更好"

> 我们的信念已被接受,我们何以或者为何几乎不知道……
> 但是,这就提出了关于我们的观念之合理性的问题……而且,我
> 们马上就发现自己对这些观念充满了难以抑制的激情;我们捍
> 卫它们就像保护自己挨打的肩膀一样。无论它们多么合理,这
> 个问题都不会让我们烦心。因为我们拒绝从反对者那里了解真
> 实情况。[1]

这是一位学者在仔细考虑这种为信念辩护而不是完善并改进它们的司空见惯的倾向时发表的言论。这种倾向令人困惑。人们表达对个人成长和发展的热情,并在自助书、磁带和研讨会上花费数十亿美元;但是,他们的行为仍然显得好像他们的心智不需要改进。

这种倾向可归因于"我的更好"的看法上,这是我们或多或少都持有的看法。喜欢我们自己拥有的东西胜过其他人拥有的,这是相当自然的倾向,这个规则的唯一一例外发生在我们妒忌其他人的时候。但这是一种特殊情况,并不与这里的观点相矛盾。我们所拥有的是我们自己的延伸。当一年级的学生对他的同班同学说:"我爸爸比你爸爸高大"、"我的鞋更新"或"我蜡笔的颜色更好"时,他们不只是在说自己的父亲、鞋子或蜡笔。他们有时也是在说自己:"嘿,看看我。我是很特别的。"

几年后,这些孩子会说:"我的车比你的快"、"我的足球队今年将问鼎总冠军"或"我的成绩比奥莉维亚的高"。(这是学生最大的祝愿之一——尽管

他们也许不得不屈尊进行比较,但他们总能找出比自己低的某人。)

甚至后来他们认识到说自己所拥有的是更好的,这听起来像是自夸,他们还会继续认为:"我的房子更昂贵、我的俱乐部更高级、我的配偶更迷人、我的孩子举止更好、我的成就更多,以及我的思想、信仰和价值观比其他人的更具洞察力和深刻性。"

正如我们已注意到的,所有这一切都是自然的,尽管不是特别地高尚或有德性,甚至在很多情况下并不符合事实。只是自然的。这种倾向可能像人性一样古老。历史记录了无数这样的例子。例如,大多数战争可以追溯到某种形式的"我的更好"的思维。讽刺作家已将笔端指向了它。例如,安布罗斯·比尔斯(Ambrose Bierce)在他的《魔鬼词典》(Devil's Dictionary)中包含**异教徒**这个词。严格地说,这个词指"不相信某个宗教的人"。但是,比尔斯的定义突出了使用这个词的人的基本态度。他这样界定**异教徒**:"在纽约不信奉基督教的人;在君士坦丁堡则是信奉基督教的人。"[2]

对上百万高中毕业班学生的一项调查的结果显示了这种"我的更好"的思维的影响。这项调查提出人们是否认为自己"高于一般水平"的问题。足足有70%的调查对象完全相信他们在领导能力上高于一般水平,而仅有2%认为他们低于一般水平。而且,100%的人相信自己与他人相处的能力高于一般水平,60%的人认为自己位列前10%,**25%的人认为自己位列前1%**。[3](也许这种夸大的观点部分地要为如下状况负责,即许多学生确信,自己如果得了低分,那必定是老师弄错了。)

许多人在大部分时间里,"我的更好"的倾向因为下述意识而得到了平衡,即意识到其他人对自己的事情也有同感,意识到这是作为人处世之不可避免的一部分。也就是说,许多人认识到,我们都用一种独特的、不同于自身之外的任何事物的方式看待自己,而且我们认为与自身相关联的任何事物在我们的头脑中都成了我们的一部分。这样进行理解、拥有合理的把握和自信的人能够控制住这种倾向。问题在于,有些人不能理解每个人都有其独特的看法。对他们而言,"我的更好"不是每个人对他或她自己事情的一种态度,而是一种有关他们特定情况的具体的、更深刻的真理。心理学家把这种人归入自我中心或族群中心主义的类型。

自我中心的人

自我中心意指聚焦于或集中于个人自身,并且仅对个人自己的爱好、需要和观点感兴趣。自我中心的人易于**自说自话**,这个术语是爱德蒙·艾迪奥(Edmond Addeo)和罗伯特·伯格(Robert Burger)在他们的同名书中所创造的。他们把自说自话解释为"通过只谈论我们想谈的事情,一点也不关心他人想谈的事情来提升我们自我的艺术"。[4]对我们的讨论更重要的是,在自我中心的外在表达之前的事情以及对它的激发,即自我中心之人的思维习惯。根据艾迪奥和伯格的理论,我们或许可以把这种习惯的特征描绘成自我思维。

因为自我思维的视角很有局限性,所以自我思维的人难以从各种各样的视角来看问题。世界为了他们而存在,并且根据他们的信念和价值观来进行界定:打扰他们的事就会打扰所有的人;对他们没有成果的事就是不重要的。这种态度使自我中心的人难以进行观察、倾听和理解。假如其他人包括老师和教科书的作者没有什么有价值的东西可以提供,那么,一个人为什么还应该费心去关注他们呢? 当一个人已经知道值得认知的每件事情,那还有什么学习的动力呢? 就此而言,当某人自己的看法是最终的、绝对正确的仲裁者时,为什么还要费心去对有争议的问题进行艰苦的检验、查看专家证言并评价证据呢? 的确,一个自我中心的人很难精通批判的思考。

族群中心的人

族群中心意指过度集中于或聚焦于某个群体。注意所包含的"过度"这个词。我们能在非族群中心的前提下感受到对自己种族民族群体、宗教或非文化的认同感。我们也能在并非不宽容的前提下偏爱那些分享我们传统和观点的人群而不是其他人群。熟悉的人自然要比不熟悉的人更令人愉悦,假装不是如此,那是自欺欺人。因此,不应把韩裔美国人通常只是彼此

96

之间相互联系,或本地波兰裔美国人俱乐部不对意大利人、芬兰人或非洲裔美国人发出邀请这一事实看成是族群中心的征象。

把族群中心的人与对自己群体有正常认同感的人区别开来的是,族群中心的人相信:(a)他们的群体不仅与其他群体不同,而且从根本上完全优于它们;以及(b)其他群体的动机和目的是可疑的。这些信念造成了阻碍批判性思考的偏见。族群中心的人急于质疑其他群体的观点,却不愿意怀疑自己群体的观点。结果,他们往往以过于简单化的方式对复杂情况作出反应。他们认为问题没有中间地带——事情都是单向的,即**符合其群体立场的方向**。他们也易于形成对其他群体负面的老套成见,正如多年前心理学家戈登·奥尔波特(Gordon Allport)所解释的:

> 我们对庞大人类群体的负面看法,在某种程度上简化了生活。例如,如果我把所有外国人当作一类予以拒绝,我就不必为他们烦心——除了不让他们进入我的国家。此外,如果我认定所有黑人构成了低等的和令人讨厌的种族,那我就方便地处置了我同胞的十分之一。如果我能把天主教徒归为一类并排斥他们,那我的生活就更简单了。然后,我再缩减并铲除犹太人……事情就这样进行。[5]

族群中心之人的偏见还有另外一个功能。就社会中现实的和想象的问题指责一个外在群体,这满足了他们的需要。举出任何问题——街区犯罪、贩毒、政府腐败、政治暗杀、工人罢工、色情文艺、提高食品价格——并把它归咎为现成的反面人物:犹太人应对此负责——或者是意大利人、非洲裔美国人或西班牙裔。族群中心的人进行瞬间诊断——就像把 a 列与 b 列对应起来那样简单。而且,他们选定一个大目标,由此他们可以把自己的气愤、恐惧、不足和沮丧都一起指向它。

控制"我的更好"的思维

显然,自我中心和族群中心的人以极端的"我的更好"的态度作出自己的判断。这种态度曲解并遮蔽了判断,经常难以纠正。我们其他人的这种"我的更好"倾向,其效果不是那么引人注目,但同样真实。

我们对自己思想的偏爱有可能妨碍我们发现自己思想中的缺失,也妨碍对他人洞见的领悟和借鉴。同样,我们对自己宗教的自豪有可能造成我们太快地否定其他宗教信仰和实践,并且忽视自己宗教历史中的错误。我们对自己政党的偏爱有可能使我们支持低劣的候选人和纲领。我们对自己观点的忠诚有可能使我们无视其他的视角,让我们看不到不熟悉的真理,将自己束缚在过去的结论中。

而且,我们情愿非批判地接受那些迎合我们先入之见的人,这使我们易受到那些为达到自己目的而操纵我们的人的伤害。历史学家告诉我们,这恰恰是希特勒曾经成功地控制德国并肆虐相当大一部分世界的原因。

"我的更好"的思维对于批判性思考者是最根本性的问题,因为任其不受制止,它就可能扭曲感知、腐蚀判断。我们在主观性上陷得越深,我们的批判性思考就越低效。虽然完美的客观性可能是做不到的,但通过控制"我的更好"的倾向,我们可以在很大程度上实现客观性。

本章上面所说的任何事情都认为"我的更好"永远也不能是对一种情况的客观、准确的评价吗?绝对不是。这样想将会陷入相对主义的谬误中(这种谬误将在第九章讨论)。在绝大多数情况下,两个或更多的思想(信念、理论、结论)之间存在竞争,某一个可能比所有其他的更合理、与证据更符合。如果你刻苦努力成为一名批判的思考者,那就要经常证明你的想法是最好的一个。但是,这种判定是在评价过所有思想**以后**恰当地作出的。"我的更好"的思维之问题在于诱使我们放弃评价,并理所当然地认为我们的想法是最好的。

控制"我的更好"思维的一种方法是记住:像其他人一样,我们也倾向于此,而且当议题是我们真正在乎的议题时,这种倾向的影响最为强烈。正如切斯特顿(G. K. Chesterton)所说的:

> 我们在自己不在乎的主题上是准确而科学的。在巴拉圭的一次爱国者的演讲中……我们都立刻察觉到其中的夸大。我们所有的人都会对海蛇的话题保持冷静。但是,一旦我们开始相信我们

自己的事情时，就很容易开始夸大它；一旦我们的灵魂变得庄重时，我们的言辞就开始变得有点疯狂了。[6]

控制"我的更好"思维的另一种方法是对它出现的迹象保持警惕。这些迹象可以在我们的感觉和思想中发现：

● **在感觉中**：非常愉快、偏爱的感觉，意欲不再加以评价就立刻接受一种陈述或论证。或者是非常不快、负面的感觉，意欲毫无迟疑地马上抨击和否定一个陈述或论证。

● **在思想中**：诸如"我很高兴专家们持有这种立场——我自始至终就是这么认为的"和"浪费时间分析这个证据是没有用的——它一定是结论性的"的想法，或者诸如"这种看法是不能容忍的，因为它质疑了我一直认为的东西——我拒绝考虑它"的想法。

只要你发现自己有诸如此类的反应，你就可能有理由相信自己是"我的更好"思维的受害者。恰当的回应是抵制这种反应，并强迫自己以公平的头脑考虑问题。这可能并不容易实现——你的自我将提供一打理由使你沉溺于"我的更好"的冲动中——但是，你成为批判的思考者的进步取决于你的成功抵制。下面四章讨论的其他思维错误至少会因"我的更好"思维而恶化。

应 用 练 习

1. 假设你确认某个作出特定论证的人是自我中心型的或族群中心型的。这个确认是否构成你否定这个论证的充足理由？为什么？

2. 有些人宣称，当代美国文化倾向于提高而不是降低自我中心主义和族群中心主义。如果这是真的，那么，批判性思考的能力就遭到了破坏。从媒体中寻找支持或反对这种指责的证据，并就你的发现结果写一份报告。（确保找出微妙和明显的线索——例如，脱口秀节目中提供的建议，广告所诉求的东西以及推动政府和别处政策变革的机构所发出的正式声明。）

3. 回想一下你观察到某人在他或她行为中显示一个或多个族群中心

99

特征的情况。描述这个情况,这些特征表现出来的方式,以及它们对此人判断的影响。

4. 对你在上面应用练习 3 描绘其族群中心特征的人写一个总结。对此人你应尽自己所能地具有说服力。也就是说,集中于他或她"我的更好"思维的特定状况,以及这种思维对他或她判断的影响。

5. 考虑你自己"我的更好"思维的两个实例。描绘这种思维,以及你首次意识到它的方式。如果可能,判断是什么造成你形成这种思维方式。

6. 像你做第七章应用练习 4 那样评价下述论证。首先确认论证的组成部分(包括隐蔽的前提)并提问相关问题,就像该章所显示的那样。然后检查每个前提的准确性,无论是陈述的前提还是隐蔽的前提,并判定该结论是不是最合理的结论。注意,检查这些前提的准确性可能需要充分的证据进行判断。(警惕你自己"我的更好"的思维。不要让它们影响你的分析。)如果你发现前提不准确或结论并不完全合理,那就对论证作出相应的修改。

a. **背景注释**:全国各地的许多学校经历了大幅度的预算削减。被迫减少一些项目的活动,这些学校必须决定其优先性排序。有些人遵循本论证所表达的推理。

论证:校际体育项目塑造性格,并让年轻运动员为迎接生活的挑战而做好准备。此外,与其他学校的竞争也让全体学生得到了娱乐,并为表现学校精神面貌和忠诚度提供了机会。因此,在所有预算考虑中,校际体育项目应给予像学术项目一样高的优先地位。

b. **背景注释**:在马里兰州的巴尔的摩(the Baltimore, Maryland),少女怀孕的增多引起人们的关注,学校系统成了在全国范围内首先向少女提供埋植避孕剂的地方,这是一种手术植入的避孕方法。校方的理由可能是或者至少部分是这样的:

论证:尽管努力教育学生使用避孕套,但少女怀孕持续上升。埋植避孕剂能有效抑制怀孕。因此,学校系统应当提供埋植避孕剂。

7. 陈述并支持你对下述每个议题的立场。确保指认并克服你"我的更好"思维倾向,并把你的反应建立在批判性思考的基础之上。

　　a. 杰出的福音派神学家卡尔·亨利(Carl F. Henry)警告说,认为除了大多数人赞同的东西以外就没有道德标准,这种普遍的态度是对我们国家的威胁。他认为民主社会的存续依赖于认识到明确的道德标准,比如《圣经》的道德和正义标准。[7]

　　b. 一名因银行诈骗正在联邦监狱服刑三年的哈西德派的拉比(犹太教士)向美国地方法院请求命令监狱为他提供符合犹太教教规的厨房、器皿和饮食。他辩称自己的健康正在下降,因为监狱提供的食物不符合他的犹太教规的要求。他只能吃莴苣、橘子、苹果、胡萝卜和干米片。[8]

　　c. "重金属"和"黑帮说唱"(gangsta rap)音乐已受到许多社会评论家的尖锐批评。他们认为这些音乐至少加重(也许还引起)了反社会的态度,因而可能为暴力犯罪的增加而受责备。

　　d. 有些人认为应加重对酒后驾车的处罚。他们竭力主张增加的一项法律条款是对惯犯判处强制性监禁。

8. 仔细阅读下列对话。注意任何一个"我的更好"思维的证据。然后判定每个对话中哪个观点比较合理,说明理由。(确保对你自己"我的更好"的思维保持警惕。)

　　a. **背景注释:教皇保罗二世(Pope John Paul Ⅱ)在 1982 年11 月访问西班牙期间,承认西班牙宗教裁判所是错误的,该裁判所始于 1480 年,持续了 300 多年,造成了许多人入狱、遭受折磨或被烧死在火刑柱上。**[9]

　　拉尔夫:这是天主教正式谴责宗教裁判所的恰当时候。

　　伯妮斯:教皇不应当公开承认这个错误。

　　拉尔夫:为什么?你认为事实以后 500 年认错还太早吗?他应该再等 1 000 年吗?

伯妮斯：不要讽刺挖苦。我的意思是他的声明无疑将减弱许多天主教徒的信仰。如果你爱某人或某事（在本案中是教会），你就不应做任何让它蒙羞或难堪的事情。当然，宗教裁判所是错误的，但是，现在这么说并提醒人们教会的错误，不会起到好效果。

b. 背景注释：当纽约长岛一所中学的一名未婚生物老师怀孕时，一批家长向校董事会请求解雇她。他们推论她的怀孕是不道德的证明，允许她继续当老师会为孩子们树立一个坏榜样。校董事会拒绝解雇她。[10]

亚瑟：校董事会了不起。他们的处理肯定拿出了勇气。对道貌岸然的伪君子会造成很大的压力。

格尼薇尔：你为什么叫他们伪君子？他们有权利表达自己的看法。

亚瑟：你的意思是说你同意这个关于怀孕老师对学生而言是不道德和坏榜样的无稽之谈吗？

格尼薇尔：是的，我想是。我并不认为在这种情况下，每一个人都应从他或她的工作中被解雇。我认为老师是一个特殊群体。对她们应该期望更高。应当采用比其他职业的人更高的行为标准来衡量他们，因为他们负责年轻人的教育，而年轻人容易受到影响。

101

9. **集体讨论练习**：反思下列陈述。它有道理吗？你在本章所了解的任何内容有助于解释它吗？如果可以，是什么？跟两三位同学讨论你的想法。

即使世界上的每个人都认为你是错的，那也无所谓。只要你认为自己是正确的，这就够了。

不同的观点

下面是对一个重要的不同观点的总结。读完这个陈述后，利用图书馆或网络，找出有见识的人对这一问题的看法。确保能覆盖各种观点。然后评论每个观点的强项和弱项。如果你的结论是其中一个观点完全正确而其他观点都是错误的,那请解释一下你是如何得出这一结论的。如果(**也是更有可能的**)你发现一个观点比其他观点更有洞见,但这些观点都提出了某些有根据的论点,那就构建一个**综合了**所有各方洞见的你自己的观点,并且解释为什么这一观点是所有观点中最合理的。在作文或口头报告中按照指导教师的要求表述你的回答。

国民身份证对美国是个好主意吗? "9·11"事件的一个结果是对于国家安全的高度担忧。在所提出的建议中,有一项是建立国民身份证制度。该主意的提倡者说,它将有助于挫败那些会损害并破坏我们生活方式的人的图谋。反对者则认为它将夺走宝贵的自由并使政府得以侵入我们的生活。

借助 GOOGLE(谷歌)搜索引擎检索"赞成反对国民身份证"开始你的分析工作。

第│九│章
立 场 的 错 误

　　想象一下，你戴了一副镜片严重扭曲的眼镜，却没有意识到这个问题。你有一切理由相信你看到的人、场所和事情都是像它们所显现的那样，而事实上它们是相当个同的。当你与他人分享你的感知而他们对此质疑时，你起先是惊讶不已，并对他们不能像你一样清晰地观察世界而困惑不解。最后，你要么停止与他人进行交流，要么变得更加武断，希望凭你表达的生动有力来解决你确信属于他们的问题的事情。

　　现在想象一下，在某些令人高兴的情境下，你突然意识到问题不在他们感知上的错误，而在你有缺陷的镜片。你冲到最近的眼镜店，购买一副新眼镜，更准确地观看，增长了知识，体验到一种新的自信和满足感。

　　立场的错误就像严重扭曲的镜片，除了不是戴在我们鼻子上，而是存在于我们头脑中这一点以外。如果你易犯一个或多个这样的错误，那你就可以确定，它们会不时地产生危害。它们将塑造你评价问题的态度和习惯，并产生让你思想偏执的预期。而且，你甚至可能没有意识到它们的存在，除非你评价自己的思维模式。本章就是为了帮助你这么做，并且根除妨碍你批判性思考的任何立场错误。我们将考察七个具体错误：**视角匮乏、无根据的假定、要么/要么观念、盲目遵从、绝对主义、相对主义以及支持或反对变化的偏见。**

视 角 匮 乏*

认知研究学者卡尔·邓克尔(Karl Duncker)创造了"视角匮乏"这个术
语来指称在对待问题和议题上狭窄的而不宽广的视角之局限性。你也许更
熟悉与此类似的术语:"管窥蠡测"。根据邓克尔的观点,视角匮乏是"思维
贫乏的主要特征"。无疑,视角匮乏有多种原因,包括简单的智力懒惰。但
是两个原因特别显著:在历史进程中学术门类的增殖以及每个学科知识的
大爆炸,特别是在 20 世纪。

在古代,一门学科即哲学涵盖了每个知识领域。在各个世纪的进程中,
其他学科相继加入:加入了语法、逻辑、修辞、几何、天文、算术和音乐;16—
19 世纪加入了物理、生物和化学;19 世纪末和 20 世纪初加入了心理学、社
会学和人类学。(商业和各种技术甚至来得更晚。)当更多的学科形成时,学
术研究变得更加专门化。例如,心理学家关注人类个体**内心**发生的事情,社
会学家关注人与人**之间**的互动,人类学家则关注各个社会的生理和文化的
发展。这些差别创造了专门化的词汇和迥异的研究方法。

最终,知识大爆炸出现了,这促使学者比以往更加专业化。这种专业化
深化了理解,倍增了学术洞见。不幸的是,这也切断了许多学者与自身学科
以外的洞见之联系,恶化了邓克尔所说的视角匮乏的状况。这种匮乏在分
析复杂议题时导致了重要的问题。考虑关于一场具体战争的起因议题。社
会学家会倾向于关注社会条件,经济学家关注经济条件,心理学家关注相关
国家领导人的内心动机和冲动。** 然而,由于战争是一种复杂现象,最有意
义的答案通常是所有这些因素(也许还有一些其他因素)的**结合**。只有那些
学会超越自己单个学科视角限制的学者才有可能获得有意义的答案。

当然,视角匮乏对每个人都是危险的,它不只限于那些受过高度专门化
教育的人。除非你意识到自己经验的局限性,训练你的思维扩展到超越你

---

* 本节版权 2006,mindpower,Inc. 获准在此使用。
** 类似的倾向也存在于医生当中。对于同样的身体状况,一名内科医生有可能写下一张用药
处方,一名顺势疗法的医生有可能推荐维生素疗法,而一名外科医生则可能主张开刀。

所熟悉的事物,考察所有相关的观点,并在判断前先进行理解,那你就几乎
可以肯定会眼光狭隘,其结果是思维贫乏。

无根据的假定

假定是仅仅认为理所当然而非经过理性思考提出来的看法。提出假定
是很自然的,而且,许多假定不仅没有坏处,而且有益。当你早上起床,准备
去上课时,你假定你的手表工作正常,汽车将会发动,教授会在那时上课。
你可能偶尔碰到意外——手表坏了,汽车的蓄电池没电了——但这并不会
使该假定失效或减少它为你节省的时间。(如果你必须对自己每天的一举
一动都进行思索,那你就不会取得多大的成就。)

假定在什么时候是**无根据的**? 就是在你接受**太多的**理所当然——也就
是超出你凭借自己的经验或具体情况来证明合理性的任何时候。吸烟者假
定,由于此习惯尚未造成明显的身体伤害,所以它永远也不会造成伤害,这
就是在作无根据假定。同样的情况是,日光浴者假定他们的皮肤不会受太
阳辐射的伤害,投资者假定他们在因特网的电子布告栏上发现的股票信息
是可靠的。

对堕胎持"选择优先"(pro choice)立场的许多人假定堕胎权利在美国
宪法中作了表述,在罗伊诉韦德(Roe v. Wade)案中,最高法院的判决在逻
辑上无懈可击,而且只有保守的基督教徒持"生命优先"(pro life)的立场。
所有这三个假定都是无根据的。拜伦·怀特(Byron White)大法官在罗伊
诉韦德案中持异议,他不接受这个多数决议的任何宪法依据,把它称为"行
使粗鄙的司法权"。生命始于受孕确立基因"蓝图"之时,一个人从那一刻起
就已经存在,这一论点尽管并不流行,但也并非不合逻辑。反对堕胎的不仅
有保守的基督教徒,而且还有(比如)门诺派、穆斯林、佛教徒和印度教徒。
虽然犹太人对这一问题存在分歧,但许多犹太人反对堕胎(例如,生命和埃
弗拉特犹太人组织[Life and Efrat]的成员)。反对堕胎的非宗教团体包括
"无神论和不可知论者生命优先权联盟"、"保护生命的异教徒"、"保护生命
的自由至上主义者"、"保护生命的女性主义者"、"男女同性恋者生命优先权

联盟"。(所有这些团体都有网址。)

最常见的无根据假定包括以下内容:

假定人们的感觉总是值得信赖的。事实是,信念和欲望有可能扭曲感知,导致人们有选择地或不准确地看和听。

假定如果一个想法被广泛报道,那它一定是真的。虚构的故事也能像真理一样广泛传播。

假定拥有某些理由就证明某人已经从逻辑上进行了推论。理由可以是非批判性地从他人那里借来,并且,即使理由是推理得出的,它们仍然可能是不合逻辑的。

假定熟知的想法比不熟知的更有根据。熟知仅表明之前听说过或阅读过;它并不保证我们听过或读过的就是正确的。

假定如果某一事件在时间上跟随另一事件发生,那它必定是由另一事件引起的。时间上的紧密联系有可能是意外。

假定每个事件或现象都有一个原因。某些事件具有多种原因。例如,在医学上众所周知的是,许多危险的因素可能造成一个人患上疾病。

假定多数人的看法是正确的。多数人曾经犯过错误——例如,赞同对女巫处以死刑和容忍奴隶制度。

假定事情现在是什么样子就是它们应当是什么样子。人是不完善的,他们的发明包括想法总有改进的余地。

假定变化总是变得更好。在一些事件中,变化改善了事态;而在另一些事件中,则使得事情变坏。例如,当政府试图通过提高税率来增加国库岁入时,其净效果通常是岁入下降。(关于这个假定的许多例子,可运用 Google 搜索工具搜索术语"非故意的结果"。)

假定表象是值得信任的。表象有可能出错。比如,美国小说家辛克莱尔·刘易斯(Sinclair Lewis)乘坐定期班轮去英国旅行。当他和一位朋友在甲板上步行时,他注意到一位妇女坐在甲板长凳上阅读他的一本小说。充满自豪感的他向朋友谈论看见别人如此专注地读他的作品是多么美妙的感觉。恰好在那一刻,那位妇女把那本书扔到海里去了。[1]

假定我们头脑中如果有一个想法,那就是我们自己的,并且值得去护卫。我们头脑中的一些想法(从理想上说是大部分想法)是我们细心分析的结果。另一些想法(在某些情况下其数量大得令人尴尬)则是不加批判地取自他人的,因而在任何重要的意义上并不是"我们自己的"。

假定我们越是确信一个想法,这个想法就越有效。一个想法的有效性是由支持它的证据的数量和质量决定的。我们确信的程度与此无关。换句话说,绝对确信的东西有可能仍然是错误的。

假设我们在某人的论证中发现错误,我们就已经反驳了该论证。一个论证有可能包含小缺陷却仍然是合理的论证。例如,证据的一两项可能有错误,但其他的论据仍然可以足以支持该论证。简言之,反驳一个论证需要的不只是挑剔瑕疵。

请记住,假定通常是暗示的而不是直接表达出来的,这很像论证中的隐蔽前提。为了识别它们,就要养成领会(或倾听)字里行间未明说却明显暗示了的想法的习惯。一旦你识别出一个假定,就评价它,并判断它是否有根据。

106

要么/要么观念

要么/要么观念是期望任何议题的唯一合理的观点要么是完全肯定的、要么是完全否定的。不幸的是,这种观念的例子,即使是在严肃的讨论中也不难发现。大卫·费舍尔(David Hackett Fischer)从书本标题中给出下面的实际例子:《抢劫大王——海盗还是先驱?》《新政——革命还是改革?》《中世纪思维——信仰还是理性?》《历史是什么——事实还是想象?》[2]

要么/要么观念的问题在于它否定了很真实的可能性,即最合理的观点也许是**既/又**——换句话说,是一个较少极端的观点。以令人头疼的福利改革议题为例,一种极端的立场是完全保持目前的福利制度不变,相反的极端立场是完全取消这种制度。这两种观点有可能都不正确吗?完全可能。但是,作出确切判断的必由之路是考虑所有可能性,包括不太极端的那些看法。最好的解决方案可能既不是保持现状也不是完全抛弃,而是把它改得更好。

同样,在关于教育补贴券的争论中,经常提出这样的问题:"我们应当改善公立学校,还是给家长们发放教育补贴券用于他们选择的学校?"但却不必接受其中之一而排斥另一个。有可能同时肯定**双方**——换言之,提高公立学校的资金**和**允许父母动用属于孩子的那份钱去选择他们喜欢的特定学校,无论是公立的还是私立的。

　　另一个要么/要么思维的例子发生于更近期一场争议的讨论中——在过去的几十年里,为什么如此多的男孩子在学习上落后于女孩子。在脱口秀谈话节目中,一位教授辩称,对女性主义者的批评敏感的老师们给予女孩比男孩更多的关注。另一名嘉宾则反对这种解释,并指责父亲们过分强调他们儿子参与体育活动。每一方都觉得有必要指责对方的观点,但实际上并不需要这样做。男孩们的学习问题也许可追溯到这两个原因,也可能还有**其他几个**原因。

　　每当你考察一个议题,并发现自己只考虑两个选项,问问自己是否还存在其他的选项,如果有,就给予公平的倾听。

107

盲 目 遵 从

　　行为模仿他人被称为**遵从**。在某些情况下,遵从是最明智的行动方式。孩子们在远离热风炉或过马路时先看两边时,是在遵从。我们在穿过指定的门进出大楼,使用"上行"方向的电梯上升,以及站在结账线后面而不是前面时,我们都在遵从。这种遵从使生活更加简单和安全(被你插队的那个人有可能高大、强壮并且**持枪**!)另一种积极的遵从是模仿好的行为榜样——值得效仿的人们。这种遵从帮助我们培养自己的能力,并成为更好的个体。

　　与此相反,盲目遵从是不合理的,而且,在许多情况下是不理智的。这包括因为我们太懒惰或惧怕由自己思考而模仿他人。在一个著名的试验中,8名学生进入实验室,其中7人与教授结成联盟;第8位学生是不知情的实验对象。给这些学生看一张白纸上的四条线,要求他们把下面的三条线(标为 A,B 和 C)与顶端的一条线的长度进行比较。实际上,线条 A 和顶线一样长,都是 10 英寸。其他两条线明显地更短点或更长点。7 位合作者每人依次给出错误的答案,巨大的压力落在这位不明真相的试验对象身上。

当问他或她时,其选择是清楚的:是给出明显**正确的答案并独自坚守**,还是**给出错误的答案而得到大家的支持**。信不信由你,在每 5 名实验参与者中,只有 1 人给出正确答案。[3]

许多广告商鼓励盲目遵从。一个绝妙的案例就是百威啤酒以"为什么要问为什么?试试百威干啤"为特征语的广告。人们所属的各种群体——从星期五晚间扑克牌俱乐部到教堂、政党、兄弟会和工会——也会产生遵从的压力。甚至是保证反对遵从并促进思想自由的群体也会这样做。20 世纪 60 年代的"嬉皮士(Hippie)"群体往往也像他们所反抗的"正统"社会一样不能容忍异议的思想、价值观和生活方式。作家纳特·亨托夫(Nat Hentoff)每当同意其自由派同僚的看法时,他们就称赞他对言论自由的捍卫,但是,当他采取胎儿是人并有权获得法律保护的立场时,他们中许多人马上就谴责他。[4]赞同枪支控制的保守派和反对积极行动计划的黑人作家同样受到与自己群体大部分人的观点保持一致的压力。

避免盲目遵从的秘密在于,无论他人为了让你像他们一样思考、讲话和行为而施加怎样的恳求、奚落和敦促,都要加以抵制。不要屈从,而是问问自己,什么是合理的、正确的,并遵循这条路线,无论你所处的立场是多数人的还是少数人的。

绝 对 主 义

绝对主义是这样一种信念,即必须存在规则而没有例外。绝对主义者期望关于议题的真相清楚分明、确定和简单。而在现实中,这样的真相却经常模棱两可、不那么确定,而且是复杂的。由于他们不合理的期望,绝对主义者往往对他们的思考没有耐心,因而容易过度简单化并作出草率的结论。而且,一旦他们下定决心,就往往比批判的思考者更教条地固执己见——也就是说,他们不愿意接受质疑他们的证据。一个准则一旦确立,绝对主义者就拒绝允许例外。例如,在进入学校大楼后,一位年轻的模范学生想起忘记把小刀从他的衣兜中拿走。意识到他的学校有一条禁止武器规定,他立刻走进校长办公室,并将小刀交给管理人员。校行政人员不是表扬他的责任心,而是暂停这个男孩入校并宣布考虑开除他。[5]

说绝对主义者的特征是容易出错并且不愿意改变想法的,并不表示其他人就没有同样的弱点。(正如前几章提到的,所有人都易受这些和其他认知缺点的影响。)这只是说绝对主义者比其他人更容易受此影响——厌恶例外情况使他们如此。还请注意,可能有相信绝对的东西而不是绝对主义者。例如,可能你认为杀人总是在道德上错误的,但在一些特定的情况下(比如自卫),行为的责任就被减轻或排除了。

克服绝对主义的关键在于:当你开始考察任何问题(即使是你此前思考过的问题)时,致力于接受你所发现的事实,而不是要求它是整洁而简单的。

相 对 主 义

相对主义是绝对主义截然的对立面。绝对主义者不承认规则的例外情况,而相对主义者则认为,例外情况的存在证明了不可能有什么规则。相对主义的主要错误是相信真理是创造的而不是发现的。如果某人试图证明某事是真的,相对主义者往往会说:"你谈论的是谁的事实?我的也许与你的不同。"他们认为,一个人相信为真的任何事情,就这个事实本身而言,对于他或她就是真的。相对主义还认为道德是主观的而非客观的——也就是说,道德规则仅约束那些接受它们的人。相对主义者的信条是:"如果一个人认为任何行为在道德上是可接受的,那它对此人就是可以接受的。"

相对主义反对批判性思考、伦理学研究和法律程序。批判性思考的要旨就在区分真与假,合理与不合理;如果不存在假的、坏的或不合理的事情,那么,批判性思考就没有意义。同样,如果任何人想要做的每件事都是好的,那也就不存在坏的事情,道德的言说也就毫无目的了。而且,如果选定做某事就是对其正当性的证明,那么,针对强奸、儿童性骚扰和凶杀的法律就是对加害者权利的侵犯。

对任何观点的简单测试就是看它能否自洽地应用于日常生活。相对主义者不可能在质疑他人观点的正确性时不自相矛盾。他们也不可能在抗议如北非的割礼、中欧的种族灭绝、东方的奴役劳工或北美的种族歧视时不否认自己有关道德是主观的信念。为了克服相对主义,你需要不时地提醒自己,有些思想和行为标准比其他的要好,批判性思考的挑战就是去发现最好的。

支持或反对变化的偏见

你支持还是反对变化?唯一合理的答案是:"这取决于变化是什么?"有些变化改善了事态;而其他的变化则让事情更糟。但是,许多人缺乏平衡的观点。他们存在支持或反对变化的偏见。支持变化的偏见比以往更常见,这无疑是因为我们生活在一个前所未有的变化的时代,特别是在技术方面;由于许多变化是有益的,所以我们有可能错误地认为所有的变化都是好的。

但是,反对变化的偏见比支持变化的偏见还要普遍。一个原因是熟知的力量。我们大多数人偏好我们知道并且感觉舒坦的思想。

当伽利略说,"地球围着太阳转"时,人们觉得不快,部分是因为千百次的日出和日落已经告诉他们太阳在运转,但也部分地是因为他们之前只是从未听说过地球是运动的。这一新思想威胁了他们有关地球是太阳系中心的固有信念。他们已经把这种思想在头脑中整齐地打了包。这是他们对宇宙理解之基本部分;这也和他们的宗教纠缠在一起。而现在这个自命不凡的伽利略竟然要求他们打开这个包袱或重新讨论这个问题。

自行车出现之后不久,人们说它们会破坏"女性的矜持"。医生说它们可能导致"女色情狂"、"歇斯底里"、"性欲的快感"、"跌宕起伏的过度兴奋"和"感官的疯狂"。[6]有些人把限制血汗工厂童工的运动视为共产主义者的阴谋。当宇航员首次登陆月球时,至少有一位年迈的老者表示完全不相信,他说:"这完全是电视人想出来的花招,人类不可能登上月球。"

反对变化的偏见如此普遍的另一个原因是"我的更好"的观点。我们的思维和行为习惯在我们看来是唯一正确的思维和行为方式。新思想挑战了我们的安全感,所以我们倾向于抵制它。这解释了为什么许多人牢牢地抓

110

住过时的传统不放。* 例如,在罗伯特·弗罗斯特(Robert Frost)的诗歌《修墙》中的那个人不停地修理他的土地与邻居土地之间的墙,不是因为这样做有任何好的意图,而只是因为他父亲在他之前就是这样做的。再考虑下面这个非批判地依赖过去方式的例子:一位小女孩的母亲告诉她:"不要把帽子放在桌上或把外衣放在床上。"她接受了这条指令,多年来一直忠实地遵照它。多年以后的一天,她把这条指令重复给她十来岁的女儿,而她的女儿问:"为什么?"这个女人意识到自己从未有足够的好奇心去问她的妈妈。最后,她的好奇心终于激发起来了,她问妈妈(此时已经80多岁了)。妈妈回答道:"因为当我还是小女孩时,一些邻家的孩子生了大量的虱子,我的母亲向我解释,不要把帽子放在桌上或把外衣放在床上。"这个女人的整个成年生活都在遵循一个教导她遵守的规则,一次也没有对它的目的性或有效性表示怀疑。[7]

然而,虽有对变化的抵制,许多新思想仍设法扎下了根。我们也许认为,当新思想生根时,那些为此而艰难奋斗的人会记住自己必须克服的这种抵制。但是,具有讽刺意义的是,他们往往很快就忘记了。事实上,他们有时也显出他们从他人身上找到的那种同样的恐惧和不安全感。如发生在精神病治疗中的一个例子。西格蒙德·弗洛伊德(Sigmund Freud)和他的追随者因为提出性行为是个性发展的一个重要因素而受到排斥和强烈的抨击。事实上,这种对弗洛伊德的敌视是如此强烈,以至他的杰作《梦的解析》(*The Interpretation of Dreams*)在1900年首次出版时被人们所忽视。8年才卖了600本。[8]

但是,当弗洛伊德的思想被接受时,他和他的追随者没有显示出较大的宽容;事实上,他们排斥并抨击质疑他们理论任何部分的人们。例如,卡伦·霍妮(Karen Horney)质疑弗洛伊德关于妇女受"阴茎忌妒"驱使的观点;她还认为,神经衰弱症不仅由受压抑的性欲,而且由各种文化冲突所引起,人的行为不仅受本能的驱使,在许多情况下,还可以自我引导和调整。由于这些理论(今天已被广泛接受),她受到弗洛伊德教条主义者的责难和

111

---

* 不要错误地认为,传统越是古老,就越没有用。一个古老的传统有可能比最新的时尚观念更明智。当然,确定的唯一方式是给予公平和公正的考虑。

排斥。[9]

为了克服这两种对待变化的偏见,请检视你对新思想的反应。如果你强烈地赞同或反对一种你首次遇到的思想,那不必感到惊讶。拒绝非批判地认可你的第一印象,悬置你的判断,直到你仔细地考察了这个思想为止。如果这个思想被证明是真知灼见并且有充分的根据,那就接受它,无论它是古老的还是新奇的;如果它是成问题的,那就予以拒绝。

应 用 练 习

1. 考察下列每一个对话。识别说话者作出的任何假定。力求精确。如果可能,判定这些假定是否有根据。

 a. **奥拉夫**:你听说好消息了吗? 今年学校不会按预定时间开学。

  奥尔加:为什么?

  奥拉夫:老师们可能在罢工。

  奥尔加:罢工? 荒唐。他们的收入已经很不错了。

 b. **珍妮丝**:今晚电影院演什么电影?

  迈克:我不知道片名。是关于女同性恋的一些事。你想去吗?

  珍妮丝:不,谢谢。我要等高质量的电影再去看。

 c. **伯里斯**:老弟,说到不公正的评分人。纳尔逊是最差的一个。

  布丽吉特:为什么? 他做什么了?

  伯里斯:他做什么了? 期中成绩他给了我一个 D,就这样——在我整整花了 12 小时的学习后给出的成绩。我可能就要预约面见院长谈谈他的事。

 d. **史密斯太太**:哈里森夫妇的婚姻出问题了。我打赌他们很快就会分开。

琼斯先生：你怎么知道的？

史密斯太太：我在超市听说的。海伦告诉了盖尔，盖尔又告诉了我。

琼斯先生：我早就知道他们的婚姻会出事。杰布·哈里森是这样一个无聊的人。我不能怪露丝想离开他。

2. 对下述案例运用你的批判性思考。确保指认出你的所有假定，并判定它们是否有根据。

a. 马萨诸塞州剑桥市的一个男人看得邻居未修剪的草坪和未修整的灌木丛生了厌，它们已高过二楼的窗户，于是他向法院投诉。邻居向法官承认，他已经14年未修剪草坪了，但他申辩说，他偏爱天然的而不是修剪过的草坪，喜欢未修整的而不是修整过的灌木丛。法官判定，他完全有合法权利不修剪他的草坪和灌木丛，无论他的邻居如何感受。[10] 你认为法官的判决公正吗？

b. 一些认为自己达到上大学年龄的儿子或女儿已被狂热教徒洗脑的家长，绑架了自己的子女，并让他们放弃已经灌输的信念。应当允许他们这么做吗？

c. 有些家长让孩子辍学，相信他们能在家里更好地教育孩子。应当允许这种做法吗？

d. 许多摩托车手反对某些州要求他们和乘客戴头盔的法律。他们认为，他们应当可以自由地决定是否戴头盔。你同意吗？

3. 考察下列每个陈述，判定它是否含有错误。你如果发现了错误，就指出它，然后以未学过本章的人也能理解的方式予以解释。

a. 积极行动计划的唯一选项是接受针对少数族群的歧视。

b. 我们不得不在创世说和进化论之间进行选择。中间立场是不可能的。

4. 列出几个可取的和不可取的遵从的例子。解释每个例子为何是可取或不可取的。

5. 广告往往设计成诉求遵从的倾向。至少描述 3 个如此设计的印刷广告或商业广告,并解释它们诉求遵从的方式,以便让未学过本章的人也能理解。

6. 在下列每种情形中,主人公都是遵从的。研究每种情形,并判断这种遵从将对此人和其他人产生什么影响。根据这些影响,判定遵从是否可取。如果你的判定取决于遵从的程度或它发生的情境,则解释你在哪些情形下会赞同,解释为什么。

　　a. 伯特 13 岁。他的朋友对其他人麻木不仁,甚至寻找机会奚落他们。如果同学过胖、相貌平平、非常害羞或不是很聪明,他们就会因此而嘲笑之。如果这个同学对这种刻毒流露出厌烦,他们就将此看成示弱,并变本加厉地进行毁谤。伯特知道这种行为不对,而且,他从中也没有得到快乐,但是他安之若素,甚至一次又一次地沉溺于此,免得在朋友面前显得软弱。他意识到,在他们眼里,如果他不完全地站在他们一边,那就是反对他们。

　　b. 罗丝在一家服装厂上班。在开始工作不久,她就意识到其他工人的产量不合理地低,她可以毫不费力地完成其他人工作量的两倍。于是,她的同事以一种含蓄的方式让她知道,如果她以合理的进度工作,那么雇主就会意识到她们在欺骗,并要求提高她们的产量。罗丝知道,如果她不遵从她们的工作进度,那至少会遭到排斥,于是她决定这么做。

　　c. 亚历克斯是新进的州议会议员。当争论某个重要问题时,一位有影响力的说客与其接洽,并告知他,他如果以某种方式投票,那他的政治生涯将会出现更好的发展机会。这位说客还提及了其他五六位议员的名字,并建议亚历克斯去问问他们关于那种投票方式的学问。他联系了这些人,他们告诉他(大意),“我们支持该游说团体的立场;如果你看重自己的前程,那就会做同样的事。”他接受了他们的建议,遵从之。

113

7. 你比较倾向于绝对主义还是相对主义？你最可能在哪些具体领域犯这种立场的错误？政治？宗教？社会问题？道德决定？回答应具体。你越充分了解自己对待错误的特征倾向，就越能成功地克服它们。

8. 你比较倾向于支持还是反对变化的偏见？你往往在某些生活领域支持变化而又在其他领域反对变化吗？尽量具体地描述你的倾向。

9. 下列每项陈述都建议一种改变。注意你的反应是赞同、反对还是多少介于两者之间。然后评价每一个想法，注意把你可能持有的任何偏见放在一边，公正地判断该想法。

a. 所有国家的主权，包括美国的主权，都应当让渡给联合国，以便不再有分隔人民的人为疆界。

b. 应当为喜爱斗鸡、斗狗和斗牛这些"娱乐活动"的少数人进行电视转播。

c. 应当通过要求妇女结婚时保留娘家姓的联邦法律（即禁止她们采用夫姓）。

d. 墓地应当向活人的闲暇活动开放。合适的活动包括骑自行车兜风、慢跑、钓鱼、徒步旅行和（如果空间允许）团体运动。

e. 联邦和州监狱应当允许囚犯白天时间离开监狱去上班或上大学课程。（唯一被剥夺这项特权的犯人应当是精神病患者。）

f. 大学不应接受高中毕业时间少于三年的任何学生。

g. 为了鼓励更多的人参加选举投票，应当发行彩票。（选民将寄上选票存根作为他们投票的证据。奖品将由公司捐助。）[11]

h. 退休人员应当作为老师的助手，即使他们没有大学文凭。[12]

i. 应当给每个人发放并要求其携带国民身份证，以显示他或她为美国公民。[13]

j. 教会和犹太教会应当取消所有限制妇女参与礼拜仪式和咨询服务的规定，从而允许妇女担任神父、牧师和拉比的角色。

k. 大学应当对大三、大四生收取比大一、大二生更高的学费。

10. 体育心理学家比尔·博赛(Bill Beausay)认为，体育应根据其危险和/或激烈的程度而像电影曾经做的那样划分成 X、R 或 G 级。他极力主张不允许孩子在早期参加 X 级的体育。这些体育包括摩托车和汽车比赛、曲棍球、橄榄球、拳击和赛马。[14] 判断他的建议是否有道理。确保避免抵制变化。

11. 决定你是接受还是拒绝下述论证。仔细避免"我的更好"思维和本章讨论的各种错误，并公正地判断这些议题。在判断之前，你可能希望进一步地研究这些议题。

a. 应当在电视中禁止啤酒和葡萄酒的商业广告，因为它们美化了饮酒，导致人们将其与爱情、友谊和幸福联系在一起。这种联系和曾经用于销售香烟的那些误导完全一样。酒的商业广告肯定是当今成年人和孩子酗酒增加的一个促成因素。

b. 今天选美比过去对才能给予更多的关注。但基本信息是一样的——"女性之美完全是一种表面问题。只有那些胸部丰满、脸蛋漂亮、身材苗条的人才能申请。"这些选美是对如下真理的嘲弄，即内在美即品质才是对一个女人（或男人）的真正衡量标准。

c. **背景注释：法院系统塞满了案件的一个原因是，囚犯们对州或联邦政府提起了被某些人认为是无意义的诉讼——例如，因为监狱的食物无法满足他们的饮食喜好而宣称他们的权利受到了侵犯的诉讼。对囚犯来说，监狱图书馆可以取得的法律书籍可用于准备他们的诉讼。**

论证：无意义的法律诉讼塞满了法院系统。在监狱图书馆法律书籍的可用性鼓励罪犯提起这种诉讼。所以，应当搬走监狱图书馆的法律书籍。

d. 让一个人来履行美国总统的职责是太多、太复杂了，所以，总统办公室应由一人办公变成三人董事会。

不同的观点

下面是对一个重要的不同观点的总结。读完这个陈述后，利用图书馆或网络，找出有见识的人对这一问题的看法。确保能覆盖各种观点。然后评论每个观点的强项和弱项。如果你的结论是其中一个观点完全正确而其他观点都是错误的,那请解释一下你是如何得出这一结论的。如果(也是更有可能的)你发现一个观点比其他观点更有洞见,但这些观点都提出了某些有根据的论点,那就构建一个综合了所有各方洞见的你自己的观点,并且解释为什么这一观点是所有观点中最合理的。在作文或口头报告中按照指导教师的要求表述你的回答。

谁应该为过度肥胖承担责任? 不可否认的是——如今人们体重越来越重,过度肥胖的人的数量比任何时候都多,其结果是健康问题剧增。然而,是什么导致了这个变化,对此问题存有争议。有些人责备是太容易获得富含卡路里、高脂肪和堵塞动脉物质的快餐。其他人则指责那些商业和平面广告的不断轰击,它们挑逗和诱惑人们比使他们健康的情况吃得更多次、数量更多,并且在正餐之间吃点心。还有一些人则指出这样的事实,即今天的年轻人比过去各时代的年轻人都花更多的时间坐在电视机前面和玩视频游戏。(由于某些原因,年轻时获得的过多体重特别难以减去。)有一些人否定所有这些理由,并径直责备自我放纵和及时行乐的主导哲学。

借助 GOOGLE(谷歌)搜索引擎检索"美国过度肥胖的原因"开始你的分析工作。

第|十|章
程 序 错 误

在第九章,我们考察了立场错误,即甚至在我们解决任何问题之前就对批判性思考造成重要障碍的观点错误。在本章,我们将考察发生在解决具体问题过程中的一些错误:**有偏见的证据考量、双重标准、草率的结论、过度概括和刻板成见、过度简单化和事后归因谬误。**

有偏见的证据考量

我们已经指出,虽然你可能觉得相信自己完全公正地解决问题是令人愉快的,但事实很少如此。你通常会偏向于某一个方向或另一个方向。对这一事实没有什么可奇怪或丢脸的。这是自然反应,不仅对你,而且对每个人都是如此。然而,重要的是了解这种偏向如何能造成你犯有偏见的证据考量的错误。这个错误的一种形式是只寻求肯定你偏见的证据。另一种形式发生在向你提出质疑你偏见的证据之时——在这种情况下,即使其他的解释更合理,你还是选择支持你偏见的解释。托马斯·季洛维奇(Thomas Gilovich)在考察日常推理出错之处时,用文献证明了这两种偏见形式。[1]

在实际事件中,有偏见的证据考量究竟如何影响我们的决定?设想你正在考察非洲裔美国人社区为何被犯罪所困扰、低教育成就和高失业率的问题。再设想你不是以开放意识来处理这个议题,而是坚信问题的根源在于贫穷和歧视。(这种想法是可以理解的,因为贫穷和歧视在媒体上得到比

116　其他解释更多的关注。)你非故意的、也许是不自觉的偏见可能会阻止你考虑相反的观点,甚至会使你把所有这样的观点称为种族主义的表现!下面是你的偏见将会让你忽视的一些有价值的事实和论证。(注:所有这些作者都是非洲裔美国人。)

●　拉利·埃尔德(Larry Elder)表明,在 20 世纪 60 年代旧金山的低收入、高失业和最多数量低标准住房的社区是唐人街,但在 1965 年,整个加利福尼亚州只有五名华裔人士被判入狱。他通过这一事实对于贫穷导致犯罪的观点提出了怀疑。关于贫穷导致低学业成绩的观念,他指出,巴巴多斯的学校预算比美国的学校预算低,而且超过 50% 的学生来自单亲家庭,但是巴巴多斯学生的 SAT 平均成绩是 1 345 分(满分为 1 600),这个成绩几乎是美国城市中心区学生平均成绩的两倍,也比**全美国学生**的平均成绩高出不少。[2]

●　约翰·麦克霍尔特(John McWhorter)认为,黑人社区的大部分问题可以追溯至以下的一个或多个原因:一种受害人的意识,美国黑人被排斥于其他美国人生存必须遵守的规则和标准之外的观念,以及反智主义——即教育和心智的发展并不重要这一观念。[3]

●　杰西·彼得森(Jesse Lee Peterson)声称:"黑人领袖们并不需要他们目前普遍存在的那种自我任命型的领导人……通过诉诸种族仇恨和巧妙包装的社会主义意识形态,这些领袖使得上百万的黑人深信白人的美国欠了他们特别的待遇:福利券、积极行动计划,甚至于在我们国家大学中不同的成绩评估制度。黑人教育家甚至创造了一个虚构的**非洲裔中心主义**的历史,用于在我们国家的学校中推行黑色人种优越论的虚幻概念。"[4]

●　谢尔比·斯蒂尔(Shelby Steele)论辩道,美国民权运动的目标在白人和黑人社区都经受了妥协——白人通过让他们在奴隶制和歧视上的罪感引导他们创造出馈赠项目,这些项目使得黑人依赖于政府,而黑人则通过接受这些项目和以个人责任换取权利意识来取得妥协。[5]

●　胡安·威廉姆斯(Juan Williams)的《够了:正在破坏黑人美国的伪劣的领导者、走投无路的运动与失败的文化——我们对此能做些什么呢》,此书一开始就肯定比尔·考斯比(Bill Cosby)勇敢地呼吁美国黑人养成一种对教育的健康态度,停止童婚,认真对待子女养育。威廉姆斯证明了考斯比观点的准确性,拓展它们的重要性,并提出了一个实现相关目标的计划。[6]

应当把这些作者的观点看作是对此议题最终的、权威的文字吗？当然不。然而，它们代表了对于公众辩论的一种严肃的、有见识的贡献，忽视它们的分析不可能被认为是公平和负责任的。

偏见最坏的方面在于，这种情况经常无辜地发生，当事人并未意识到，而且并不只是发生在学生当中。甚至专业学者也会犯下这种错误。（这就是为什么你应当检验权威观点的公正性。）为了避免有偏见地选择证据，可以这样来开始你的调查研究，即找出与你的偏见持相反观点的人，然后再找出那些支持你的偏见的观点。并且选择最合理的解释，不管它是否迎合你的偏见。

双 重 标 准

正如这个名称所意味着的，双重标准包括用一种判断标准对待我们自己的思想以及与我们自己相容的思想，而用完全不同的——更苛刻的——判断标准对待与我们思想不一致的看法。采用双重标准的人忽视他们所赞同的论证中的前后不一致、自相矛盾和蛮横的夸大其词，却急于挑剔其论敌的论证。甚至他们的用词也体现这种双重标准。完全同样的行为，对同盟者来说是"有想象力的"、"强有力的"或"直截了当的"，而对反对方则是"乌托邦的"、"好斗的"或"平庸乏味的"。

双重标准的错误在言论自由的议题中也很常见：许多人对自己所赞同的思想是直言不讳的言论自由提倡者，却急于审查他们所不赞同的思想。

为了避免双重标准的错误，事先决定你将使用什么判断标准，并前后一致地用这些标准，即使相关的材料数据并不支持你的看法。

草 率 的 结 论

草率的结论是一种不成熟的判断，即没有充分证据就作出的判断。需要进行心智的训练以抵制仓促地下结论，但许多人缺乏这样的训练。

他们习惯于接受忽然想到的第一判断,从不费心探究一个不同的判断是否可能是同样合理的,甚至是更加合理的。他们要是看到一个男人与一个不是他妻子的女人上了出租车,马上推断她是他的情人,而她有可能只是他的一个亲戚、商业伙伴或客户。如果一位朋友经过他们身边而没有跟他们说话,他们就推断他是个势利小人,而这个人也许因全神贯注而没有注意到他们。

草率结论既可能发生在日常生活中,也可能发生在学术探究中。正如第一章所简略指出的,迄今为止进行的对人的智力最雄心勃勃的测试之一就导致了草率的结论;几乎一个世纪以后,它仍然是这些测验造成的伤害的生动见证。在第一次世界大战期间,心理学家对大约 200 万新兵进行智力测验。其结果,按照心理年龄表示的最终成绩如下:北欧移民,13 分;南部、中部欧洲的移民,11 分;美国出生的黑人,10 分。这些心理学家贸然断定南部欧洲人和黑人是"痴愚者"(当时认为这个术语是科学的)。(这个结论对 1924 年制定的歧视南部、中部欧洲人并强化对非洲裔美国人的负面成见的移民法起到了推动作用。*)

如果这些心理学家询问过一个简单问题:这个南部、中部欧洲人及美国出生的黑人是"痴愚者"的结论是唯一可能的结论吗?那他们就会怀疑这项测试的设计和实施是否有误。他们也会发现这项测试的要求因不同的方面而有异——告知某些新兵在继续测试之前须完成每一部分,而其他新兵则未被告知,而且,在试验室后排的新兵有时根本听不清指令。此外,他们也会发现,同样的测试表格发给了能读写英语的新兵、仅说一门外语的新兵和从没学过读写的新兵。

如何解释这个不同的**群体**得分很不相同的事实呢?一般而言,北欧人已移民到美国 20 年或更多时间,因此英语流利,并受过相当良好的教育。相反,南部和中部的欧洲人较近期才来到美国,他们既不讲流利的英语,也没有受过良好的教育(因为许多人贫穷)。最后,许多美国出生的黑人被剥

---

* 对这个问题的更充分讨论,参见斯蒂芬·杰·古尔德(Stephen Jay Gould)的《人的错误衡量》(*The Mismeasure of Man*, New York: Norton, 1981)第五章。顺便说一句,许多接受这个结论的心理学家继续在教育中推广使用智力测试。其中之一是卡尔·布里汉姆(Carl Brigham),他后来提出学术能力测试,俗称 SAT。

夺了受教育的机会。

　　为了避免草率的结论，在你选定任何一个结论之前，先找出所有可能的结论。然后判断你是否有充分的证据支持这些结论，如果有，支持的是哪一个结论。请记住，**推迟**你的判断、直到你获得更多的证据为止，这并不是什么丢脸的事情。

过度概括和刻板成见

　　概括是我们从具体经验得出广泛结论的心智活动。一个孩子听到一只狗在叫，推断出吠叫是狗的特征。这种概括是对的，除了"不叫唤"的巴生吉犬(Basenjis)以外。当妈妈说"小心铅笔，它会戳伤你的眼睛"，这个孩子再次正确地理解所有铅笔都具有这种性能。正像这些一般的例子所表示的，归纳不仅是自然的，而且对学习也是必不可少的。我们从未看到过一般的事物——所有的狗、所有的铅笔、所有的山、所有的河流或所有其他什么事物，而是仅仅看到普遍种类的特定成员(在个体或群体之中)，并从中进行概括。

　　只要施以合理的关注，归纳就可以很好地为我们服务。令人遗憾的是，我们容易进行**过度的**概括——也就是把仅适合一个群体某些成员的东西归属为所有成员。如果你参观纽约市，并碰到几个粗鲁的人，你这么说可能是正确的："有些纽约人是粗鲁的。"但"大部分纽约人是粗鲁的"就不正确了，更不要说"纽约人都是粗鲁的"*，但是这种涵盖一切的归纳每天都可听到，不仅是关于纽约人的，而且也事关自由主义者、保守主义者、"重生的"基督教徒、政治家、同性恋、女权主义者、环境保护主义者、知识分子和许多其他的群体。

　　刻板成见是一种特别抵制变化的过度概括。最常见类型的刻板成见是族群的和宗教的，如关于犹太人、波兰人、非洲裔美国人、西班牙裔、意大利

119

---

　　* 请注意，不包括具体限定语(如**大多数**、**很多**、**一些**、**几个**或**艾格尼丝**[女子名])的概括都被理解为意指这样一个群体的所有成员。因此，说"纽约人是粗鲁的"就等于说"所有纽约人都是粗鲁的"。

人、原教旨主义者、天主教徒、无神论者及"死的、白人、欧洲裔的男性"(又称DWEMs)的刻板成见。正如你可能预期的,任何固定不变的概括都可能被认为是刻板成见。虽然刻板成见既可能是正面的,也可能是负面的,但它们更经常是负面的。可悲的是,谴责有关自己群体的负面刻板成见的人经常毫不犹豫地对其他群体套用成见。

提及群体的特征是否构成刻板成见?否。反复出现的思维和行为模式在一个群体中是可观测的,提及这些模式因而是合理的。在古代,中国人比大多数其他民族更具创造力;在 19 世纪末和 20 世纪的大部分时间里,德国的工业技术领先于世界;在最近几十年,日本显示出非凡的创造力和对质量的关注。而且,并不是所有的文化类型都是夸耀的。几个世纪以来,西班牙人和葡萄牙人鄙视体力劳动,认为它是不体面的象征,而且,移居拉丁美洲的人也持有这种态度。今天,斯里兰卡人也持类似的态度。可以承认这些社会中此种态度的流行,而不必认为所有西班牙人和斯里兰卡人都是懒惰的。(顺便说一句,认为体力劳动不体面的思维模式反映了不合逻辑的推理而不是好逸恶劳。)正如托马斯·索维尔(Thomas Sowell)指出的,对所有文化模式(无论是受欢迎的还是不受欢迎的、有利的还是不利的)的承认与考察,对于理解群体、国家和整个文明的成功与失败是重要的。[7]

过度概括和刻板成见妨碍批判性思考,因为这阻止我们看到群体内人们之间的差异。为了避免这些错误,就要抵制这种强行把个人、地点或事物归入刻板类型的冲动。在形成概括时请记住,你的经验越是有限,你的断言就越应该谨慎。在下列提供的几个连续体中,中间术语(**一个**或**一些**,**偶尔**和**可能**)要求最少的经验,中心的左区和右区都要求更多的经验:

主体连续体

全部/大多数/许多/一个或一些/很少/几乎没有/一个也没有

频率连续体

总是/通常/常常/偶尔/很少/很少有/从不

确定性连续体

的确如此/很可能发生/有可能/不可能/根本不可能

过 度 简 单 化

简单化不仅是有益的,也是重要的,特别在像当今知识如此迅速扩张的时候。对某个主题了解得很多的人们发现,跟那些对此知之甚少或根本就一无所知的人交流很有必要。老师必须向学生、经验丰富的雇员必须向新手、律师必须向客户、医生必须向病人、科学家必须向普通大众进行解释。简单化就是把复杂的思想按比例缩减到较少知识的人能够明白的程度。

另一方面,**过度**简单化不只是使复杂的思想比较容易理解,它也歪曲和扭曲思想。过度简单化不是让人们有知,而是误导他们。不幸的是,过度简单化的陈述有可能听起来富有洞见;在这样的情况下,只有通过仔细的分析才能发现这些错误。以下是两个典型的过度简单化的例子:

过 度 简 单 化	**分 析**
如果学生没有学好,那一定是老师没教好。	学生没学好有时是老师的错,有时是学生自己的错,因为没有付出所需要的努力。这个陈述认为过错总是在老师;因此,它过于简单化了。
我们比他人更了解自己。	我们的确比他人更了解关于我们自己的某些事情:例如:我们的希望、梦想和幻想。但为了维护自我形象,我们会无意识地掩盖一些关于我们自己的事情:比如像妒忌、气量小和虚伪等个人缺点。而这些是其他人一目了然的。由于忽视这个事实,上述陈述就过度简单化了。

121

过度简单化往往发生在人们有强烈情感的那些事情上。当要求餐厅对所有顾客(无论其种族、宗教或国籍是什么)都提供服务的法律获得通过时,一些餐厅老板生气了。他们推论道,把辛辛苦苦赚的钱投资在生意上的人们有权为任何人提供或不提供服务。问题的这一面对他们是如此重要,以致他们把它看作是唯一的一面。但是,还有另外一个重要方面:公民进入公共场所的权利。

类似地,当联邦航空管理局(The Federal Aviation Administration)出台管制悬挂式滑翔机和超轻型机动飞机的法规时,美国悬挂式滑翔机协会(the U. S. Hang Gliders Association)提出了抗议。它论辩道,政府"无权管制大多由在偏僻的小山和沙丘上开动机器和滑翔下降的人们组成的户外休闲运动"。这个协会看到了该议题的一面,即影响它的这一面。现在,要是问题仅有这一面,那这个立场就会是合理的。但是,这个问题还有另外一个重要方面:保证所有领空使用者的安全,包括商业和私人飞机。(联邦航空管理局报道,曾观测到悬挂式滑翔机飞翔高达 13 000 英尺。[8])因为忽视了这一方面,该协会对此问题过于简单化了。

对评定等级和财务盈余的渴望已迫使一些新闻从业者放弃了传统的平衡而准确的报道的理想,而代之以耸人听闻的手法处理自己的故事。这就是为什么相当大量的当代新闻和评论经营的是猜测、流言蜚语和毫无根据的看法,以及为什么对立观点的提倡者之间的争吵比赛经常代替理性的辩论。这种追求轰动效应的不幸结果就是把议题过度简单化。要警惕你读到和听到的内容当中的过度简单化,并在你自己的思维和表达中避免它。

事后归因谬误

Post hoc 是拉丁语 **post hoc, ergo propter hoc** 的缩写,意指"在此之后,因此之故"。它表达了这样一种推理,当一件事发生在另一件之后,那它必定是另一件事的结果。这种思维中的错误在于没有认识到仅仅时间上的邻近并不能证明因果关系。一件事可能碰巧发生在另一件事之后,而与它完全没有关系。

事后归因谬误很可能是大部分迷信的基础。某人从楼梯下面走过或者打破一面镜子,或是一只黑猫穿过他面前的路之后不久,不幸降临在此人身

122

上,他就判断该事件导致了这种不幸。

学生萨姆习惯上英语课迟到。教授昨天告诉他,下次再迟到,就不许他进来。今天,萨姆拿回成绩得 D 的作文。他推断,教授是因为对他迟到生气才给了个低分。萨姆犯了事后归因的错误。教授也许因为这个原因而给了他低分,但也可能不是。这篇作文的成绩也许早已打了成绩,或者它可能的确写得较差。没有更多的证据,萨姆应暂缓作出判断。

探询因果关系没有什么过错。事实上,批判的思考者会问,这为什么发生? 而不是其他人。为了避免事后归因谬误,你需要做的就是暂缓作出因果关系的判断,直到你排除了其他的解释,包括巧合。

应 用 练 习

1. 埃伯尼语是非洲裔美国人的方言,一些教育工作者想让它成为加利福尼亚大学合法的第二语言。这个建议的一位批评者写道:"坦白地说,'埃伯尼语'只是非洲裔美国人贫民窟的俚语……如果埃伯尼语真的有任何可信性,那肯定是作为街头方言——皮条客的行话、少年犯罪集团和街头恶棍的惯用语、辍学学生的行话、散发着非洲裔美国人失败气息的一种洋泾浜英语。"[9]你在本章读到的任何东西可应用于这段引语吗? 解释之。

2. 一位作家认为,作为基督生日的圣诞节,其真正意义被"淹没在大量的玩具、华而不实之物、人造树和水果蛋糕之中",我们应当重新发现这失去的意义和讯息。他的要点之一是:"美国越是基督徒的(在这个词真正的意义上),它在道义上就会越敏感,对我们所有人(基督徒和非基督徒、无神论者和不可知论者都是一样)就越有好处。"你在本章学到的任何内容适用于这段引文吗? 解释之。

3. 查尔斯(Charles)是无神论者,正在写一篇关于在公立学校进行祈祷问题的论文。他熟知那些反对此类祈祷的人提出的论证,但不熟悉该问题的另一面。查尔斯推论道,因为他写作的是自己的论文,所以对他而言,阅读他知道自己不会同意并最终会反对的材料,不仅令人讨厌,而且愚蠢。于是,他把自己的研究仅限于反对在学校进行祈祷的所有文章和书籍。你同意还是反对他的推论？解释之。

123　　4. 描述一种或多种你自己或你所知道的某人犯"双重标准错误"的情形。请用对于未学过本章的人也能够理解的方式来解释这种错误。

5. 描述一种或多种你自己或你知道的某人犯"事后归因谬误"的情形。请用对于未学过本章的人也能够理解的方式来解释这种错误。

6. 在8月末,一个华裔美国人家庭李姓夫妇搬来与路易斯家做邻居,这个男孩路易斯认识了他们的一个跟自己同龄的女孩苏珊。一周后,在学校注册期间,路易斯在大厅里经过苏珊身边,但苏珊甚至连看都没看他一眼。路易斯得出下面哪些结论是有道理的?（你可以选择不止一个或全部拒绝。)恰当地参考本章内容解释你的回答。

　　a. 苏珊的行为失礼。

　　b. 苏珊是一个粗鲁无礼的人。

　　c. 李家是一个粗鲁无礼的家庭。

　　d. 华裔美国人是粗鲁无礼的。

　　e. 中国人是粗鲁无礼的。

　　f. 亚洲人是粗鲁无礼的。

7. 吉恩在读晚报时注意到,她选区的国会代表已对可为本地区带来收益的公路项目投了反对票。她回想起本地区最近的选民民意测验显示,63%的人赞同该项目。吉恩断定这个代表辜负了人民的信任,她写了一封怒气冲冲的信,提醒这个代表,他的职责是支持多数人的意愿。吉恩犯了任何一个思维上的谬误吗?解释你的回答。

8. 拉莫娜(Ramona)和斯图亚特(Stuart)正在为他们10岁的儿子是否应在家里承担一定的家务而争论,比如像倒垃圾和修剪草坪。拉莫娜认为他应该做。斯图亚特的反应如下:"当我还是小孩子时,我的一位密友忙于家务琐事,以致他从来不和其他伙伴玩耍。当时他的脸上总是带着受伤的表情,当他长大后,他对此变得越来越痛苦。很久以前我就发誓,永远不把义务和责任加在我儿子身上。他们长大时,将有足够的家务琐事。"根据本章内容评价斯图亚特的结论。

9. 分析下列看法。判定每一个想法是否过度简单化了。仔细解释你的推理。

　　a. "对于我想做的事情,我仅需考虑我自己;我认为对的就是对的,我认为错的就是错的。"(让雅各·卢梭[Jean Jacques Rousseau])

　　b. 选出的官员应比普通公民承担更高的道德标准。

　　c. 不是枪杀人;而是人杀人。

　　d. 你可以成为你希望的任何一种人。(自助的口号)

　　e. "我做的任何事情都是一种满足合理需求的尝试。"(Matthew McKay and Patrick Fanning)

10. 对下面的情形运用你的批判性思考。特别注意避免在本章和前几章解释过的错误。

　　a. 一名俄克拉荷马州男子因不雅景露而被判入狱 OO 年。检察官之所以能够作出刑期如此长的判决,乃是因为此人此前 11 次被定罪入室盗窃。检察官解释道:"人们只是对犯罪非常厌烦了——他们想让惯犯离开街道。"[10]你支持本案的判决吗?

124

　　b. 一位康涅狄格州的青少年用刀刺死了他的邻居,他认为不应对自己的行为承担责任,因为他当时受恶魔的控制。尽管有这种辩护,他仍然被判有罪。[11]你同意本案的判决吗?

　　c. 纽约的一位妇女跟她的邻居因孩子而发生争论。因为愤怒,她使用了反犹太人的污言秽语。因为在纽约利用种族或族群诽谤中伤而骚扰他人是轻罪,所以,这名妇女被判处 35 小时的社区服务。[12]你认为这项法律有意义吗?

　　d. 在加利福尼亚州阿格拉的一所高中解剖学课上,既解剖猫和青蛙,也解剖人的尸体——老师从一家大学医学院获得尸体。[13]你赞同这种做法吗?

　　e. 有些人认为应当废除把大学学位作为一种就业要求。他们推论道,许多工作有可能没有正式学业准备也有资格去做(或者反过来说,即使有大学学位对许多工作也未必就是准备好了)。雇主用来雇佣和升职的唯一标准应该是能力。你同意吗?

11. 在上述应用练习 1 中,你评价了那段有关埃伯尼语的引文。这段引文的作者是肯·汉布林(Ken Hamblin),一位非洲裔美国作家和电台脱口秀节目主持人。他是非洲裔美国人的事实促使你改变对这段引文的评价了吗? 应当改变评价吗? 为什么?

不同的观点

下面是对一个重要的不同观点的总结。读完这个陈述后,利用图书馆或网络,找出有见识的人对这一问题的看法。确保能覆盖各种观点。然后评论每个观点的强项和弱项。如果你的结论是其中一个观点完全正确而其他观点都是错误的,那请解释一下你是如何得出这一结论的。如果(也是更有可能的)你发现一个观点比其他观点更有洞见,但这些观点都提出了某些有根据的论点,那就构建一个综合了所有各方洞见的你自己的观点,并且解释为什么这一观点是所有观点中最合理的。在作文或口头报告中按照指导教师的要求表述你的回答。

所有关于歧视的主张都应该得到认真对待吗? 歧视可以被界定为依据对他人的偏见而行动。在过去的半个世纪里,美国人日渐意识到歧视之不公正,以及保护人们免受歧视结果伤害的法律之重要性。一些人相信,这样的法律只有当认真对待所有关于歧视的主张时,才会继续有价值。而其他人则相信相反的观点。他们辩称,与真正的歧视作斗争的关键是勇于暴露和谴责虚假的主张。在你对此议题的分析中,结合评价下列案例(当然不止这些)。

1. 伊利诺伊州的一名高中篮球运动员酒后驾车被拘留两次后,教练将他踢出球队。这个年轻人做出的反应是,声称因为他是一名酗酒者,解雇他就构成了"美国人残疾法案"中的歧视行为。根据这个推论,他提出 100 000

美元的索赔诉讼,并要求回归球队。

2. 一名5英尺8英寸高、体重240英磅的妇女声称,关于爵士乐教师应当苗条并且运动性能好的要求,已经构成了体重歧视。

3. 当康涅狄格州纽伦敦市警察部门的一名考生在一次解题测试中获得不同寻常的高分时,警局长官和市行政官拒绝了他,原因是他太聪明,以至于不适合该项工作,也可能是个无趣的人。这名考生提起了针对他们的歧视诉讼。

4. 两位妇女对西南航空公司提起种族歧视的诉讼,因为在一次加速登机过程的努力中,一位航空服务员用扩音器说:"Eeenie, meenie, minie, moe;找座位坐下,我们就要走了。"她们论争道,她们受到了伤害,因为听到了许多年前一个不同版本的包含种族污辱的韵句。

5. 密歇根州一位服务了16年的白人消防队员在晋升中尉名单上业绩排名第5,但是他被拒绝晋升,因为两名黑人消防队员(一位业绩排名12,另一位排名21)超越他而获得晋升,为的是实现种族平衡。这位白人消防员提起歧视诉讼。

6. 一些顶尖大学有限制亚裔美国人的入学政策。这个政策的实际效果是拒绝较高资格的亚裔美国学生,而接受较低资格的其他族裔学生。尽管学生们偶尔会提起歧视诉讼,但他们更多的是不提起诉讼。

第 | 十 一 | 章

表 达 的 错 误

我们已考察了两类错误：在我们解决任何问题之前阻碍批判性思考的错误和发生在解决具体问题过程中的错误。在本章我们将考察第三类错误：在向其他人口头或书面表达我们的看法时发生的错误。这些错误是：**自相矛盾、循环论证、无意义的陈述、误用权威、错误类比和非理性诉求。**

此刻你可能奇怪，上面所列的错误难道不是思维错误吗？如果是，那为什么要称它们为"**表达的错误**"呢？这两个都是很好的问题。本章所讨论的错误，像我们已考虑过的和将在下一章考虑的错误一样，无一例外都是思维的错误，因为它们都或多或少有意识地（有时也模糊地）源自心智。因此，我们把各种错误放在一个大标题之下——例如，"思维的错误"或"逻辑谬误"，那会是完全有道理的。事实上，许多关于思维的书恰恰是以这种方式来处理它们的。

采用四个类别的基本理由是，不同的错误往往（至少是最明显地）发生在所谓思维全过程的不同阶段。虽然表达的错误可能在心智的早期开始成形，但是，当我们说和写的时候，最容易指认并矫正这些错误。以一个单独的类别"表达的错误"来处理它们，有助于我们记住在何时需警觉它们。

自 相 矛 盾

逻辑的基本原则之一是矛盾律，它表明**不可能在同一时间以同样的方**

式作出既真又假的陈述。了解其正确性的最好方法就是设法构建一个反证它的陈述。下面只是几种可能性。

　　论证：辛普森（O. J. Simpson）谋杀了尼柯尔·布朗·辛普森（Nicole Brown Simpson）。（**评注**：这个原理要求我们说他要么杀了人，要么没有杀人。但如果他雇用其他人杀了她怎么办？那样他会不会既谋杀了她而又没有谋杀了她呢？是的，但不"以同样的方式"。从对行为负责的意义上说，他会是谋杀了她，但从实施该行为的意义上说，他没有谋杀。）

　　论证：巴斯特（Buster）重达 198 磅。（**评注**：他要么重达 198磅，要么重达其他某个重量。它不可能同时是这两种情况。但当你提出这种说法时，他正往嘴里塞甜点，并在他咽下去时，增加了十分之一盎司的体重。那么，我们不得不说，在某一个瞬间，他重达 198 磅，而在下一瞬间他稍微重了一点。）

　　论证：富兰克林·罗斯福（Franklin D. Roosevelt）是一名奥林匹克运动员，后来成为美国总统。（**评注**：这似乎挑战了自相矛盾的原理，因为这个陈述仅仅部分为真——他从来就不是奥林匹克运动员。但我们如果仔细考察这个陈述，就可看出这实际上是两个陈述的合取，它们一个是假的，另一个则是真的。）

　　如果你愿意，可以用你自己的陈述来检验自相矛盾的原理，但是，当你不能反证它时，也不要失望。从建筑学到动物学的各个学科中的批判性思考，都依赖于这个原理。

　　矛盾究竟在什么时候发生？当某人现在说一件事，尔后又反对它的时候。例如，一名嫌疑犯可能今天承认他犯有被指控的罪行，而明天又否认他有罪。相对主义者认为每个人创造他或她自己的真理，没有一种观点比任何其他的观点更有价值，然后又由于斥责反对他们看法的人而导致自相矛盾。一位学者提出物质世界是虚幻的，而唯有非物质世界或精神世界才是真实的观点，此人有可能因财产纠纷而把邻居告上法院。好几家电视大亨做了一轮脱口秀节目，论辩他们制作的暴力的、充满性的节目并未影响人们的行为,然后,几乎是紧接着就赞扬为了使世界变得更好而预防艾滋病和负责任地对待饮酒的公共服务公告。

为了克服自相矛盾,请检查你所说的和所写的。一旦察觉到任何自相矛盾,就仔细考察它。判定它是否是可解释的,或它是否构成了自相矛盾。如果证明它是矛盾的,就重新审视这个问题,并接受一个既自洽又合理的观点。

循 环 论 证

进行循环论证的人试图以一种不同的形式来重复一个陈述来证明它。当这个陈述简短时,循环论证也许相当明显。例如,如果某人说"今天离婚率不断攀升,因为越来越多的婚姻发生破裂",那很少有人看不出这种循环论证。但考虑这同一句的扩展形式:"离婚率在当前的一代明显地比上一代高。在能够对这种趋势举证出一个理由之前,必须考虑一系列因素,包括夫妇结婚时平均年龄上的差别。但是,大部分专家倾向于认为,其原因是越来越多的失败婚姻。"同样的循环论证,但更难以察觉。关键不在于作者故意构建循环论证,而是这种论证会在我们未意识到它时就形成。

为了发现你写作中的循环论证,仅阅读并同意你自己的观点是不够的。你必须确凿地查实,你支持自己观点的证据不只是以不同的词语对该观点的陈述。

无 意 义 的 陈 述

添惠公司(Dean Witter)的流行广告语"我们每次衡量一位投资者的成功"是以严肃的口吻表达出来的。如果声响是意义的衡量,则这条广告语会是真正深远的。但实质内容才是真正的衡量标准,而这条广告语未能通过该检验。它至多意味着每个投资者代表一个数据,当加上其他人时,就等于他们业绩的统计。在其他证券交易所,数据也意味着同样的事情。另一个无意义的陈述是眼镜商"镜片工艺师"（Lens Cratfers）的广告语："每次一小时帮助人们看得更清楚。"这条广告语令人脑际呈现出这样的形象：一位专注的配镜师为提高顾客视力而连续进行的未具体说明的工作，但事实上，它转弯抹角地、相当愚蠢地提及公司在一小时内**配好眼镜**的承诺。

在表达想法的过程中，人们经常发现提出支撑他们的思想和行为的理由是有用和必要的。无意义的说明是对无道理的理由作的说明。一位二手车商在商业广告中说："我将和你共同签署贷款，即使你已经破产。这是因为在你看到这些汽车之前，我们已经不辞辛苦地手工挑选，并检查这些汽车……因为我们仅销售高质量的汽车，所以我们提供资金担保。"细心的观者想知道，仔细选择汽车如何能够确保购买者将履行其信用义务？（答案是：不能。）下面一个家具公司的印刷广告标题提供了另外一个无意义解释的例子："好消息！由于我们家具销售史无前例的巨大成功，我们再延长十天。"我们也许要问，如果它如此成功，那他们怎么还有足够的商品延长十天销售？（我们当中比较玩世不恭的人也许会把这个标题作如下表述："销售是如此的失败，以至于我们的仓库堆满了劣质商品，我们要不顾一切地让人们购买它。"）

为了发现你写作中无意义的陈述，像批判地核查他人所说的内容一样，核查你自己所说的东西。询问：我的确是在做有意义的陈述吗？

误　用　权　威

误用权威的谬误把权威归属于并不拥有它的某人。自从名人崇拜在媒体盛行以来，它就日益盛行。当电视主持人向女演员希碧尔·雪弗德（Cybill Shepherd）提问时，他就犯了误用权威的错误，他问："你在该电视剧中的角色使你对收养上的欺骗行为有深刻的了解吗？"如果在一部有关收养欺诈的电视剧中扮演角色带来了专业知识，那么，扮演一名汽车修理工难道不该赋予某人以修汽车的能力，扮演一名整形外科医生难道不该使某人会做手术吗？这种错误的一种更微妙形式发生在某个领域的专家向他人介绍自己是另一领域的权威之时。这种错误发生的频度超出了你的想象。

为了避免误用权威的谬误,就要确凿地查实你作为权威引用的所有信息来源拥有你正在撰写的特定主题上的专业知识。

错 误 类 比

类比是通过参考**不同但比较熟悉的**某事来解释比较陌生的某事的一种做法,实际上就是说:"这个与那个相像。"类比对于促进理解,特别是对复杂思想的理解可以有帮助,但它们也有潜在的误导性。只要所宣称的相似性是真实的,一个类比就是可以接受的。这里是一个可接受类比的例子。一位作者讨论了当代美国居住在市中心的黑人的某些问题,是为了说明不是所有的这些问题都是奴隶制的结果。通过与癌症的类比来说明这一点:

> 从原则上说,我们都能理解,即使是一个巨大的历史罪恶也不
> 能自然而然地解释此后所有的罪恶……癌症的确能致命,但它并
> 不能解释所有的死亡,甚或是大多数的死亡。[1]

相反,一个错误的类比所声称的相似性经不起仔细检验。比萨大学一位教授于 1633 年举了一个错误类比的幽默的例子:"动物有四肢和肌肉,它运动;地球没有四肢和肌肉,所以它不运动。"[2] 一个更近期的和恶名昭著的例子就是传统上借用世界各地的革命者和恐怖分子之名来证明杀人正当性的类比:"如果你想得到炒鸡蛋,就不得不打破鸡蛋。"批判性思考者正当地回应道:"但人和鸡蛋很不相同!"

随时核查你的类比,确保他们所声称的相似之处是真实和合理的,不存在重要的差异。

非理性的诉求

非理性的诉求鼓励人们出于一些并无合理性的理由而接受某些思想。

一个诉求大意是说："不必批判地思考这个想法或者把它与其他的想法作比较——接受它就是了。"而在实际上，批判地思考各种想法自然总是恰当的，因为看起来正确的想法有时是不正确的，而不正确的想法有可能产生有害的结果。

最常见的非理性诉求的种类有：对**情感、传统、适度、权威、共同信念**和**宽容**的诉求。但是，如果断定每一个对情感、传统、适度、权威、共同信念和宽容的诉求都**必定**是非理性的，那将是一个错误。正如我们将看到的，有些诉求是合理的；批判的思考要求我们分清哪些是理性的，哪些是非理性的。

对情感的非理性诉求　对情感的**理性**诉求不仅激发感情，而且还显示正在表述的想法的恰当性。例如，一则反对酒后驾车的公共服务广告可能会利用事故现场来让我们对受害者感到悲伤和怜悯，从而更加认真地对待"不要酒后驾车"这个口头讯息。一个国际慈善团体的一则广告有可能向我们展示饥饿儿童的面孔，此时解说员解释说，养活一个孩子一天仅需花费80美分。这些诉求都是合理的，因为它们要么解释了感情和思想之间的联系，要么至少让我们自己考虑这种联系。

相反，对情感的**非理性**诉求是把情感当作思想的**替代物**。这种诉求激起了恐惧、仇恨、内疚、爱家庭和国家、怜悯等情感却并不表明其恰当性。一位政客可能说，她的对手的预算提案将抢走全国儿童的食物或剥夺老年人的社会保障，却不提供对这项指控的任何证明。一位律师可能描述他的当事人爱母亲、善待动物和对世界的全部仁爱之情，竭力唤起足够的同情心，使陪审团忘记不利于他的当事人证据。这种诉求在法庭上一个最厚颜无耻的例子（经常被用来定义犹太词 chutzpah[肆无忌惮]）是一个男人杀害了自己的双亲，然后请求法庭宽大，因为他是个孤儿！

对传统的非理性诉求　这样的诉求要成为**理性的**诉求，就必须不仅告诉人们该传统是如何古老而受人尊敬，而且还要展示它仍然值得我们认可。**非理性的**诉求则主张，坚持该传统只是因为我们一直这样做。这种非理性的诉求被用来妨碍每个领域的发展，包括科学、技术和医学领域。人们最初反对牙刷、雨伞、飞机、电话、计算机和几乎每一件其他的发明，因为"我们的

131

祖先没有这些新奇玩意也过得很好"。多少年来,医生拒不接受这样一个无可辩驳的证据,即病人洗手可减少疾病的传播,仅仅是因为传统上不这么做。

对适度的非理性诉求 对适度的**理性**诉求包括解释为什么比较适度的想法比不那么适度的选项更可取。对适度的**非理性**诉求则是建立在适度总是可取的错误假定之上。考虑内战时期的奴隶制问题,一些人认为蓄奴是在道德上难以忍受的,应当予以废止,而其他人则视之为一种所有权的合法形式,应当予以保留。适度的看法会是让每个人决定他或她是否拥有奴隶。(当然,奴隶在此决定中不会有发言权。)今天,没有一个负责任的人会赞同这种观点。

对权威的非理性诉求 所引用的权威可能是个人、一本书或文献、或是一个机构(比如最高法院)。对权威的**理性**诉求说,"这是一个或多个权威所说的",并着手表明为什么应当接受这种观点。对权威的**非理性**诉求则说,"这是一个或多个权威所说的。不容置疑地接受它"。由于权威也不能特别地免除错误,从不质疑他们所宣称的东西的想法就是愚蠢的,因而也是不能接受的。

对共同信念的非理性诉求 对共同信念的**理性**诉求说,"大多数人相信这一点",并着手表明该信念的合理性。对共同信仰的**非理性**诉求则说,"相信它乃是**因为**大多数人都相信它"。这样的非理性诉求经常伴随这样一些说法:"每个人都知道它","理性的人都不会拒绝它",或者"这是常识"。问题在于,许多一度被接受为常识的想法(例如,牺牲处女以获得好收成,因认为是祸根而将婴儿抛弃任其死亡),现在都被认为是反常的胡说八道甚至更糟。许多或大多数人相信某件事的事实并不是让我们相信它的充足理由。

对宽容的非理性诉求 对宽容的**理性**诉求解释了为什么宽容在相关的特定情形中是恰当的。**非理性的**诉求则说,"由于宽容是普遍地好的,它对包括本案在内的每种情形都是正确的反应。"这是纯粹的胡说。对有些行为——例如,恐怖主义、强奸和虐待儿童,迫切需要谴责。容忍这些行为的社会会怂恿它们,并犯下进一步侵害这些受害人的罪行。

总而言之,区别理性和非理性诉求的最好办法就是看这种诉求是否伴随着**你为何应当接受它**的解释。如果提供了一个解释,并证明它是合理的,那么这个诉求就是理性的。如果没有提供解释或所提供的解释不可信,那么这个诉求就是非理性的。

应 用 练 习

1. 英国一名医生在 1932 年做出如下陈述:"如果你的两只眼睛分开较远,你就应该是一名素食者,因为你继承了牛马祖先的消化特征。"[3] 你将此划归何种思维错误? 解释之。

2. 亨利·维奇(Henry Veatch)论辩道,如果我们接受道德相对主义(信奉没有一个道德判断比其他道德判断更好),我们就不能对任何道德议题采取一个立场而不同时让我们自相矛盾。[4] 维奇是正确的吗? 尽可能具体地陈述你的解释——也就是对具体的议题提出具体的立场。

3. 根据你对别人的观察,为本章描述的每一种错误列举一个事例。

4. 你曾犯过本章论述的哪种错误? 在每个案例中解释其错误,并描述它发生的情境。

5. 仔细阅读下列对话。如果你注意到任何在本章、第九章和第十章讨论过的思维错误,那就把它们指出来。然后判断该议题的哪个观点更合理,并解释你为什么这样认为,注意避免在本章和前几章讨论过的错误。133

　　背景注释:在过去几十年,大学行政官员争论是否应对发表包含下流话和明显性描写故事的学生报纸实施审查制度。争论持续,但议题发生了变化。一些学生报纸发表奚落非洲裔美国人、妇女和同性恋者的文章。而其他学生报纸则竭力主张学生在校园的建筑物上进行涂鸦,并进行商店盗窃来反抗遵从。[5]

　　厄尼斯特:这样的文章可能是孩子气和乏味的,但这并不构成审查它们的理由。

乔治娜：你在开玩笑吧？少数族群为上大学交了不少费用，而且，我确信在大部分校园，学生的活动经费支付于办学生报纸。让这些人为那些侮辱他们或鼓励违法的文章交纳费用，这最终还要让他们作为纳税人而承担代价，请问其公平何在？

厄尼斯特：为什么对你来说凡事都是钱的问题？所以每个学生活动费的每个美元都花到了学生报纸上。有什么了不起的。这并没有授予每个学生上演法西斯和制定编辑政策的权利。这些文章都是出于乐趣或震撼价值而写的。审查制度并不是解决的办法。如果一只讨厌的苍蝇围着你的脑袋嗡嗡地转，你不会用高射炮去打它。当然，你可以那么做，但任何明智的人都不会这么做。

6. 根据你在第七章学到的方法，评价下列论证。注意避免在本章和前几章讨论的思维错误。

　　a. 背景注释：人们已经不时地质疑公立学校背诵《效忠誓词》的做法。他们所反对的通常是针对"在上帝之下"这个短语。他们的推理如下：

　　论证：一段公立学校誓词声称美国是"在上帝之下"，这是对宗教的一种认可，违反了宪法关于教会和国家应当分离的要求。因此，不应当允许背诵《效忠誓词》。

　　b. 背景注释：越来越多的社区试图为日益严重的垃圾问题做点事，垃圾不仅不雅观，而且在很多情况下是不卫生和不安全的。这里是对解决此问题的一个方面的论证：

　　论证：具有金钱价值的东西比不具有此价值的东西被抛弃的可能性要小（或至少回收的可能性较大）。由于这个原因，对啤酒瓶和罐子支付25美分押金可解决一部分垃圾问题。

7. 考察下列每一个问题。如果你需要更多的信息来作出有见识的判断，那就获取这些信息，然后决定关于该议题的什么观点最为合理。要确保避免在本章和前几章讨论的思维错误。

a. 很多人认为色情文艺通过把妇女刻画成物而非人并制造她们私下渴望被强奸的错误印象来消费妇女。你同意这种观点吗?

b. 关于侵犯人权事件的报道(比如,未经过正式指控或审判就入狱、酷刑甚至是谋杀)继续来自一些获得美国对外援助的国家。很多人认为美国应当要求这些国家终止这种侵犯,以此来作为获得外援的条件。你同意吗?

c. 乔治亚州最高法院裁决,一座由一名自称是"异教徒和女巫"的妇女建造的让她的群体用来做礼拜的建筑物,有资格获免财产税。[6]你赞同这个法院裁决吗?

d. 今天有许多破碎的家庭,几乎每一个新闻版面都报道有暴力犯罪,色情文艺比以往任何时候都更容易让年轻人获得。一些人认为在学校中讲授宗教对解决这些社会问题会大有帮助。会吗?

e. 通常认为,保守团体反对婚前性行为的唯一理由是假装正经。这是真的吗?

f. 六岁的埃连·冈萨雷斯(Elian Gonzalez)和她的母亲及其他人乘坐一条凑合的小船逃离古巴。这条小船在去佛罗里达的途中沉没。埃连是唯一的幸存者,渔民发现了他,并把他带到迈阿密的亲戚家。随后的法律争论被新闻报道了好几个月。这个造成了这个国家乃至世界意见分歧的议题是:应当允许这个男孩留在他母亲逃往的美国呢,还是应当把他送回在古巴的他父亲那里?最后,判决送这个男孩回古巴。这是正确的判决吗?

不同的观点

下面是对一个重要的不同观点的总结。读完这个陈述后,利用图书馆或网络,找出有见识的人对这一问题的看法。确保能覆盖各种观点。然后评论每个观点的强项和弱项。如果你的结论是其中一个观点完全正确而其他观点都是错误的,那请解释一下你是如何得出这一结论的。如果(也是更有可能的)你发现一个观点比其他观点更有洞见,但这些观点都提出了某些有根据的论点,那就构建一个综合了所有各方洞见的你自己的观点,并且解释为什么这一观点是所有观点中最合理的。在作文或口头报告中按照指导教师的要求表述你的回答。

动物应当拥有与人一样的权利吗? 如果你以前从未听过关于动物权利的观念,那它也许显得奇怪。但它并不是一个新观念。18世纪法国哲学家伏尔泰推论道,由于动物具有情感并且能够理解,它们至少以一种原始的方式拥有权利。著名的丛林医生和人道主义者施威泽(Albert Schweitzer)认为,"敬重生命"不仅适用于人类,而且适合于所有活的动物。

北卡罗来纳州立大学的哲学教授里甘(Thomas Regan)博士在其著作《动物权利与人的义务》(*Animal Rights and Human Obligations*)中雄辩地论证了这样的权利。他认为人们之所以抵制动物拥有权利的观念,很大程度上是因为他们把世界视为只属于人类。他们把狗、猫甚至像海豚和猿猴这些比较"奇异的"动物看作是物体,而不是生物,看作是被**拥有**和**使用**的物件。他的结论是:"像某些东方文化那样相信动物拥有权利,这并不是疯狂之举。我们的目的是打破西方社会所持有的关于动物的标准思想类型。"

借助GOOGLE(谷歌)搜索引擎检索"赞成反对动物权利"开始你的分析工作。

第｜十二｜章
反 应 的 错 误

在开始学习批判性思考之前，你也许没想象到有如此之多的错误潜伏在那儿等待着毫无防范的人。迄今我们已讨论了 7 种立场错误、6 种程序错误和 6 种表达错误——总共 19 种，但我们还没有说完呢。最后一类是反应的错误，有可能发生在我们表达了自己的看法、其他人对其进行了批评或质疑*之后*。是什么造成我们犯反应的错误？ 也许对这个问题最好的通用回答早在多年前就由罗兰·杰普森(Rowland W. Jepson)在他写的一本关于思维的书中提出来了：

> 我们一旦接受了某个观点，自尊心就使我们不愿承认自己是错的。当对我们的观点提出一些反对意见时，我们更关心的是发现反击它们的方式，而不是在它们当中可能有多少真理或合理的见解；我们宁可费力地为自己的观点寻找新的支持，也不坦然面对明显与自己的观点相矛盾的任何新事实。我们都知道，指出我们犯了错误的意见会多么容易让人火冒三丈；我们的第一感觉就是宁可做任何事也不愿承认错误，而我们最先想到的是"我如何通过解释来消除它？"[1]

这种决意解释以消除任何不奉承我们或我们观点的东西的态度，反映了我们保住自己面子和维护自我形象的强烈要求。我们每个人都有自我形象，并且一般都是赞许的。我们喜欢把自己看成有智慧、负责任、聪明、遵守规章、勇敢、慷慨、考虑周到的,如此等等。我们也希望其他人这样来看待我们。我们的错误和个人缺陷具有破坏我们声誉的力量,所以我们受到诱惑去逃避承担它们的责任。例如,一个发了火、用拳猛打玩伴的小孩可能说:"这不是我的错,是她嘲笑我才迫使我打她的。"没有学好课程的学生可能说:"教授给了我一个 D。"(当然,只要她学好了这门课,她将说,"我赢得了一个 A。")一名在工作中犯错的商人可能宣称:"这不是我的错。给我的指示是误导的。"

有些人试图抵制保全面子的诱惑,但我们大多数人不时地成为它的受害者。其触发机制因人而异。那些因为自己善于对人作判断而感到自豪的人可能对许多事情的看法是成熟的、观点平衡的,但是,当他们投票支持的候选人被发现犯有滥用他或她职权的错误时,他们可能会坚决否认这种证据,叫嚷反对党的虚伪,并预测假以时日,所得出的判断将会颠倒过来。他们做所有这些事也许只是为了维护他们在判断人时明断的形象。

类似地,认为自己具有非凡自控力的人可能会否认自己是抽烟或喝酒的奴隶,并尽其判断力来为他们的习惯辩护。("没有人已真正证明吸烟是有害的;此外,吸烟还可缓解紧张",或者"我喝酒不是因为我非喝不可而是因为我享受它;只要我愿意,我随时可以停止喝酒"。)当提醒认为自己完全是自给自足的人欠人钱时,他们也许会批评提醒他们的人。那些认为自己对他人敏感并完全没有偏见的人可能会谴责任何提出支持别样观点的证据的人,无论此人多么清白无辜和建设性地提出这样的证据。在所有这些案例中,人们都试图维护自己良好的自我形象。

对许多人来说,维护面子的需要集中表现在他们生活中的一个特定角色。比如,萨姆认为自己完全是为孩子而作出牺牲、跟他们有紧密联系、十分专注的父亲。一天,在一次论辩中,他的儿子不慎说出萨姆多年来更关心自己的生意和自己的消遣,而不是他的孩子们。事实上,他忽视并疏离了他们。萨姆转向妻子,要求她告诉这个男孩,他的指责是不实的。他的妻子慢慢地、痛苦地回答道,这些指责确实是真的。萨姆冲出家门,感到愤怒和受伤,他确信自己蒙受了巨大的冤屈。

还有其他一些人,既不是特定方面的形象,也不是所牵涉的角色引发了其爱面子的反应。而是进行观察的人们。他们是朋友还是陌生人?是父母还是同行？是雇主还是同事？有些人认为我们是什么人，也许这是我们所完全不关心的；而其他人认为我们是什么样的人，也许我们对此的关心超出了合理性的程度。

总之，反应的错误是我们用来解释对我们观点的批评的顾全面子的花招。我们将讨论五种具体错误——**自动拒绝、转换话题、转移举证责任、"稻草人"**和**攻击批评者**。

137

自　动　拒　绝

作为批判的思考者，我们需要一个接受或拒绝任何论证或主张(包括对我们思想的质疑)的合理基础。确立这个基础的唯一方法就是评价这种质疑，并对它的价值作出真诚的判断。喜欢或者不喜欢它，感到高兴或者不高兴，都是不够的。未给予公正倾听就拒绝批评是犯了自动拒绝的错误。

几年前，我和一位当大学讲师的朋友讨论一篇引人深思的关于大麻的影响力的文章。这篇文章发表在《美国医学会杂志》(*Journal of the American Medical Association*)上，它报告了一个关于大麻使用的临床研究的成果。[2]作者推断，"与时常报告的东西相反，我们发现大麻的影响力不仅造成通常青少年行为略微夸张的一种轻度麻醉，而且还有一种特别的、独立的临床综合征……"他们注意到，主要的影响是"扰乱自我意识、冷漠、困惑和拙劣的现实感检测"。他们提供了13个真实案例的细节以证明这些影响力。

我的朋友向我吐露实情，他自己在大学时代吸食大麻的经验表现出所有这些征兆，他行为的变化也跟这13个案例所描绘的情况相当类似。也就是说，他变得有点不修边幅、易暴躁和健忘；感觉到难以集中自己的学习和课堂上的注意力；而且，经常头疼。但是他解释说，他不仅不接受当时可以看到的质疑他有关吸食大麻无害的观点的医学研究成果——而且还否认**他个人体验毒品的证词**！他指出，他对任何质疑他观点的东西的自动拒绝是如此地有影响，以致直到五年过后，他才能公正地考虑该证据。

我的一位当大学教授的同事也有自动拒绝令人不快想法的类似经历。

她解释道,在阅读一本讨论有效教学法的书时,她碰到了一章,其内容是考察一种特定的课堂教学法,并表明它如何不仅无效而且实际上对学习有害。这种方法一被指认出来,她就认识到这是**她自己最喜欢的教学法**之一。当她进一步阅读作者对它的批评时(她后来向我重述的一次),她开始感到要自我防卫,甚至是愤怒。"不,"她对自己喃喃自语道,"作者是错误的,这种方法是个好方法,他只是不理解。"这位教授并无任何理性的东西作为这些反应的基础——只是保全面子的冲动。周围并没有别人在场。她只与作者的言辞相伴。但是,捍卫这种方法,并且把自己从因为承认自己并不像自认为知道的那么多而带来的尴尬中挽救出来,这就变得比了解真相更重要了。最后,这位教授认识到了自己正在做的事情,并强迫自己公正地考虑作者的论证,但是,她向我表白,这样做是付出了努力的。

自动拒绝对你观点的质疑,这样的诱惑可能是强大的。降低这种诱惑的一个好方法是在你的观点与你的自我之间设置一些情感上的距离。把你的观点看作是你可以保留或抛弃的所有物,而不是你自我的延伸。这将使你对它们不那么竭力护卫。

转 换 话 题

转换话题包括突然把讨论转到一个不同的方向。并非每次转换都构成一种错误。新的方向也许更有内容可讲。也许它是一种适时而礼貌地阻止谈话的方式。假设有人问你一个粗鲁或不适当的个人问题,比如"你的年收入是多少?"或者"为什么你和你的配偶没有孩子?"你没有义务回答,完全可以说一些与该问题无关的事,比如"我想知道哪些队会在美国橄榄球超级杯大赛(Super Bowl)上获胜"或"东北部今年遇到了罕见的炎热夏天"。这是让此人知道该问题不合适的一种完全合理的方法。

只有在最初的话题是恰当的、却迷惑性地进行话题转移时,转换话题才是一个错误。令人悲哀的是,这种转换在公众访谈中是常见的。采访者问一个问题,被采访者回避这个问题,谈论的是其他的事情。聪明的人将设法提及这个问题的主题,从而造成他们是坦率的印象,而事实上他们并不是。

例如,向一位总统候选人提问:你对堕胎持什么立场? 他可能这样回答:

> 堕胎这个问题要比 20 世纪的任何其他问题都更严重地在我们国家制造分歧。最困扰我的就是讨论的调子变得如此刺耳、对他人诚信的不信任是如此地强烈,以至于有意义的辩论几乎是不可能的。我们必须进行这样的辩论,这个问题迫切需要辩论,并且,如果我当选,我保证尽自己的职责创造使它发生的条件。

这是对**一个并未提的问题**给出了一个雄辩的、动人的回答! 同时,那个被问的问题仍未得到回答。在本案例中,有充分的理由猜想该候选人并不打算回答这个问题,因为他能给出的任何答案都会疏远某些投票者群体。事实上,他在开始竞选之前,可能已得到其顾问的告诫:"只要问你堕胎的问题,你就转移话题。"

政客并不是唯一转移议题以避免解决棘手问题或逃避潜在尴尬境地的人。这种技巧被用于生活的各个层面。例如,在法律界,传说一名律师助理有一次冲进法庭,递给这名律师一张便条,上面写着:"看来我们赢不了这场官司。辱骂原告。"

故意转换话题会破坏讨论的目的。为了避免这种错误,要迎头面对困难的问题。如果你知道答案,就陈述它。如果问题太复杂,以致不能给出一个确定的答案,那就陈述你认为有可能发生的事情,并解释你的推理。如果你缺乏道出其可能性的足够知识,那就坦率地讲出来。没有一个理性的人会因为你坦白地承认自己无知而轻视你。

转移举证责任

转移举证责任的错误在于要求别人否证你的断言。例如,比尔断定,"在这个国家,医疗费用激增的最大原因是不必要地介绍病人去做昂贵的医疗检查"。然后,芭芭拉要比尔解释为什么他相信是这种情况。而比尔回答道:"你能举出任何证据来否证它吗? 如果你不能,那就是这样。"比尔犯了转移举证责任的错误。他提出了一个断言,如果有人要求,他就应准备支持它,而不是要求其他人否证它。规则就是,任何提出该断言的人承担支持它的责任,而且,该断言越是背离有见识的人们的看法,提出此断言的人支持它的责任就越大。

如果你学会在表达自己的想法之前已经期望它们被怀疑和批评,并且准备支持它们,那你就不大可能转移举证责任。

"稻 草 人"

稻草人这个词是逻辑学家造出来的,意指无实质内容的论证。这个词的意思包含在稻草人里了,即把一堆草塞进人的衣服,然后放在花园或田野上,以吓走鸟儿。犯"稻草人"错误是把不实之词强加于别人身上,然后揭露其虚妄,适时地忘了此人从来没说过这种话。假设你正和一位朋友讨论是否应当禁止进攻型武器的销售,其对话如下:

你:我反对任何限制枪支销售的做法。不管我们谈论的是手枪、步枪、猎枪还是进攻型武器,都不应该有什么差别。枪是枪,宪法权利是宪法权利。

你的朋友:你说无论涉及什么样的枪,"不应该有什么差别"。我说应该有差别,因为你所提到的枪是很不相同的。进攻型武器不像其他种类的枪——它们不是为了打猎,甚至也不是为了自卫,而只是为了杀人,经常是不分青红皂白地杀人。这就是它们应被禁止的原因。

你(感觉要进行防御,因为你意识到你朋友的论点将难以回答):

所以你认为你应当决定什么武器是可以接受的,什么武器是不可以接受的。正是这种自封为社会改革者的傲慢态度才是珍视宪法的每个人应该担忧的。

140

你犯了"稻草人"的错误。如果你的朋友是机警的,她将回答:"首先你把不负责任的话强加于我身上,然后你又说我不负责任。我宁愿听到你回答我实际所说的话。"

为了避免"稻草人"错误,在引用和解说他人的话时,需要准确无误。

攻击批评者

攻击批评者的做法是通过贬损表达某个想法或论点的人来诋毁这种想法或论点。人们在自己的想法或行为遭到质疑后,通常求助于这种反应的错误。他们不是对遭到质疑的真正问题、实际的想法或行为作出回应,而是造出了转移注意力的议题——提问人真实的或想象的过失或动机。当保拉·琼斯(Paula Jones)指控克林顿总统向她提出不正当的性要求时,克林顿的一位发言人作了这样的评论:"通过活动房屋得到100美元"能做成几乎任何事情,这里暗指琼斯太太的人品值得怀疑。

当其他妇女自告奋勇地指控克林顿骚扰她们时,总统顾问采用了众所周知的"疯子和荡妇"的策略——也就是说,他们暗指任何提出这种指控的人一定是精神不稳定或性滥交的,因而不值得信赖。后来,当克林顿总统的前顾问迪克·莫里斯(Dick Morris)作为咨询者加入福克斯新闻台,并分析了克林顿总统的行为和所谓的掩盖策略时,一些克林顿的忠诚拥护者声称,莫里斯所言不可信,因为他自己的性行为也不检点,而且还对失去白宫的职位心怀不满。

攻击批评者是一种错误,因为想法和人并不是同义语。无论探查人们的动机多么有趣,但在有关他们看法的本质方面,这种探究并没有告诉我们任何东西。即使是怀有可疑动机的人们或是公然说谎的人,有时也会说出真话。这并不是说诚实不重要,或者我们应该不加质疑地接受我们有理由怀疑其诚信度的人所说的话。这只是说,用对人们自身的推测或判断代替对其想法的判断,这是不合理的。

141

应 用 练 习

1. 下面哪些陈述(如果有的话)与本章详细阐述的观点相一致？解释你的选择。

    a. 保全面子和维护我们形象的强烈愿望是不可避免的。

    b. 保全面子和维护我们形象的强烈愿望是一种正常的倾向。

    c. 保全面子和维护我们形象的强烈愿望是不诚实的。

    d. 保全面子和维护我们形象的强烈愿望是有害的。

    e. 保全面子和维护我们形象的强烈愿望是可控制的。

2. 在讨论对人的行为的研究时,大卫·迈耶斯(David Myers)写道,"我们倾向于把我们做过的事情论证为正确的",并且"我们不仅支持我们所相信的,而且也**相信我们所支持的**[着重号系本书作者所加]"。[3]这些陈述以哪些方式与你在本章所学的内容相联系？

3. 你犯过本章所论述的哪些错误？描述你犯过的每种错误,并解释它在哪种情况下发生。

4. 我们都知道,难以原谅曾冒犯过我们的人。但古罗马的哲学家塞涅卡(Seneca)认为,反过来也是真的——难以原谅我们曾冒犯过的那些人。这个想法合理吗？如果是,你在第九章到第十二章学到的任何东西对这种想法提供了什么洞见吗？如果不是,为什么不？

5. 美国最高法院判决州、市或县政府不得将其决策权移交给教会。该院的判决废除了马萨诸塞州赋予教会对于教堂 500 英尺以内建造任何酒吧或餐馆(酒)牌的否决权。[4]高院的这个判决是最合理的判决吗？在作判断时,注意避免在第九章到第十二章讨论过的错误。

6. 一位妇女给"亲爱的艾碧"专栏(Dear Abby)写信,抱怨她的儿子在结婚时随了他未婚妻的姓。艾碧回复道,这位年轻人是成年人了,可以自由地作出自己的决定。所以,他的妈妈应文雅地接受这种情形。毫无疑问,许多人认为艾碧的建议是合理的,但其他人可能反对,其推论是说,一个男人放弃他自己的姓是有点怪异,也缺少男子气。在他们看来,这种行为侮辱了他的祖先。评价这个问题,注意避免在第九章到第十二章讨论过的错误。

7. 在一些校园,当宿舍的地板发生损坏,又找不到该为此负责任的人时,维修费用是向住在这一楼层的所有人收取的。许多学生认为这不公平。他们声称损坏有时是由来宿舍的陌生人造成的。这些学生认为,即使损坏者住在这个楼层上,这个政策也是无辜居住者替不能控制自己行为的其他人受罚。对这项政策的这些反对理由是合理的吗,或者说这项政策是该问题最公平的解决方案吗?作出你自己的判断时,注意避免在第九章到第十二章讨论过的错误。

8. 雪莉是大学二年级学生。在回家度春假时,她对父母态度暴躁。她抓住每一个机会批评他们及其价值观,并试图对他们对她的每个批评都表示愤怒。临回校之前,她挑起一场争吵,指责他们从没有给她足够的关注和爱。她的父母无法理解她的行为。他们不知道在过去的几个月,她已和男友住在校外,并用她父母寄给她的钱资助男友。解释这一事实如何影响了她对父母的行为。

9. 根据你在第七章所学的方法,评价下列论证。注意避免本章和前几章讨论过的思维错误。

 a. **论证**:从野外抓回动物,并为了人们的娱乐而展示它们,是对其自然权利的侵犯。因此,应当取缔动物园。

 b. **背景注释**:在1993年,一个男同性恋组织把纽约圣帕特里克节大游行组织者古爱尔兰修道会(AOH)告上了法庭。其指控罪名是,AOH由于把他们驱逐出游行队伍而非法歧视同性恋组织。AOH的推理如下:

 论证:该游行崇敬的是我们教会的一位圣人。我们的宗教教导我们同性恋是一种罪恶。要求我们在游行队伍中接纳同性恋组织将会侵犯我们的权利。

 c. **背景注释**:在近些年里,越来越多的人抱怨电视节目中暴力的程度和性内容的数量。电视产业的发言人通常否认这种抱

怨,其推理如下:

论证:当代节目比二三十年前的节目更现实主义地刻画生活。我们的立场是,这种刻画并不导致或加剧社会问题,所以,除非研究提供了否定的证明,我们仍将继续制作诚实地、无畏地说出生活真相的节目。

d. 论证:多年以来,罪犯向出版商和电影制作商出售他们生活故事的版权。他们的犯罪越恐怖,出版商和制作商通常就越愿意支付更多的金钱。事实上,这种做法奖励罪犯的罪行。这种做法应当终止。罪犯以这种方式获得的利润应放到一个分发给犯罪受害者的基金中去。

不同的观点

下面是对一个重要的不同观点的总结。读完这个陈述后,利用图书馆或网络,找出有见识的人对这一问题的看法。确保能覆盖各种观点。然后评论每个观点的强项和弱项。如果你的结论是其中一个观点完全正确而其他观点都是错误的,那请解释一下你是如何得出这一结论的。如果(也是更有可能的)你发现一个观点比其他观点更有洞见,但这些观点都提出了某些有根据的论点,那就构建一个综合了所有各方洞见的你自己的观点,并且解释为什么这一观点是所有观点中最合理的。在作文或口头报告中按照指导教师的要求表述你的回答。

电视产业对于我们的头脑和情感的操纵对我们是不是一个危险? 这个议题困扰着我们很长时间了,但近年来日益变得强烈。那些相信"操纵"是危险的人指出了如下的手段及其据称的影响:

● 带有偏见的新闻节目告诉我们每个故事的一个方面,从而否定我们作为公民行使自己的责任所需信息的广度和深度。

● 对抗性的脱口秀节目,请来的是些持有极端看法、对除了自己之外的其他任何视角都毫无兴趣的来宾,他们赞颂愤怒和粗鲁,而不是怀着恭敬的、理性的讨论。

● 喜剧节目中预先录制的笑声和掌声诱使我们对那些无趣的事情发笑,从而阻止我们的幽默感发展成为超越初级中学的水平。

● 戏剧性节目营造的节奏和刺激——以及它们恒定不变的剧情线索转变、莫名其妙的艳遇、爆炸、汽车追逐和其他的感官诉求——让我们对日常生活的自然节奏感到失望。

● 犯罪剧中暴力场景的倍增——在场景中、在实验室、在恶棍的脑筋急转等当中对暴力犯罪的露骨描绘和受害者的特写镜头，腐蚀着我们有关恐怖和厌恶的自然而健康的感觉。

● 商业广告的数量、喧闹水平和人为的激动迫使我们心烦意乱，从而缩小我们注意力的范围。

● 商业广告的情感诉求——**本产品使你愉快、健康、成功和可爱**，诱惑我们想要自己并不需要的东西并购买自己负担不起的产品。

不同意这些主张的人争辩说，在与广告相关的手段之外的所有其他手段，使得电视更加有趣和愉悦观众，而商业广告中所使用的手段也是不可避免的，因为主办者支付了这些广告节目费，并且有权展现他们产品的优点。他们还认为，观众能够把电视与真实生活区别开来。

借助 GOOGLE（谷歌）搜索引擎检索以下一个或数个词语"媒体操纵""媒体偏见""媒体宣传"来开始你的分析工作。

第|十三|章
错 误 组 合

前面五章考察了发生在思维过程各个阶段的各种错误。这些章节有两个目的：帮助你避免思维中的错误，以及当它们出现在其他人思维中时能把它们辨认出来。上面分别讨论了每一种错误——草率结论或过度简单化放在一节，无根据的假定在另一节，过度概括和刻板成见在第三节，等等。错误常常以这种单独出现的方式发生。但是，它们也可能以组合方式发生。例如，"我的更好"思维有可能造成反对变化的偏见，这又导致我们带有偏见地选择证据和草率的结论。虽然共同发生错误的组合有可能数不胜数，但它们都有一个共同之处：它们对批判的思考形成的障碍比任何一个单独错误都要大。

在进一步讨论错误的组合之前，让我们先总结各种单个错误以及我们讨论过的避免它们的策略。你将回忆起最基本的思维错误"我的更好"，这种思维是我们假定自己的想法一定优于他人的，只是因为它们是我们的想法。当然，在现实中，我们的想法可能像其他人的一样可能出错。为了克服"我的更好"的思维，我们必须像对待他人的想法一样批判地对待自己的想法。

其他的错误和矫正方法如下所述。

立 场 的 错 误

错　　误　　　　　　　　　　　**如何辨识和解决**

视角匮乏　　　　限制一个人看议题的视角；管窥蠡测。视角匮乏有时可归咎于智力懒惰；其他时候是专业化教育和训练的副产品。为了避免评估问题时视角匮乏，可超越自己熟悉的观点看问题，考察所有相关的观点，并在作判断之前先理解。

无根据的假定　　　　假定是被当作理所当然而非有意识推理出来的想法。当某人的经验或境况否定了被认为理所当然的事情时，这种假定就是无根据的。因为假定很少是直接表达的，所以，识别它们的唯一方法就是"从字里行间读出"未说出但明显暗示的事情。

要么/要么观念　　　　期望任何一个问题的唯一合理的观点将要么是完全肯定，要么是完全否定。这种错误排除了最合理的看法有可能位于两个极端之间的可能性。为了避免这种错误，需要考虑所有可能的选项。

盲目遵从　　　　盲目遵从就是轻率地采纳其他人的观点，因为我们太懒惰或害怕形成自己的观点。为了克服这种错误，要养成抵制内部和外部压力的习惯，并用你自己的头脑作决定。

绝对主义　　　　相信规则不承认例外。这种信念导致我们要求真理是整洁而简单的，而在现实中真理经常是杂乱而复杂的。为了避免这种错误，要按照你发现真理的原样去接受它，而不是要求它适合你的先入之见。

相对主义　　　　这种信念认为没有一个观点比任何其他观点更好，你选择接受的任何观点肯定是正确的。提醒你自己，有些思想、有些行为标准比其他的更好，而批判性思考的挑战就是找到最好的。

145

146

支持或反对变
化的偏见

支持变化的偏见假定改变总是趋向最好；**反对**变化的偏见则假定变化总是趋向最坏。为了避免这两种错误，需要公正地倾听任何一个改变的建议，并且抛开你自己的立场来判定这种改变确实是正面的还是负面的。

程 序 的 错 误

错　　误	如何辨识和解决
有偏见的证据考量	这种错误的一种形式是寻找肯定你偏见的证据，并忽视质疑它的证据。另一种形式是以支持你偏见的方式解释证据。为了避免这种错误，让你的研究**始于**找出反对你偏见的那些人的观点，**然后**再找出支持它的观点。还要选择对该证据最合理的解释。
双重标准	双重标准包括使用一套标准来判断我们赞同的论证，而用另一套标准来判断我们不同意的论证。为了避免这种错误，需要**提前**决定你将使用什么标准，并前后一致地运用这些标准，无论有关的材料是否支持你的观点。
草率的结论	草率的结论是不成熟的判断——也就是在没有充分证据下作出的判断。为了避免得出草率的结论，需要在你选择任何一个结论之前先辨认出所有可能的结论。然后判定你是否有充分的证据支持其中的任何一个结论，如果有，那是哪一个结论。
过度概括和刻板成见	过度概括是把仅适合一个群体某些成员的东西归属于该群体所有成员。刻板成见是僵化地坚持过度概括。为了避免这些错误，需要抵制这种把个人、地点和事物强行归入硬性类别的冲动。并且记住，你的经验越是有限，你就应该越是谦逊地作出你的断言。

147

过度简单化	过度简单化超出了让复杂的思想易于理解的范围——它歪曲或扭曲了思想。过度简单化不是告知人们信息,而是误导他们。为了避免这种错误,需要拒绝接受肤浅的观点,并作出特别的努力去理解问题的复杂性。
事后归因谬误	这种错误源于这样的想法:当一件事发生在另一件之后,那它必定就是另一件事的结果,而在现实中,这种衔接可能是巧合。为了避免事后归因谬误,需要暂缓作出因果关系的判断,直到你排除了其他可能的原因,包括巧合。

表达的错误

错　　误	如何辨识和解决
自相矛盾	自相矛盾就是声称一个陈述在同一时间以同样的方式既是真的又是假的。为了避免这种错误,需要核查你所说和所写的。当你发现不一致时,仔细地检查它。判断它是可以解释的,还是构成了一个矛盾。如果是一个矛盾,就纠正你的陈述,使它自洽和合理。
循环论证	这个错误在于试图通过以不同的形式来重复一个陈述来证明之。为了避免这种错误,需要检查你的论证,确保你提供的是真正的证据,而不只是重复你的主张。
无意义的陈述	无意义的陈述是所表述的推理没有什么意义的一个陈述。为了避免这种错误,需要确凿地查实你提供来解释自己思想和行为的那些理由真正解释了它们。

148

误用权威　　　　　　这个错误在于把权威归属于并不拥有它的某人。为了避免这种错误,需要确凿地查实你作为权威引用的所有信息来源拥有你所写或所说的**特定主题**上的专业知识。

错误类比　　　　　　类比是试图通过参考**不同但比较熟悉的**某事来解释相对陌生的某事,实际上就是说,"这个与那个相像。"错误类比所声称的相似性经**不起仔细检验。**为了避免这种错误,需要检验你的类比,确保它们所声称的相似性是真实而合理的,不存在重要的差别。

非理性的诉求　　　　对情感、传统、适度、权威、共同信仰和宽容的诉求可以是理性的或非理性的。当它们在所讨论的特定情形中是不合理的和/或妨碍思考时,它们就是非理性的,因而是不可接受的。为了避免这种错误,需要确保你的诉求是对思考的补充而不是取代思考。

反 应 的 错 误

错　　误	如何辨识和解决
自动拒绝	自动拒绝是不愿意公正地倾听对你的思想(或行为)的批评。为了避免这种错误,需要把你的思想视为可以保留或抛弃的所有物,而不是你的自我的延伸。这将使你对它们不那么竭力护卫。
转移话题	转移话题是突然并**欺骗性**地把讨论从正在谈论的议题转移开。为了避免这种错误,需要迎头面对困难的问题,而不是试图避免之。
转移举证责任	这个错误在于要求其他人**否证**你的命题。为了避免这种错误,需要明白支持任何断言的责任在于作出此断言的人,而不是对它提出质疑的人。承担起支持你断言的责任来。

| "稻草人" | 犯"稻草人"的错误就是把不实之词强加于别人身上,然后揭露其虚妄,适时地忘了此人从来没说过这种话。为了避免这种错误,在引用和解说他人的话时需要严格的准确。 |
| 攻击批评者 | 这种错误试图通过贬损表达某个想法或论证的人来诋毁这种想法或论点。为了避免攻击批评者,需要把你的批判性思考集中于想法而不是表达想法的人。 |

150

简单的错误组合

现在让我们考察几个错误组合,来判断它们影响有关人员思维的具体方式。

例1

克劳德是他的政党的一名积极的工作者。因为他对这个政党有强烈的个人认同感,因而确信它的政纲和候选人代表了对这个国家的救赎,所以,他非常热衷于自己所做的努力。一天,他和一名商界朋友内尔一起吃中饭。他们的讨论如可以预料的那样转到了政治。克劳德对他的候选人和反对者谈了自己的看法。他断言自己的候选人是杰出的理论家和实践者。在克劳德看来,这个候选人的反对者是一个地地道道的傻瓜。克劳德主动对该反对者的政治记录、他的家庭和社会关系提出自己的严厉判断,并喋喋不休地说如果此人当选,国家将如何被毁灭。

内尔听了一会儿,然后质疑克劳德的说法。她平静地指出一些否证克劳德许多想法的事实,指出克劳德断言之夸大。尽管内尔的质疑当中并不含什么个人的东西,而且是用一种平静、客观的方式提出的,但是,克劳德生气了。他指责内尔歪曲他的话,否认自己曾说过一些事情(而事实上他确曾说过),并且不顾内尔提出的那些事实而顽固地坚持其他一些事情。

让我们根据我们已讨论过的问题来重构所发生的事情。克劳德最初的问题是他的"我的更好"态度,这使他看不到自己的候选人和政纲不是完美的,以及反对者具有某些优点的可能性。换言之,这使得他高估自己所认同的事情,而低估自己所不赞同的事情。相应地,他在谈论候选人和政纲时,倾向于过度简单化。然后,当内尔提醒他注意自己的错误时(正如有人迟早一定会做的那样),克劳德被驱使通过保全面子的手法来缓解自己的尴尬。因为一个人越深刻地投入一种思想,就越不大可能承认它的错误,毫无疑问,克劳德从这件事中很少学到什么东西。

例2

当萨姆13岁时,他并不真的想抽烟,但他的朋友唆使他这么做。可他还是学会了抽烟,感觉更像其中一个嘴角叼着香烟的家伙。当他从偶尔抽烟发展成一天一包的习惯时,花费变得太高,他开始偷父母的钱买烟。他说:"嘿,要么这样做,要么没有烟抽,我才不愿意没有烟抽呢。"

现在,萨姆40岁了,已婚并有两个孩子,但仍抽烟。他变得呼吸困难,却把它归因于过敏。每位新外科医学会长有关吸烟有害健康的报告都会让他激烈论辩一番。他辩称:"他们未能证明吸烟导致任何疾病,所以,一切取决于各人自己来判定他是否会受到它的伤害。"

最近,当烟草公司被指控增加尼古丁并隐瞒不利测试结果时,萨姆为这些公司辩护:"这些高管是富有的。他们没有理由去伤害数以百万计的男人、女人和孩子。"尤其令他生气的是在工作区、机场和其他公众场所设立的吸烟区。"我没有告诉其他人做什么,以及何时何地去做,所以论证也有权告诉我去做什么。"

萨姆的第一个错误是成为遵从的受害者。他关于偷钱的理由显示出一种要么/要么的思维。(存在偷钱的一个替代项——做一份兼职。)他把呼吸

151

困难归因于过敏,为的是保全面子,而且,他反对外科医学会长的激烈言辞包含了无根据的假定,即吸烟者个人有足够的信息判定他们是否会受到伤害。他关于高管的推理假定富人不会受到诱惑去做坏事。但还需要考虑除经济受益以外的其他诱惑,比如,维护威望和进入管理的核心圈子。最后,萨姆显然因为忽视二手烟的问题而过于简单化在公众场合的吸烟议题。

例3

史蒂芬是进步技术学院(Progress Technical College)的一名大一学生。他发现一周有三天在早晨8点上英语课。因为他是晚起的人,这让他心烦。但他上第一节课时,注意到老师的名字是斯坦(Stein)。"哇,"他想,"一个喜欢在早上睡觉的犹太男孩还有什么比一位犹太教师有更好的休息啊!"在以后的几周,下课后,他利用任何借口留下来和斯坦先生谈话,获得他的好感。在头两次作文中,史蒂芬选择了让他强调自己是犹太人的主题(从而使斯坦先生印象深刻),很快,他判定斯坦先生"理解"他了。他开始偶尔逃课,并且大约每四次布置作业才交上一篇。当看到斯坦先生时,斯蒂芬会不断地讲自己令人怜悯的不幸故事。他的期中成绩是D,但他告诉自己,斯坦先生只是想吓唬他一下,在期末将会提高他的成绩。因此,他甚至更多地缺课,作业也做得更少。最后,学期结束时,他的英语得了个F。他的第一反应是不相信。他冲到斯坦先生那儿,斯坦先生说:"我在第一节课就说得很清楚,只有来上课和按要求完成作业的学生才能指望通过本课程。我对这个成绩感到遗憾,但这是你应得的。"从那时起,史蒂芬在校园里碰到斯坦先生时,拒绝和他说话。在快餐厅或宿舍无论何时谈论老师,史蒂芬都大声地宣称斯坦先生是一个骗子。

斯蒂芬的第一个错误在于无根据地假定斯坦先生是犹太人。(许多人姓斯坦却并不是犹太人。)其次是他接受了犹太人很快会照顾自己人的刻板成见。这些错误导致他拒绝对中期成绩作最合理的解释,而是认为这不是什么需要担心的事。当他最终在此课程上不及格时,他不是承认自己的怠慢和荒谬的想法,而是求助于攻击斯坦先生诚实性的保全面子的手法。

有关术语的明智观点

你可能不时地体验到以恰当的名称称呼一个错误的难处。例如,你也许难以区别过度简单化、草率结论和无根据的假定(这是混淆产生的共同来源)。下面的比较能够帮助你消除或至少是减少这种混淆。

过度简单化	草率结论	假　定
是直接陈述出来的。	是直接陈述出来的。	是未陈述但暗示的。
作为一个简单断言或作为论证的前提出现。	作为一个论证的结论出现。	经常是一个论证的隐蔽前提。
通过错误陈述或遗漏来歪曲现实。	不能说明一个或多个重要的证据项。	要么有根据(通过证据支持),要么无根据。

知道正确的术语是有好处的,但更重要的是认识到推理在哪里出错了,并且能够根据所涉及的问题来解释错误。在绝大多数例子中,简洁的语言将会有利于把此事做好。

应　用　练　习

1. 下列每一段包含一种思维错误。判断出每段包含哪种错误并解释你的回答。

　　a. 1876 年,在了解了亚历山大·贝尔的电话专利后,一位西部联合公司电报执行官写出如下内部备忘录:"该'电话'有太多缺点,以致不能被认真地考虑用作一种通信手段。这个设备对我们绝对没有价值。"[1]

b. 许多年以前,一名受到尊敬的亚裔外交官惠灵顿·库(Wellington Koo)博士出席一次正式的晚餐,并且偶然坐在一名不认识他的美国人旁边。当汤送上来的时候,这位陌生人对库博士以友好的口吻说:"Likee soupee?"(模仿外国人的发音说,"喜欢这个汤吗?")库博士报之以点头。后来,吃完饭以后,有人介绍了他,他走到台前,用完美的英语作了雄辩的发言。当返回座位时,他眨着眼对这位陌生人说:"Likee speechee?"[2](模仿此人的发音说,"喜欢这个发言吗?")

c. 心理学研究揭示人有这样一种心理倾向,即"把他人的行为归因于其个性因素,而把我们自己的行为归因于环境因素"。换句话说,如果别人的行为让人生厌,我们会认为这就是他或她的固有方式;而当我们的行为令人不快时,我们会说自己在此情况下别无选择。

2. 在 1903 年,梅赛德斯(Mercedes)汽车公司的高管推断,全世界的汽车需求量不会超过 100 万辆,因为能成为汽车司机的人数不会超过这个数字。[4]鉴于 20 世纪汽车销售的历史,这个预测是滑稽可笑的。但是,这些高管的思维究竟在哪里出了错?他们犯的是什么具体错误或错误组合?

3. 并非许多年前,有一些州的检察官规定,必须存在一个或多个下述条件,他们才能提起强奸指控:(a) 强奸者使用的暴力足以使受害人畏惧严重的伤害或死亡;(b) 受害者竭力反抗这种攻击;(c) 至少有一个其他的目击者证实受害人的强奸指控。这些条件合理吗?它们所揭示的思维错误(如果有的话)是什么?解释你的回答。

4. 三位南部加利福尼亚州的医学教授设计一场骗局进行实验。他们付薪给一名专业演员为三组教育者作演讲。带着伪造的证件("阿尔伯特·爱因斯坦大学的迈伦·福克斯博士"),伪造令人印象深刻的证书以及一个在学术上合理的研讨主题("运用于物理学教育的数学博弈论"),这名演员着手提出一个接一个无意义、自相矛盾的陈述。他的话语由容许和学术行话所构成。在问答阶段,他讲的更没有意义。**但是,55 名教育者组成的听众中无一人认识到他们受骗了。**实际上他们都认为自己学到了一些东西。有些人甚至以下述方式赞扬这个骗子:"精彩的陈述,乐意听他讲。热情的风格……生动的例子……表达非常清晰。"[5] 试解释第九到第十二章讨论的哪些问题的组合可以说明听众的轻信。

5. 像本章分析克劳德、萨姆和史蒂芬的例子一样,分析下面的案例。

> 一对中年夫妇安和丹得知他们 22 岁上大四的女儿是同性恋者。他们惊骇万分。他们成长的环境使他们认为,女同性恋是有意的道德败坏。他们竭力挣扎着应付他们了解的新事实,两人开始相互埋怨——安认为丹对这个女儿总是那么冷淡和冷漠,而丹认为安的溺爱让她窒息。在经过许多小时的争论后,他们判定一个导致她异常的更直接原因——大学。安叫嚷道,"你应当想到,受过教育的人应当警惕当所有女孩钻进宿舍时堕落的危险。"丹大喊道,"该死的,我要给校董事会主席写一封信。我要学生训导主任被解雇。"

6. 考察下列每个问题。如果你需要更多的信息以作出有见识的判断,就设法获取之。然后判断问题的哪个观点最为合理。要确保避免本章总结的思维错误。

> a. 当亚拉巴马州的监狱和拘留所变得严重拥挤时,一名美国地方法院法官命令 300 多名罪犯提前获得释放。这群人包括杀人犯、强奸犯和惯犯。这名法官的论证是,监狱和拘留所的严重拥挤侵犯了犯人禁受"残忍与非常惩罚"的权利。[6] 你同意这位法官的看法吗?
>
> b. 美国法律已经赋予许多慈善和教育团体免税地位,只要他们限制自身的游说活动。但是,像"美国退伍军人协会"(American Legion)和"国外战争退伍军人"(Veterans of Foreign Wars)这样

154

的退伍军人团体传统上被视为例外；也就是说，允许他们就批准巴拿马运河条约、阿拉斯加国家公园、国家安全、星期六邮件递送服务问题（以及更多直接涉及退伍军人的问题）等议题进行广泛的游说，而不危及其免税地位。随后，在1982年，一个联邦上诉法院消除了对退伍军人团体的特殊优待，认为它违反了平等保护的宪法保障。[7]你同意这个法院的判决吗？

7. 根据你在第七章学到的东西，评价下列论证。注意避免在本章总结的思维错误。

a. 威利教授通过要求学生购买他自己撰写并取得版税的书从中获得不正当的利益。

b. 无意义的诉讼阻塞法院系统，并给没有做错事的人造成负担。因此，应迫使此类诉讼的败诉方支付法院费用和他们错误指控的对象的律师费用。

c. 我从未在全国选举中投票。我认为我的投票将会被其他人所抵消。此外，所有的政客都准备掠夺公众，因此，谁当选都无所谓。

d. 斗狗是一种由两只经过特殊训练的狗（往往但不总是比特犬）进行打斗的运动，直到一只被杀死或严重致残。在许多州，这是违法的。但是，应当规定它是违法的吗？我说不。如果我有一只狗，它就是我的财产，我应能做任何我希望它做的事。

e. 只要美国人购买其他国家的汽车、衣服和电器设备，他们就破坏了美国的商业，并伤害了美国工人。爱国主义要求我们不去购买国外竞争者的产品，甚至在它们的价格较低廉、质量较高的时候。

f. 相信死后重生是荒谬的，因为从没有人从坟墓中返回。

g. 应当要求在部队的女人像男人一样进行同样的身体训练。也不应当免除她们上前线的义务。

h. 几年前，纽约州的社会服务官员命令地方领养机构不得仅仅因为申请人是同性恋者、有酗酒或吸毒的历史、犯罪记录、领养社会福利以及严重的情感或身体残疾而拒绝其申请。[8]我认为这个指令是令人无法容忍的。所有属于这些类别之一的人显然都不适合当父母,而儿童福利机构有义务保护孩子们不受他们的侵害。

i. 具有讽刺意味的是,就在棒球巨星皮特·罗斯(Pete Rose)因涉嫌赌博体育赛事而被严厉惩罚时,报纸上写满了关于伊利诺伊州和宾夕法尼亚州彩票,以及两者分别具有 6 250 万美元和 1.15 亿美元累计奖金的故事。数以百万计的人把赌注押在这些彩票上,以及数十项州的其他彩票上,而这些被认为完全是合法的。但是,一位棒球传奇人物却受到羞辱和被驱逐出他所喜爱的这项运动的威胁。这整个可笑的结局只能用创纪录的无知和虚伪来解释。

j. 过去的几十年,大部分美国人都接受了每个人应得到大学教育的自由派思想路线。结果,大学课程被掺水降格,大学学位被弄得失去意义。现在正是我们采取比较现实的观点的时候了。大学应当为那些不仅学完必修的高中课程,而且在其中获得优秀成绩的人准备。

8. 仔细阅读下面每一个对话。如果你注意到任何本章总结的思维错误,就把它们找出来。然后判断问题的哪个观点更合理,并解释你为什么这么认为。

a. 背景注释:一位重生的得克萨斯州商人和一名电视福音传播者在读了《圣经·申命记》的下列诗句后,打碎了价值 100 万美元的艺术品,并把它们扔到湖里:"他们雕刻的神像,你们要用火来焚烧,其上的金银你不可贪图,也不可收取,免得你因此陷入罗网:这原是耶和华你的神所憎恶的。"这些被打碎的原属于该商人的艺术品大多是金、银、翡翠以及与东方宗教相关的象牙雕刻品。

赛西尔: 这是信仰的真正表现,出于精神的信念而愿抛弃尘世的宝藏。

艾莉：它更像一种精神失常的行为。这是可怕的财富浪费。如果他想表达自己的宗教信仰，那可以做一些事情来帮助他的人间同伴。

赛西尔：做什么？

艾莉：他可以卖掉这些物品，得到百万美元，并将此施舍给世界上需要的人。或者他可以捐献给一个宗教组织或医院。相反，他却扔掉它而没有帮助任何人。

赛西尔：你不明白。卖掉这些物会使其他人堕落。他是信教之人。圣经告诉他应做什么，他没有选择只有遵从。

b. **背景注释**：一名前佛罗里达州的女警提起了联邦歧视诉讼，声称她因变性手术而被解雇。这名警员（现在是一个男人）指控这种解雇侵犯了他的宪法权利，要求金钱赔偿和恢复其警察职位。[9]

克莉丝汀：如果解雇的原因像这个警员所说的，那是不正确的。

蕾妮：我不同意。警员是公职人员，不应当从事有辱该职务的行为。

克莉丝汀：做变性手术侮辱什么了？

蕾妮：它是恶心、奇怪和不正常的，而且，它使警察局成为公众的笑柄。

克莉丝汀：错。警察局和公众唯一关心的应当是警员对他或她职责的履行。他或她是否决定做变性手术，就像这个警官决定收集邮票作为自己的爱好一样，不关他们的事。

c. **昆廷**：如果父母不把自己的看法传给自己的孩子，那今天的世界会减少很多的无知。

洛伊丝：他们如何能避免这么做。

昆廷：让孩子形成自己的观点。没有法律说民主党人必须使他们的孩子成为小民主党人，或新教徒必须把新教教义传给孩子。

洛伊丝：在孩子问他们有关政治、宗教或民主的问题时，他们应做什么？

156

昆廷：给他们百科全书，或如果父母能进行客观的解释，那就向孩子们解释各种可能的观点，并鼓励他们作出自己的选择。

洛伊丝：你如何让一个3岁的孩子作出关于宗教、政治或哲学的选择？

昆廷：对于年幼的孩子，父母只要尽量解释到孩子能明白就行，并说当他们长大了，就能自己做决定了。

洛伊丝：所有这些如何会有利于孩子或社会？

昆廷：它会使得孩子有可能不带有父母偏见地成长，并会有助于控制世界上无知者的数量。

不同的观点

下面是对一个重要的不同观点的总结。读完这个陈述后，利用图书馆或网络，找出有见识的人对这一问题的看法。确保能覆盖各种观点。然后评论每个观点的强项和弱项。如果你的结论是其中一个观点完全正确而其他观点都是错误的，那请解释一下你是如何得出这一结论的。如果（也是更有可能的）你发现一个观点比其他观点更有洞见，但这些观点都提出了某些有根据的论点，那就构建一个综合了所有各方洞见的你自己的观点，并且解释为什么这一观点是所有观点中最合理的。在作文或口头报告中按照指导教师的要求表述你的回答。

应当以业绩为基础来给教师付薪吗？ 无论你是否相信，本国最大的教师团体"全国教育协会"在2000年的全国大会上认真地考察了这个问题。而且在2010年，佛罗里达的立法机构通过了这样一个法案。（其州长随后又否决了它。）按照教师的业绩给他们付薪的观点的提倡者指出了过去半个世纪学生成绩下降的事实，并论证道，将教师的收入与业绩挂钩将可促使教师在教室里做得更好。反对者则认为，学校（学生）的劣质表现有许多原因，而讲课差可能是其中影响最小的原因。他们还预测，降低教师的收入（或者阻止薪水增长）会把好教师驱赶出这个职业。

借助GOOGLE（谷歌）搜索引擎检索"教师业绩付薪"开始你的分析工作。

第三篇　策　　略

本书第一篇"背景"介绍了包含在批判性思考中的基本"工具"和"规则"。第二篇"易犯的错误"解释了思维可能出错的许多方面，以及你能做些什么来如何避免它。本书第三篇将向你介绍用于解决问题的一种按部就班的策略。遵循这种方法会使你能顺利、有效地整合你已学会的习惯和技巧。请记住，思考是心智的积极运用，一种表演活动，其中每一点像打网球、弹钢琴、开车或烹调感恩节的晚餐一样。其质量在于运用。

本篇第一章"知道你自己"汇集了你读本书第一章以来就获得的对自己的深刻理解，甚至还可能增加一些新的理解。(你越了解自己的优点和缺点，就越能运用你的技巧。)余下的各章引导你通过批判性思考从观察到判断和向他人表达的整个过程。

第|十四|章
知 道 你 自 己

    西方哲学实际上始于苏格拉底的忠告"知道你自己"。自此以后,深思的男人和女人都意识到认识自己是智慧的关键。正如西德尼·哈里斯(Sidney J. Harris)所说:"世界上90％的悲哀出自人们不了解自己,自己的能力、弱点,甚至是其自身的真正的美德。我们大多数人对自己就像完全的陌生人一样走完了几乎整个一生。"无疑,苏格兰诗人罗伯特·伯恩斯(Robert Burns)在渴望"像别人看待我们一样看待我们自己"的馈赠时,所想到的也是这种现实。

    我们必须了解自己的某些内容是愉快的,也有一定内容肯定是不愉快的,但是,这一切对我们进行自我改善都能作出有价值的贡献。获得这种知识的方法是提问许多探讨性的问题。下面是一些最基本的问题:

    我是寡言的还是健谈的?一般是乐观的还是悲观的?努力工作的还是懒惰的?恐惧的还是勇敢的?严肃的还是随意的?谦虚的还是骄傲的?竞争性的还是非竞争性的?我对陌生人是紧张的还是轻松的?我在紧急情况下能保持镇定、方寸不乱吗?我对自己做的每件事都有信心吗?我憎恨特定类型的人(例如受人欢迎的同学)吗?能比较准确地把我归入领导者还是追随者吗?

    我在多大程度上是值得信赖的?我能保守秘密,还是必定会向至少一个或两个人泄露秘密?我对朋友忠诚吗?我曾经"利用"他人吗?我对他人的感觉有多大的敏感性?我曾故意伤害其他人吗?我妒忌任何人吗?我喜欢制造麻烦吗?我在人们之间播下怀疑和纠纷的种子吗?我急于散播最新的谣言吗？我在背后说朋友的坏话吗？我对其他人的评论通常是赞许的还是不赞许的？我批评别人真实的或想象的缺点以作为一种吹嘘自我的手段吗？我遵守诺言吗？我对人们的缺点和错误有多大程度的容忍？

我对别人是诚实的吗？对我自己呢？我评价自己的技巧和才能时的客观程度如何？我的智力有多高？我在学校用功程度如何？和别人相处时，我扮演了多少不同的角色？这些角色哪些是真实的？哪些是为了隐藏我会感到羞愧或难堪而不让别人看到的那些方面而设计的假面具？我对未来规划的合理程度如何？我在压力下能很好地工作吗？

批判性思考的详细目录

除了上述问题，前面十三章提出了许多问题。下列问题将帮助你详细列出影响你思维的习惯和态度的目录：

1. 究竟是哪些影响因素塑造了我的个性？它们是如何实现这一点的？我的自我形象如何受到了影响？由于这些影响，我在哪些情况下比较缺少个体性？

2. 我在哪些方面像是一个好的思考者(如第二章所概述的)？我在哪些方面像个拙劣的思考者？哪些类型的情形看起来显示出我最好和最坏的品质？

3. 在多大程度上我对真实情况的观察是合理的？（如有必要，再看一下第三章。）

4. 我是如何仔细地把传闻、谣言和事实分开的？如何把已知的与假定或猜测进行区分？对我而言，说"我不知道"有多难？

5. 我在设法让我的观点有事实根据时是如何前后一致的？

6. 我在多大程度上认为"我的更好"(不仅是个人的"我的"，而且也是族群中心主义的"我的")？这种思维在哪些方面影响我对个人问题和公众议题的看法？它在多大程度上影响了我倾听那些不同意我观点的人的能力、我控制自己情感的能力和我改变自己的想法并修改一个判断的意愿？

7. 在哪些事情上,我倾向于假定得太多,把太多的东西当作理所当然的?

8. 我在多大程度上倾向于要么/要么观念,期望正确的答案总是极端的而绝不是中庸的?

9. 我对什么或谁感到最强烈的遵从的冲动? 在哪些情况下,这种遵奉习俗冲动的倾向干扰了我的判断?

10. 我倾向于是一名要求真理是整洁和简单的绝对主义者,还是一名声称每个人创造他或她自己真理的相对主义者? 我的性格倾向在哪些方面妨碍我发展成为批判的思考者?

11. 在哪些问题上我对变化的偏见最大? 我过分地接受改变还是过分地抵制它? 这种倾向的原因是什么,我如何能最好地控制它?

160

12. 在哪些情况下,我试图证明自己的偏见而不是控制它们? 在哪些情况下我以逢迎自己偏见的方式去解释证据?

13. 我如何经常地使用双重标准去解决问题,忽视赞同我观点的论证中的缺点,而挑剔那些反对我观点的论证?

14. 我在多大程度上倾向于跳跃到结论? 我在某些领域更倾向于如此吗? 如果有,那是哪个领域? 我完全为了方便而草率得出结论吗? 我受到听起来有权威性和令人印象深刻的欲望所驱使吗?

15. 我过度概括到什么程度? 我最容易接受哪些类型的刻板成见? 种族的? 宗教的? 族群的?

16. 我在多大程度上过度简单化复杂的事情? 我只是不愿费力从复杂性上了解真理,抑或我感觉受到不整洁、不简明的答案所威胁? 是什么使我这样?

17. 我经常犯哪些表达的错误? 我推论如果 B 跟随在 A 之后,那 A 必定是 B 的原因吗? 我为了避免困难或尴尬的讨论而转移议题吗? 我自相矛盾,作循环论证,作出无意义的陈述吗? 我把真实的权威与虚假的权威相混淆吗? 我作出错误类比吗? 我运用非理性的诉求吗?

18. 下列哪种错误最能体现我对质疑和批评自己观点的说法作出反应的特征:自动拒绝? 转移举证责任? "稻草人"做法? 攻击批评者而不是讨论问题?

使用你的详细目录

像上述问题一样重要的是，还有一个相当重要的问题：**你如何能最有效地利用你个人的详细目录以提高你批判性思考的表现？** 可通过遵循下列步骤来发现其答案：

1. 诚实、透彻地回答在批判性思考详细目录中的所有问题，不仅承认有关自己的令人愉快的事实，而且承认让人不快的事实。（如果你忽视了后者，那它们将不会减少对你的影响；事实上，你拒绝面对它们有可能加剧它们对你的伤害。）

2. 反思你的答案，注意你特别容易出错的方面。不要预期在所有情况下都同样容易出错；通常在一些方面要比其他方面麻烦更多。你在此的目的是充分了解你的思维习惯，以便你在任何特定情况下都能准确地预测自己会产生哪种思维问题。

3. 无论何时你解决一个问题，预测哪些问题有可能破坏你的思考，并有意识地抵制它们的影响。

161

挑 战 与 回 报

明白改进你思维的步骤是一回事，有效地运用它们则是另一回事。而后者的工作是一项艰巨的挑战。这将需要你长时间的持续努力。

这种挑战值得如此付出努力吗？让我们考虑在日常生活中所理解的思维的角色。最受人尊重的教育者强调超越死记硬背，强调反思事实的意义和运用的重要性。思维的技巧对于理解并受益于大学课程是必要的。工商业和专业的领导者强调，精湛的思考对解决问题和工作上的决策是必要的。（近年出版的有关追求卓越的书都强调了思维技巧的重要性。）

此外，越来越多的心理学家证实，思维技巧在我们的个人生活中起到了至关重要的作用。事实上，这个国家的心理疗法的最主要形式是认知疗法。

这种疗法的依据是大部分精神问题(神经症)都出自错误的思维习惯这种想法。著名的心理学家阿尔伯特·艾利斯(Albert Ellis)是"理性情感疗法研究所"的奠基人,他宣称:"通过明智地整理和训练自己的思维,人能够过上最具自我实现、创造性和情感上满足的生活。"[1]

像他之前的其他著名心理学家一样,艾利斯注意到,要整理我们的思维,我们必须跟我们自己的消极倾向作斗争。他说:"就像弗洛伊德和他的女儿安娜所准确评述的,也如阿德勒(Adler)所赞同的,人们倾向于回避对他们自己问题的关注和解决,反而经常求助于强辩、否定、补偿、识别、规划、回避、压制和其他防御性策略,把自己的问题扫到地毯下面。"

总之,尽管改进你思维的挑战是艰巨的,但是,其他任何一种自我改进都不能如此积极地影响你生活的每个方面。

应 用 练 习

1. 根据本章提出的问题考察一下你自己。不要满足于你已经了解的关于自己的事情。尝试去扩展你的自我意识。不要忽视你不喜欢的性格特征。讨论你的自我考察的结果。

2. 对下列每个案例运用你的批判性思考。有意识地努力运用你对自己的新认知,预测你易犯错的思维中的问题,并抵制它们对你判断的影响。

a. 一名拥有两套双层公寓的加利福尼亚妇女拒绝租房给未婚的夫妇,因为她是虔诚的长老派教徒。该州指控她非法歧视。她声称自己是在自由地践行宗教的权利范围内行动的。法院判其败诉,并罚她454美元,并命令她告知可能的租户:(a)她与州住房委员会之间产生了麻烦,(b)她声称的自由践行宗教被法院所否决,并且(c)她现在接受政府的"平等住房机会"政策。[2]本案判决公正吗?

b. 大部分人对虐待儿童的罪恶之意识得到了提高,有些人的认识达到了谴责打孩子的行为上。但是,许多人认为,打孩子未必

162

是虐待,而可能成为一种培养孩子是非观念并引导他们责任心和自我约束的积极手段。你对这个问题是什么看法?

c. 一群罪犯对监狱系统提起法律诉讼,抗议他们的宗教自由受到了侵犯,因为不允许他们使用一间多种信仰使用的教堂去崇拜撒旦。[3]监狱官员应当允许他们使用这间教堂吗?

d. 加拿大政府官员通过立法减少烟草公司对体育和文化活动的赞助。受禁止的有赛车上的商标图案,以及在烟草公司赞助的活动中展示相关公司的名称标记。[4]美国应仿效加拿大这样做吗?

e. 俄克拉何马州斯蒂尔沃特市(Stillwater)的一名警员回家发现他的女儿和男友在沙发上性交。这个男孩穿上裤子,慌忙跑过这位警员身边。当他经过时,这名警员在他脸上狠狠打了一巴掌。随后,这个男孩的母亲给市政府官员打电话,抱怨这种"攻击"。结果,这名警员被降级,并且赔偿700美元。后来,市政会撤销了这个判决,但投票通过罚款这名警员一周薪水。[5]你同意该市对这个案件的处理吗?

f. 一些教育家力促大学要比过去的几十年更具选择性。具体地说,这些人提议应取消补习课并且加强入学的条件限制。这可能意味着缺乏基本技能、高中成绩差或入学考试差的学生将不能上大学。你同意这个观点吗?

g. 普林斯顿大学英语专业一名优秀的大四学生(在最高4.0分的成绩中平均得分3.7)为她的美洲西班牙人文学课程交了一篇小说分析。她的教授判定这篇论文是抄袭的——也就是说,它实际上是逐字逐句照抄了一部学术参考书却没有恰当地指出来源。接着,这名学生声称她仅仅犯了"技术上的错误"。这个案件被移交给教师学生纪律委员会,委员会在听证之后,建议推迟一年颁给她学位,并告知她申请读研究生的几个法学院有关这项决定的细节。这名学生认为处罚太严厉,便告上了法庭。[6]你认为该委员会的决定太严厉了吗?

h. 联邦法院裁定圣诞节(像光明节、复活节、逾越节一样)可以作为一项文化活动而不是宗教节日在公立学校进行庆祝。教育律师将此含义解释为,像"平安夜"这样的歌曲可以在学习有关宗教习俗的课堂或在音乐鉴赏课上唱,但不是作为宗教节日来庆祝。[7]你支持以这种方式禁止学校所有宗教庆祝活动的观点吗?

i. 伊丽莎白·泰勒(Elizabeth Taylor)在得知正在筹拍一部根据她的生平创作的电视剧时,向法院提出阻止该片的拍摄,声称这部所谓的纪实故事"只是老式的个人隐私侵害、诽谤和演员权利侵犯的别名"。[8]有些人会说她的请求应当被拒绝,因为这代表了书报检查制度。你的看法是什么?(如果这部纪实故事片是有关一位已故名人,像科特·科本[Kurt Cobain,美国涅磐乐队主唱]和猫王[Elvis Presley]的生平,你会有不同的看法吗?)

j. 著名演员雪莉·麦克琳(Shirley MacLaine)也是一位畅销书作者。她在书中声称自己有过一系列的前世生活。例如,她说她曾经作为一名男老师生活过,在沉没的亚特兰蒂斯岛上自杀过。[9]你认为这种断言可信吗?

第｜十五｜章

敏 锐 地 观 察

　　法国化学家路易·巴斯德(Louis Pasteur)曾经说过:"机会偏爱有准备的头脑。"完全正确。他也许还要加上,机会也偏爱观察力敏锐的眼睛。许多显而易见的事情等着被发现,然而我们从未注意过它们。你父亲的眼睛是什么颜色?你母亲将头发往左还是往右分?你的餐厅壁纸是什么图案?在你住的街道上,有多少家的屋顶是白的?

　　敏锐的观察力不只是让我们的生活充满生机的有趣特质。清晰而合理的思维经常取决于只有经过仔细观察(换言之,经过专注的看和听)才可揭示的微妙细节。如果在我们所看到和听到的内容之间存在差距,那么,我们作为自己判断基础的感知就不大可能是完全和准确的。此外,我们的观察越敏锐,就越不大可能犯刻板成见、过度简单化和无根据假定的错误。

观　察　人

　　人们说什么以及所说的方式(有时还有他们因**疏忽**而未说的事情),可能是有关他们未明说的观点和态度的重要线索。注意到这些事情有可能帮助我们判定人们对哪些方面敏感,在哪些方面的理解显得薄弱,以及哪些与他们沟通的方法会是最富有成效的。

　　人们在听人说话时,会发出某些信号显示对所说内容的赞同还是反对。偶尔的点头、鼓励式的微笑,甚至表示赞同的低声"嗯哼",都表示"我同意你的看法"。另一方面,轻轻地摇头、眉毛上扬、眼睛上挑时的撇嘴、皱眉头——所有这些都暗示了至少部分的不同意。类似地,讨厌某项讨论的人通常也会显露出这种感觉,即使他们尽力不这样做。他们看手表,无可奈何地叹息,把注意力转向所预期话题以外的某人或某事,烦躁不安地玩自己衣服上的一个物件,频繁地改变姿势,这些方式都传递着他们希望改变主题或谈话同伴的信息。

甚至从路遇的两个人简单的问候沟通中也可以看出大量的信息。仅仅是表达问候的语调也能提示此二人是否彼此喜欢和尊重,以及他们是否觉得相互之间是平等的。这些反应无论多么细微,观察力敏锐的人都很少会忽视。有可能显而易见的是,除了对思考有好处以外,仔细的观察对于让人对他人更加敏感和考虑周到也大有帮助。

写作课上的一名学生举起手,问老师能否借他一支钢笔。(此课正上到第九周,上堂课曾布置本次当堂作文的作业。)老师用探询的目光看看他,慢慢把手伸进口袋,掏出一支笔,以慢条斯理的步伐走到这名学生的课桌前,交给他。一句话也没有说。没有明显的手势表明这位老师的不快。但如果这名学生是观察敏锐的,他将可看出表情上的不快以及无可奈何的"有什么用"的步调。

好的侦探都是敏锐的观察者。他们知道,一个细小的、容易忽视的线索可能意味着案件破解和不破解之间的天壤之别。类似地,好的出庭律师认真审慎地观察人。当提及案件的某个方面时,目击证人的紧张一瞥可能暗示着最有成效的询问线索。同样,我们如果仔细地观察他人的行为,那就能更有效地进行批判的思考。

科学和医学中的观察

我们今天拥有的有关心脏病的起因和治疗的知识,部分地归功于一位医生的仔细观察。詹姆斯·赫里克(James B. Herrick)博士是首位不利用血液检验或心电图来诊断尚健在的患者心脏病的内科医生。他这样做开启了现代心脏保健的大门。在此之前,人们并不认为心脏病是一种心脏疾病的症状。这些在今天甚至是外行也学会识别的症状,在赫里克发现之前,被认为是"急性消化不良"。赫里克证实,多数心脏病是由于冠状动脉的血块引起,而且这种疾病的发作并不必然是致命的。(有趣的是,赫里克早先发现的这种疾病被称为镰状细胞性贫血。)[1]

观察的力量为人们带来丰厚回报的另一个众所周知的幸运时机发生在1929年。亚历山大·弗莱明爵士(Sir Alexander Fleming)葡萄球菌培养皿中意外地发生了感染。他注意到葡萄球菌的菌落开始发生分解。认识到培养皿中的某种物质导致了这种分解发生这个事实异乎寻常的重要性,他把注意力转向了培养皿。最终,他分离出此后挽救无数人生命的物质——盘尼西林。此前几年的1922年,弗莱明曾作出过另一个戏剧性的发现。他研究生长在一个玻璃盘中的细菌时,正患感冒流鼻涕,他的一滴鼻涕掉到了玻璃盘中。在很短的时间内,他注意到这滴鼻涕毁坏了一些细菌。因此,他发现了一种叫做溶菌酶的物质,这是一种也在唾液和眼泪中发现的蛋白质和酶。现在,有些研究人员认为溶菌酶对控制癌症可能起到一定的作用。[2]

法国诺贝尔奖获得者、分子生物学家雅克·莫诺(Jacques Monod)把他对躁狂抑郁症的基因联系的发现归功于随意却敏锐地浏览统计资料的结果。他将其发生过程解释如下:

> 一天,在我们总是不得不出席的一个委员会上,我感到厌倦。我迅速翻阅一些来自精神病医院的统计资料,我惊奇地注意到,患躁狂抑郁症的女人在数量上超出男人,比例为2比1。我对自己说:"这一定有遗传起源,并且只能意味着一件事:这可以追踪到与性别有关系的一种显性基因。"[3]

请注意,虽然莫诺最初产生的洞见对他是一种信念(它"只能意味着一件事"),但他并没有这样来处理它,而是把它看作是一个科学的假说,并着手检验它。这是明智的,因为(尽管他用了肯定的措辞)这种想法有可能是一个事后归因的谬误(见第十章)。

应 用 的 范 围

在每个研究和工作的领域,都可以举出无数细致观察而受益的例子。例如,物理学家理查德·费曼(Richard Feynman)具有非凡的好奇心,或如他所说的"难题驱动力"。他在年轻时就对各种难题(从数学问题到玛雅象形文字)着迷,当他解决完现有的难题时,就创建他自己的难题。他通过显微镜观察草履虫,并研究与大众知识相矛盾的事情。他把蚂蚁的食物摆成一条线,然后研究它们的行为。

有一次,费曼坐在康乃尔大学的自助餐厅里,注意到一名学生把一个盘子扔向空中;这个盘子摇摆晃动着,红色的康乃尔大学校徽在它上面旋转着。但是,一个特殊的细节吸引了他——盘子上校徽的旋转要远远快过盘子的晃动。为什么有这种差异呢?他想弄明白。对此着了迷,他尽全力解决该问题。他建立了一个表达角度、旋转和晃动间关系的方程式,并解出"质量粒子的运动"。当他把结果告诉一位同事时,这位同事认为它们并不重要。但是,费曼更加深入地研究了晃动现象,而且,这个开始时出于好奇心而好玩的活动最终使他赢得了诺贝尔物理学奖。[4]

有关观察的重要性的其他一些例子如下所述:

> 多萝西·迪克斯(Dorothea Dix)1841 年在给一家监狱星期日学校上课时注意到,一群患有精神疾病的妇女冷得发抖。她问为什么她们的房子里没有暖气,得到的回答是不必担忧,因为她们不会感到冷。迪克斯被激怒了,着手探访马萨诸塞州和其他州的一些机构,发现对患有精神疾病的人存在诸多类似的非人道对待,并促使进行改革。

> 作为年轻的砌砖学徒工,弗兰克·加尔布雷斯(Frank Gilbreth)观察到,某些模范砌砖工比其他人产出更高,其原因是他们的动作之俭省。当较高效率的工人的习惯成为标准时,在劳动量、时间和工资总支出上就得到重要的节省。后来,加尔布雷斯和

167

他的妻子莉莲,一位工业心理学家,在时间和动作研究上作了开拓性的工作。[他们还有 12 个孩子;电影《儿女一箩筐》(*Cheaper by the Dozen*)即以他们的生活为基础。]

奥地利精神病医生维克特·弗兰克尔(Victor Frankl)在二战的大部分时间里在纳粹的集中营里度过。(他的妻子和父母都死在那里。)他在受折磨期间观察并思索这个可怕的经验对他自己和监友们的影响。这些观察让他得出这样的信念,即人的主要驱动力不是如弗洛伊德所宣称的为了性的驱动或者如阿德勒所宣称的为了权力的驱动,而是为了**意义**的驱动。[弗兰克尔的书《活出意义来》(*Man's Search for Meaning*)详细记载了他的经验和观察。]

甚至在孩提时,斯蒂芬尼·瓦伦克(Stephanie Kwolek)对自然就很好奇,酷爱在树林里行走,观察植物和动物群。这个兴趣使得她获得了化学专业的大学学位,并成为一名实验室研究员。她的研究领域是高强度纤维,业绩包括发明著名的产品芳纶(Kevlar),如今该产品不仅用于防弹衣,还用于许多其他产品中,从汽车轮胎和桥梁索道到航天器。瓦伦克为她的发明获得了 17 项美国专利。

对于我们大多数人,敏锐地观察可能不会产生像上面这些人那样的戏剧性结果。但是,这能帮助我们更有意义地与其他人相联系,并从周围事物中学到更多的东西。最重要的是,它能帮助我们进行批判的思考。

变 得 更 敏 锐

敏锐地观察的方式是利用你全部的五种感官来阻止你的头脑漫无目的地游荡。人们的观察往往是不敏锐的,因为他们太关注自身——他们自己的思想和感觉了。当他们讲话时,他们过于忙着形成自己的话语和欣赏自己的声音,以至忘记了听他们说话的人。另一方面,敏锐观察的人则学会如何超越自身,不断地接触周围正在发生的事情。

开始变得更敏锐观察的一个好方法是更聚精会神地实践如何接受感官印象。在你所属组织的下次会议或任何其他集会中，尝试注意你通常会忽视的事情：房间的物品、家具的摆放、人们相互间所处的位置、讨论中人们的微妙反应。你下次在你的社区或商业区行走时，尝试看看你忽视了多少事情。哪个房间维护得最好？有多少人冲你微笑、点头或以其他方式向你打招呼？你经过的人们在从事什么活动？他们看起来喜欢正在做的事情吗？你听到多少不同的声音？哪种声音占主导地位？它们是欢快的还是严厉的？在你穿过的人群中，你能发现多少种不同的走路方式？哪些商店关门了？哪些商店顾客最多？

当你看杂志、报纸或电视时，会探寻事情的意义。考虑思想之间甚至是明显没有联系的思想之间的关联。关于一位天文学家对一个新的星系的定位的文章，有可能揭示出有关精神集中和心智训练的某些事情。一个有关忽视和虐待孩了的后果的电视节目有可能提示一种对婚姻、离婚或好莱坞浪漫形象的新视角。

反思你的观察

观察有时本身就带来有价值的洞见。但是，通过培养**反思**你观察结果的习惯，你能提高洞见的数量和质量。这样做的最好方法是每天留出特定的时间——也许是大清早或是深夜（但不是你精疲力竭的时候）。不需要很长时间，10 或 15 分钟也许足够了。但要确保你不分神。回顾一下你在过去 24 小时所看到和听到的。问一下自己它意味着什么，它如何与其他重要事情相联系，以及你如何能利用它来改进自己或促进成就。

让我们假定，你今天早些时候听过的谚语："拥有一点就感到满足是困难的；拥有许多而感到满足则是不可能的。"反思它可能引导你得出这样的结论，流行文化强调拥有各种事物——新轿车、时髦服装，等等。这是一种虚假的价值，物质财富并不能保证幸福。

或者你可能读到密歇根州法院在一起非法死亡的诉讼中关于胎儿可以被视为人的判决。一名男子的妻子怀着 16 周的胎儿，在她为了避免撞到一

169

条未系绳子的狗而急转弯,导致死亡后,这名男子起诉狗的主人。(这个判决与以往密歇根州的判决不同,此前不认为胎儿是人,除非胎儿能在人体外存活。)[5]你对此的反思有可能引导你考虑这个判决对堕胎问题所蕴含的意义。

应 用 练 习

1. 如本章所建议的那样,选择一个你能观察他人的地方——例如,校园的快餐厅或学生休息室。到那儿至少待上半小时。尝试注意不仅是显而易见的事情。寻找细枝末节,即通常会忽视的事情。记录你的观察。

2. 请你这门课或其他课的老师允许你走访他或她的另一个班的课程。到那个班上,仔细观察学生个人的反应——例如,他们给出的专心和不专心的微妙暗示。做好记录。

3. 尽你所能使自己看起来懒散和不修边幅。穿上破旧的、皱巴巴的衣服。把头发弄乱。把你的脸和胳膊抹脏。然后进一家商店,要求店员提供帮助。跟其他顾客说话。观察店员和其他顾客的反应。一两天后,再进同一家商店,使自己看起来十分整洁、干净。用同样的方式说话和行为。注意人们的反应。把这些反应与你第一次得到的反应相比较。

4. 考虑你所在大学的学生、教员和工作人员有何礼貌举止。观察他们在校园各种情境中的行为。记录下彬彬有礼和野蛮粗鲁的例子。

5. 许多人对广告变得如此耳熟能详,以至于他们不再仔细地、批判地考察它们。仔细注意你在典型的一天里在新闻、杂志、电视、电台或其他地方碰到的广告。判断它们运用哪些诉求来唤起你赞赏的反应,以及广告中提供了多少关于产品和服务的具体信息。记录你的观察。

6. 像本章所解释的那样对下列引文进行反思:

如果我不是为自己,那会为谁？但如果我只是为自己,那我是什么？——拉比·希勒尔(Rabbi Hillel)

旅行使智者更好,傻瓜更糟。——托马斯·富勒(Thomas Fuller)

在我们自身发现幸福并不容易,而在其他地方发现它却不可

能。——艾格尼斯·里普利厄(Agnes Repplier)   170

除非爱邻人,否则就不能真正地爱上帝。——佚名

贪婪的人永无满足。——贺拉斯(Horace)

心不在焉总会出错。——西班牙谚语

不会跳舞的女孩说乐队不会演奏。——犹太人谚语

7. 根据你在第七章所学到的方法,评价下列论证。注意避免在第十三章中总结的思维错误。

    a. 背景注释:关心色情书刊对孩子们可能的危害,导致许多人游说通过禁止对 18 岁以下的任何人销售色情书刊的法律。其他人反对这样做,他们有时提供下述论证:

    论证:今天的年轻人比 20 世纪的任何一代人都更深通世故。他们能比其他任何人(包括他们的父母)更好地判断自己应当看什么书和杂志。禁止对 18 岁以下的任何人销售色情书刊剥夺了年轻人独立思考的权利,因而应予以反对。

    b. 背景注释:不孕夫妇与代孕母亲签订合同,后者为他们生孩子而收取费用,这种做法带来了棘手的问题。例如,代孕者签订合同、接受费用、进行人工授精、怀孕孩子到一定时限,然后决定她将奉还这笔钱并自己带这个孩子,那会发生什么情况? 她应当遵守合同、交出孩子吗? 对此说不的人通常作如下论证:

    论证:尽管合同在绝大多数情况下都应当履行,但这种合同属于例外。在一个人体内孕育新生命的行为会建立起最强烈的人性纽带。决不应当允许合同或法律判决破坏这种纽带。

8. 对下列每个问题运用你的批判性思考。特别努力地回忆你观察过的与该问题相关联的情形,并问自己:"这些观察指向了什么结论?"(如果你的观察很有限,征询其他人的观察结果。)

    a. 近几年,一些书籍和文章警告人们有关"工作狂"的危险。

在同一时期,却很少有(如果有的话)对长期懒惰的警告。今天,在这个国家,是工作狂还是长期懒惰更盛行?

b. 关于获胜归功于文斯·隆巴迪(Vince Lombardi)的观点如下:"获胜不是一切——它是唯一的事情。"这是带给体育竞赛的健康观点吗? 对其他竞赛形式呢?

c. 许多人认为,父母应当对 16 岁以上住在家里的孩子在法律和经济上承担责任。这是一种合理的立场吗?

第｜十六｜章
选择一个议题

在批判性思考的语境中，**议题**这个词意指人们对其易产生分歧的任何问题；也就是说，它几乎是**争论**一词的同义语。* 最突出的议题（即我们在新闻中最经常看到的）是道德的、法律的和政治的议题：堕胎是谋杀吗？犯下严重罪行的十几岁青少年应受到像成人一样的审判吗？"软"钱腐蚀了政治竞选的筹款过程吗？但争论也存在于其他的领域：农民们在杀虫剂对环境的影响问题上产生意见分歧。投资分析师对于普通人投资组合中技术股应占多大比例（如果有的话）意见不一。教育者对于终身教职的优点也相互争执。法律强制部门中的男人和女人对枪支控制问题的意见也不相同。

有关这些议题的发言和作品是如此常见、如此自然，以至于人们往往太随意地予以回答。（我们在前面指出过，每个人对他或她的看法"享有权利"的信念是如何让许多人壮胆表达他们并不持有证据的各种观点。）但是，批判的思考者明白，谨慎地选择议题是思维过程的一个重要部分。

基本原则：少是多

这条规则也许听起来有点怪，特别是当你习惯于在写作中选择尽可能广泛的话题的时候。对空白页面的担心造成许多学生的这种行为。他们的

---

* "有争议的议题"这样的表述虽然经常使用，却是累赘的。

理由如下："如果我选择一个有限的题目,例如,坦帕湾海盗队(Tampa Bay Buccaneer)今年进入美国橄榄球超级杯大赛(Super Bowl)的机会、对高血压的最新研究或是独立战争(Revolutionary War)期间的萨拉托加战役(Battle of Saratoga),那我可能还没有达到要求的字数,就已经把事情说完了。所以,我要保险做事,选一个广泛的题目,比如体育、疾病或战争。"

这种态度可能产生的任何安全感完全是想象的。试图在一篇500字的文章里适当地处理一个宽泛的题目,或是用几千字来处理这个议题,就像尝试把一加仑水倒进一品脱(＝1/8加仑)的容器里一样徒劳无功。即使是写一篇简单的介绍性文章,也仍然行不通。当你分析若干个议题,而它们至少有两个方面并且经常是多个方面时,成功的机会就小得多。这意味着将要判断你对一个议题的分析的许多人,也许是大多数人,不仅知道该议题的复杂性,而且可能有五六条反对你的理由。肤浅的、从头到尾马马虎虎的处理肯定会失败。

对这种两难困境的唯一明智的解决方法就是限定你的分析范围。例如,如果该议题有五个或十个重要方面,那就仅考察其中的一个或两个。这样你将有充足的篇幅解决复杂性,作出重要区分,并处理细节。这就是"少是多"的含义——目的在于深度而不是广度。

如何限定一个议题

下列方法将帮助你确定任何议题重要的方面,并判定你最感兴趣、在你时间和篇幅所限的范围内能够探究的那一个或几个方面。

1. **尽你所能列出议题的多个方面**。对一个重要的、激烈争论的议题,你的清单有可能包括十几个方面。

2. **准确判定你将解决哪些方面**。你将很少能够恰当地完成处理所有方面的任务。你选定的一个或一些方面应当不仅满足你的兴趣,而且适合你进行分析的时机和目的,以及你可利用的时间和篇幅。

3. **用一个或更多清晰的、仔细聚焦的问题来探查你所关注的方面**。这样做有助于让随后的研究集中于主题,防止你偏离主题。把这些问题写下来;然后,如果你的思想转到某个特定的方向,那你能够迅速看清这些问题,判断这个方向是否有可能出成果。

让我们看看这种方法如何运用于下文所述的一些实际议题。

样本议题:色情文艺

色情文艺(pornography)一词来自希腊语,意指"有关妓女的描写"。但是,它的现代定义与卖淫没有直接联系。色情文艺是任何直接表现性内容的文字、视觉和听觉的材料。色情文艺的反对者多种多样,包括政治保守派、宗教团体和女性主义者。一直以来围绕色情文艺的争论在最近几年激化了起来,尽管权力和暴力也是反复出现的次主题。其中的原因有:性和暴力在电影、电视上的增多,以及因特网上色情材料的出现。目前关于色情文艺争议的核心问题与过去几十年甚至是几个世纪里的一样:**色情文艺是有害的吗**?

方 面	问 题
受众	色情文艺的用户是男性还是女性?成年人还是孩子?
主题	书籍、杂志、电影和磁带中包含了哪些性活动种类?婚前的?婚内的?异性性行为?同性性行为?自愿的?强迫的?成年人与成年人的?成年人与孩子的?兽奸的?作品对它所描写的各种性活动说了些什么?它传递什么讯息?
商业安排	在色情电影中,演员是付酬的吗?如果是,这构成卖淫了吗?
演员	拍色情电影需要真正的演技吗?许多演员以拍摄这种电影为职业,还是仅临时受雇?多年以后,他们是自豪地还是羞愧地回顾这个工作?

声称的有害影响	色情文艺养成了对爱情、婚姻和责任的什么态度？它像一些人所说的，使孩子情欲化，赞美对妇女的兽行并美化强奸吗？它让男人视女人为人还是物？它使阅读/观看它的人们得到提升还是堕落？
色情文艺在性传播疾病中的作用 言论自由	在抗击性传播疾病包括艾滋病的斗争中，色情文艺起了积极的还是消极的作用？言论自由的保障范围可扩展到色情文艺吗？

174

样本议题：拳击

《拳击记录簿》(*Ring Record Book*)列出了自二战以来因为在奖金争夺战中受伤而致死的 337 位职业拳击手名单。仅在美国就有 120 位拳击手死于这种伤害。[1]韩国拳击手金得九(Duk Doo Kim)在遭到雷·曼西尼(Ray "Boom Boom"Mancini)一连串猛烈重拳攻击之后死去。一个此前多次受到公众注意的议题再次盛行起来：应宣布拳击为非法吗？像大多数其他议题一样，这个议题有许多方面，特别是以下几个方面：

方　　面	问　　题
拳击手谋生的权利	宣布拳击为非法会不公正地剥夺拳击手谋生的权利吗？
拳击与精神健康	发生在拳击比赛中的暴力表现对拳击手自身是一种情感上健康的经历吗？对观众呢？
拳击的大众性	因为拳击在历史上、直到现在都一直很受欢迎，所以应当允许拳击继续下去，这种论证的合理性如何？
把拳击划归为体育	把拳击划归为体育是恰当吗？即，参赛者的目的是进行潜在伤害打击这一事实可取消其划归为体育的资格吗？

| 克服危险 | 也许通过改变规则或设施可以消除或至少降低对拳击手的身体危险,这是可能的吗? |
| 挨拳击的后果 | 用拳猛击一个人的身体,特别是头部,究竟会产生什么后果? 在 10 或 15 轮的拳击中受到这样的打击的积累后果是什么? 在整个职业生涯中呢? |

样本议题:青少年犯罪

在 20 世纪的大部分时间里,青少年犯罪在法庭上一直被给予特殊的对待。因为强调的是改过自新而不是惩罚他们,所以所作的指控也不同("青少年过失"而不是攻击或谋杀),案件的程序和处理也不同("听证"而不是审判,密封记录而不是公之于众,告诫而不是监禁)。但是,最近几年,公众开始不满意这个制度了。许多人要求,犯下罪行的青少年应作为罪犯来对待,无论其年龄多大。这个广泛的议题通常以下述术语来表达:**应当像对待成年罪犯一样对待青少年罪犯吗**? 但是,像我们已在本章考察过的其他议题一样,这个广泛的议题有多个方面:

方 面	问 题
青少年犯罪的原因	唯有青少年犯错者要对他们的犯罪负责吗? 父母和社会中的其他人(例如暴力电影的制作人)也应该负责吗? 如果其他人也有责任,那法律应当对他们"强硬起来"吗? 如何强硬?
承担责任的年龄	在人们年龄大到足以明白自己的道德和法律性质之前让他们对自己的行为承担责任,这是合理或公平的吗? 在什么年龄,一个人才有这样的理解?
青少年与成年人之异同	要 14 岁(或 16 岁或 18 岁)的人像 21 岁或 30 岁的人一样承担责任,这样合理吗?

公布青少年犯罪事实之影响	公开青少年犯罪的事实将可阻止青少年犯罪吗？它将有助于改过自新的过程吗？
监禁青少年的影响	监禁对于青少年将产生什么影响？对13岁以下的孩子呢？
犯罪的差别	对所有的青少年犯罪都应进行相同的处理吗？即在某些犯罪（例如故意破坏行为和盗窃）中应当考虑罪犯的年龄，但在其他犯罪（例如抢劫和谋杀）中则不应考虑吗？
惯犯	应该把经常犯罪的少年犯与初次犯罪者区别对待吗？如果是，那以什么方式？
监狱	如果把青少年罪犯送进监狱（比如因为暴力犯罪），他们应被关进与成年罪犯同样的监狱吗？

进一步收拢议题

如果你遵循上面的方法，并发现即使这些单个的方面也太宽泛了，以至于不能在你控制的时间和篇幅内恰当地进行处理，那就寻找这样一个方面，它能被分成几个部分，并可集中关注其中的一部分。（并不是所有的方面都能进行这样的划分，但在大多数情况下，你将发现有一些是可以这么做的。）这里是来自上述讨论的色情文艺问题的一些例子。

方 面	问 题	限制关注点的方式
主题	书籍、杂志、电影和磁带中包含了哪些性活动种类？婚前的？婚内的？异性性行为？同性性行为？自愿的？强迫的？成年人与成年人的？成年人与孩子的？	限制你处理的一种方式可以是仅考察在单一媒体和杂志上对成年人之间强迫性行为的关注。或者你可能通过兽奸的？它传递了什么信息？集中关注一种杂志而进一步限制你的处理范围。

| 所声称的有害影响 | 色情文艺养成了对爱情、婚姻和责任的什么态度? 它像一些人所说的,使孩子情欲化,赞美对妇女的兽性并美化强奸吗? 它让男人视女人为人还是物? 它使阅读/观看的那些人得到提升还是堕落? | 你可以聚焦于四个问题中的一个,而不是所有四个。如果你选择第一个有关态度的问题,那你可以集中于爱情、婚姻或责任而不是所有三个。同样,如果你集中于第二个问题,那你可以选择三个方面中的一个而不是所有三个。 |

通过限制你的处理范围,你不仅确保了更明确的关注重点,提升了保持在你能力范围之内的机会,而且使分析的工作更容易掌控。争夺你注意力的话题越少,变得分心或困惑的危险就越小。即使在你能解决一个以上子议题的罕见情况中,仔细确认所有这些子议题,也将使你的研究更有秩序、更有目标。最后,限定你的处理将减少你把复杂问题过度简单化的可能性。 177

应 用 练 习

1. 把本章解释的方法运用于以下**两个**议题。确保选择你感兴趣的议题,因为后面几章的应用将以此为基础。

    a. 美国的联邦所得税制度需要改革吗?

    b. 在小学开设性教育课是可取的吗?

    c. 应使离婚法更加严格,以便使离婚变得更加困难吗?

    d. 神志正常的人有可能自杀吗?

    e. 学生注意力的范围缩小了吗?

    f. 卖淫应当合法化吗?

    g. 应当规定特殊利益团体对立法者的游说为不合法吗?

    h. 应当禁止儿童电视节目(例如,星期六早上的卡通节目)中所有的广告吗?

    i. 恶魔崇拜是对社会的一种威胁吗?

    j. 相信某些 UFO 是外星物,这种想法合理吗?

    k. 男运动员比女运动员优越吗?

    l. "政治的正确性"是你校园里的一个问题吗?

2. 下列议题已包含在前几章的应用练习中。将本章讨论的方法运用于它们中的**一个**。(忽视你先前对该问题的分析。)

    a. 应要求所有的学生完成至少一门写作课程吗?

    b. 应在高中生物课上教授创世说吗?

    c. 一夫多妻制应当合法化吗?

    d. 投票年龄应降至 16 岁吗?

    e. 应当允许像三 K 党(Ku Klux Klan)这样的极端主义团体在公共场所举行集会吗?

    f. 应当更强调对罪犯的惩罚而不是改过自新吗?

    g. 大学学位是一种有意义的就业条件吗?

    h. 在医生和临床医师对未成年人开列避孕处方时,应要求他们通知未成年人的父母吗?

3. 选择最近国际、国内或本地新闻中的一个议题。以问题形式陈述它,然后运用本章所解释的方法。

第|十七|章

进 行 探 究

　　探究是寻求问题的答案、研究问题和收集信息,以帮助我们得出结论。它使我们超越第一印象、第一感觉、先入之见和个人偏好。

　　有两种基本的探究:探究事实和探究观点。请记住,观点可以是有见识的,也可以是无见识的。除非我们探究的目的要求收集这两类观点,我们应该更关注**有见识**的观点。

　　我们经常既要探究事实又要探究观点。当然,这两方面各白需要进行多少探究,这将依情形而定。如果具体的问题是:美国的哪个收入群体受到当前联邦税法最不公平的对待?那我们将不得不考察税法,以判断它们规定了什么(**事实**),并请教税务专家对法律更复杂的方面进行解读(**有见识的观点**)。但是,为了判定不公平的程度,我们必须知道提供生活必需品(食品、住房和衣服)所需要的收入数额。所以,我们也必须考察生活费用的统计资料(**事实**),并请教经济学家关于影响不同收入群体的更微妙的因素(**有见识的观点**)。

处 理 不 确 定 的 结 果

　　由于人类知识的现状是不完善的,所以在对它提问时,并非每个议题都是可以答复的。有些问题很多年,甚至几个世纪以来仍没有得到解决。在我们遨游外太空之前,没有人准确地知道失重对人体会有什么影响。许多

179 受人尊重的医生认为,起飞时的急剧加速会把宇航员的心跳增加到一种致命的程度。(有强有力的医学证据支持这种看法。)而其他的人则认为,失重将导致主要器官的机能失常和萎缩。[1]这两种可怕的预言被证明是错误的,但是,在首次成功发射之前,对这个问题所进行的任何探究必然会是不完善的。

摩西究竟爬上西奈(Sinai)沙漠的哪座山?《圣经》给出了它的一个名称(实际上是两个名称),但学者们对它位于何处的意见不同。提出强有力的主张是在三个国家的三座不同的山。尽管探究了3 000多年,还没有得出确定的答案。[2]

有些问题甚至更抵触探究——例如下述问题,在我们的太阳系或其他星系中存在智能的生命形式吗?科学家估计宇宙宽度是1 560亿光年,并且仍然在膨胀中。我们的太阳是数十亿颗恒星之一,其中的许多都可能容纳智能的生命形式,因此可以想象,对该问题的任何探究在未来的百万年里将是不确定的。也许永远不知道答案。

当然,无论一个问题如何与解决方案相抵触,但探究还是有益的。即使它只是产生**不可检验的**专家意见,这些意见也比无见识的随意推测要有价值。所以,我们不应被困难的议题所吓倒。我们只应对我们答案有可能达到怎样的彻底性和终极性持现实态度。

到何处寻找信息

只要可能,我们就应考虑自己的经验和观察。即使是我们身上已发生或是我们看到在他人身上发生的事情与议题只有间接的关系,或者仅触及它的一个方面,那也不应予以忽视。我们对人们在日常情况下如何使用刻板成见或保全面子策略的观察,有可能帮助我们评价政治候选人的演说或一个政党的政纲。我们遵从自己和朋友的经验也能为我们提供一种对公众电视节目影响的洞见。对我们的经验与正在考察的问题之间的相关性保持敏感,不仅能为我们提供宝贵的意见,而且也能提出重要的问题。因此,它能为我们的探究提供较好的方向。

当然,我们自己的经验和观察本身将很难是本身就充分的,特别是对复杂和有争议的问题。我们将需要考虑其他的信息来源。下面是有关寻找什么和到何处寻找的简短指南。

180

问 题 的 背 景

考虑一下该议题可以归属的几个一般性标题。例如,如果该议题是关于犯罪调查的问题,标题有可能是"犯罪"、"犯罪学"、"警察"和一个或多个具体类型的犯罪,比如"盗窃"。然后在一本好的综合性百科全书,比如《美国百科全书》(*Encyclopedia Americana*)或《大英百科全书》(*Encyclopaedia Britannica*)的索引卷查找这些标题。[《美国百科全书》有单独的索引卷。《大英百科全书》分为两套:百科详编(*Macropaedia*),包含有限数量主题下的翔实文章,以及百科简编(*Micropaedia*),包含大量主题下的简短文章和交叉引用。]你从中将能发现各个领域的权威撰写的文章。在每篇文章的末尾是参考书和文章的目录,你可以查阅这些文献以便更充分或更具体地处理该议题。

除了综合性的百科全书,还有不少专业百科全书:艺术、商业、历史、文学、哲学、音乐、科学、教育、社会科学以及其他许多类别的百科全书。其中大部分不仅含有历史背景,而且还有你也许发觉有帮助的其他书籍和文章的标题。*

事实和统计资料

每年出版的年鉴是无数主题的信息宝库。《世界年鉴》(*world Almanac*)从1868年版起都可找到。《信息咨询年鉴》(*Information Please*

---

* 请记住,虽然背景阅读对分析一个议题是有益的开始,但它绝不是分析的一个可接受的替代品。你的老师将对你期望比只是背景信息更多的东西。

Almanac)、《纽约时报百科全书年鉴》(*New York Times Encyclopedic Almanac*)和《读者文摘年鉴》(*Reader's Digest Almanac*)是比较近期的出版物。因为任何年鉴为了有效的使用都安排得很紧凑,所以重要的是在使用它之前先学会使用索引。

关于人的信息

可以找到许多传记词典和百科全书。最有帮助的两本是《当代传记:新闻名人与原委》(*Current Biography: Who's News and Why*)和《韦氏传记词典》(*Webster's Biographical Dictionary*)。

关于英语语言的信息

可以找到许多参考书,包括《牛津英语词典》(*Oxford English Dictionary*),《韦氏新同义词词典》(*Webster's Dictionary of Synonyms*),和埃里克·伯特里奇(Eric Partridge)的《俚语和非规范英语词典》(*Dictionary of slang and unconventional English*)。

181

报纸、杂志和期刊上的文章

最基本的文章索引是《读者期刊文献指南》(*Reader's Guide to Periodical Literature*)。这个指南以主题和作者编列出 100 多种杂志的文章。与百科全书一样,你首先应考虑该议题可能归属的各种标题。然后选择恰当的年度卷本(最近几年则以未装订的小册子形式列出),并查找这些标题。这些登录将列出文章的标题和作者,以及文章发表的杂志名称和期号。

还可找到许多其他的索引,甚至在中等规模的图书馆就可找到。下面是一部分清单(完整列表可参见尤金·希伊[Eugene O. Sheehy]的《参考书指南》[*Guide to Reference Books*])。

　　* 社会科学索引　Social Science Index

　　* 人文学科索引　Humanities Index

　　应用科学和技术索引　Applied Science and Technology Index

　　纽约时报索引　New York Times Index

　　艺术索引　Art Index

　　论文与一般文学索引　Essay and General Literature Index

　　传记索引　Biography Index

　　一般科学索引　General Science Index

　　商业期刊索引　Business Periodical Index

　　生物和农业索引　Biological and Agricultural Index

　　教育索引　Education Index

　　美国政府出版物:每月编目　United States Government Publications:Monthly Catalog

　　书评索引　Book Review Index

　　法律期刊索引　Index to Legal Periodicals

　　工程索引　Engineering Index

　　现代语言协会国际书目　MLA International Bibliography

　　音乐索引　Music Index

　　哲学家索引　Philosopher's Index

　　杂志索引　Magazine Index

　　宗教索引一:期刊　Religion Index One:Periodicals

　　你在找到文章并阅读之后,务请检查下一期致编者信函栏目的读者回应。大部分报纸和杂志都有"读者来信"部分,它经常提供有见识的读者对

_____

　　* 1965 年之前,这些索引合并在《国际索引》的标题之下。

文章中思想表示支持或质疑的回应。在周刊上,回应通常出现在文章发表后的两期上;在半月刊和月刊,则是在文章发表的下一期刊登。

书　　籍

除了百科全书所提供的书目和你发现在你阅读的文章中所提及的那些书目以外,你还可以查阅你图书馆的书目卡片或电脑目录,这是找到其书架上可以利用的书籍的关键所在。* 偶尔,如果你的图书馆很小或你所探究的议题模糊不清,那图书馆的馆藏可能是有限的。在这种情况下,就像你在查找信息或使用参考书上存在困难的任何情况下一样,可请图书管理员提供帮助。(请记住,图书管理员是受过专业训练来解决你可能碰到的各种检索问题的人员。)

电脑数据库和摘要检索服务

现代信息检索技术使得资料搜索比以往任何时候都更加容易。这种技术一直在迅速地进步,但从旧系统向新系统转换的成本可能是巨大的。因此,市场上可以取得的系统并不必然可在某个特定的学校里获得。今天,资料搜索最重要的因素一如既往地是学校图书管理员。她或他能告诉你学校图书馆是否有这里提及的检索工具,如果没有,可以利用的类似工具是什么。

图书馆技术上的主要改变是从印刷索引向电子索引的转变。这种信息传统上可在《读者期刊文献指南》中找到,现在则可在(例如)infoTrak 数据库中查到。这种资料系统可以下述三种形式之一获得:(a)作为一种没有文本的电子书目指南,(b)作为一种带有一些可在 CD 上获得的文本的书目指南,以及(c)作为完整文本的在线服务。在使用这个系统的第一和第二

※　一个有价值的信息来源是与你所研究的议题相关的领域的大学教材。

种形式时,检索者仍然广泛地使用装订好的期刊和缩微胶片的记录。infoTrak 数据库通常在公共图书馆和小型学术图书馆中使用。

一些学术电子索引正在被采用,特别是在学术图书馆中。其中流行的一种是《综合学术索引》,它涵盖了在艺术和人文学科以及科学和社会科学中 960 个学术主题。这一资源把许多 infoTrak 索引的综合性期刊编入索引,而且还包含了它所没有索引的许多学术杂志。Lexis-Nexis 和 Westlaw 是最广泛使用的法律索引。其他技术索引包括 PsycINFO(心理学文摘索引)、HAPI(健康和心理学工具)和两个来自 Medicine(医学文献)的专门索引:PubMed(公共医学信息检索)和 Internet Grateful Med(因特网医学文献检索)。万维网提供了许多其他信息来源。

询问你的图书管理员你可以使用的电脑数据库,比如 PsycINFO 和 PsycLITt。还可以在你的图书馆查找可以利用的摘要索引服务。其中最著名的是 *Pshychological Abstracts*(心理学摘要)、*Sociological Abstracts*(社会学摘要)、*America: History and Life*(美国:历史和生活摘要)以及 *Dissertation Abstracts International*(国际学位论文摘要)。

因 特 网

在 20 世纪 70 年代,国防部开始协调研究网络。然后,在 20 世纪 80 年代,个人电脑开始得到普及,研究网络系统发展成为因特网,也称万维网(WWW 或网络)。多年来,它已成为一种交流和学习的主要媒介。你访问因特网只需一台带调制解调器的电脑和一个机构或商业因特网服务供应商(ISP)。

有数百万的网站可以利用,但你在访问一个网站之前必须知道它的网址。而且(这一点特别重要)必须准确地输入网址。(一个附加的空格、句点或字母将阻止你进入网站。)大部分网址以下面的形式开始:http://www.(你如果看到网址仅以 www 开始,那应知道这是缩写,你必须加上网址的第一部分才能进入网站。)如果你不知道什么网站是恰当的或已忘记网址,那可以考虑许多可用的搜索引擎之一(比如 www. askjeeves. com.)。

183

网址的末尾将告诉你正访问的是政府网站(.gov)、教育网站(.edu)还是商业网站(.com)。网站反映其创建人的倾向和/或议程。一般而言,政府和教育网站是为公众提供有用信息而设计的,而商业网站则是为销售产品和服务而设计的。知道你正访问谁的网站,将有助于你评估你在那里发现的信息之可靠性。这种对因特网的评价至少像对书籍和其他媒介的评价同样必要,也许更有必要。

下面是从事因特网查询的广泛而容易使用的策略。

1. 使用搜索引擎。搜索引擎是有效使用因特网的工具。你只需要输入希望查找信息的搜索词(题目)就可,完成搜索大约要等一会儿。搜索词越宽泛,你得到的信息就越多。"教育"可能产生 6 000 万条信息;"美国教育"可能是 600 万条;"美国教育的体罚",低于 5 万条。所以,谨慎的做法是你准确地选择搜索词,并且在必要时进行修改。

有许多搜索引擎,甚至还有元搜索引擎(Meta Search),即搜索其他搜索引擎的引擎。由加利福尼亚大学伯克利分校(the University of California at Berkeley)主办的下列网站,对种种选择项和一些建议提供了清晰而全面的说明: http://www.lib.berkeley.edu/Teaching Lib/Guides/Internet/MetaSearch.html。该网站介绍了谷歌搜索引擎 www.google.com,并且赞赏地提及 www.alltheweb.com 和 www.altavista.com. (另一个良好的选项是 www.bing.com。)

你一旦键入谷歌搜索引擎的地址,应该做的第一件事就是熟悉它的特点。轮流点击每个蓝色词条并阅读出现的解释。注意,"新闻"能使你"搜索和浏览 4 000 条不断刷新的新闻资源"。然后,回到主页,并依次打上这些词组(不加引号):"谷歌词汇(google glossary)"和"关键词结合(Google Sets)"。阅读每一条,然后回到主页。

下一步,在搜索框打上"美国教育体罚",点击"谷歌搜索"。记住,因为不断从网站增加和删除新信息,所以,没有两个搜索会得到完全相同的回应。

向下翻动页面,浏览所列各项。(注意页面底部的页数说明。点击另一页的数字将出现另外的列项。)你在看到感兴趣的项目时,点击蓝色标题。你看完后,点击蓝色的箭头回到谷歌搜索面,再点击另一个标题。任何时候你判定一个标题正是你要寻找的,点击此项末尾出现的"类似网页",谷歌将

184

进一步缩小你的搜索。

警示：当一个项目证明是有帮助的时候，一定在关闭它之前复制它的地址。这样你想再次访问时，就能轻易地做到。也记下你访问它的日期。（在脚注中引用任何一条网址都应当包含"[日期]访问"这个短语。）

2. **开发资源清单。**就因特网的广泛搜索而言，谷歌(google)是十分出色的。但是，很多时候你的搜索将会比较狭窄和集中。在这些场合，知道与你的主题相关的一些具体网址是有益的。下面是根据一般题目安排的一个良好的起始清单。

关于有争议问题的各种观点：

http：//www. townhall. com/columnists/

http：//www. nytimes. com/pages/opinion/columns

http：//www. washingtonpost. com/wp-dyn/opinion/columns

http：//www. jewishworldreview. com

http：//www. blueagle. com

各种搜索工具和有用的连接：

http：//www. ask. com/? q=&cqsrc=119subject：ask|pg：1

历史问题：

http：//www. besthistorysites. net/

法律问题：

http：//www. law. com

http：//www. nolo. com/legal-encyclopedia/

http：//www. legalengine. com

医学问题：

http：//www. merckhomeedition. com

http：//www. webmd. com

http：//www. cdc. gov

http：//www. medlineplus. gov

查找恶作剧和传闻和一般事实/虚构：

http：//www. spopes. com

http：//www. hoax-slayer. com

185

http：//www. casewatch. org/index. html

http：//www. truthorfiction. com

http：//www. scamburstens. org/legends. html

http：//urbanlegends. miningco. com/culture/urbanlegends/library/blhoax. htm？pid＋2733&cob＝home

无论何时发现有帮助的网址,把它加到这个资源清单中。

3. **评价你的信息来源**。评价信息来源的任务总是重要的,它随着因特网使用的日益增加而变得越来越重要。不应假定信息来源都是无差错的。平面媒体和广播电台的记者在报道中也可能犯非故意的过错。评论者也可能让偏见影响自己的思想和表达。怀有私人目的的个人可能故意误导他们的听众。有待于读者或听众保持警惕,并且在可能时检验信息来源的可靠性——特别是因特网资源的可靠性,因为没有编辑检查在那里"发表"了什么。任何人都能建立网站,并畅所欲言。

为了评价你信息来源的可靠性,可回答下述问题。(有些适用于平面和广播资源,有些适用于因特网资源,大部分适用于两者)

该出版物或网站的目的是什么？它是为了娱乐、传递信息、说服,还是推销产品或服务？在出版物中,其目的往往会在前面的事项(比如书的前言)中表述出来。在因特网资源中,它将在其主页的"宗旨陈述"中表达出来。辨识一个资源的目的将有助于你确认该来源倾向的可能性。

该信息来源的观点是什么？确认该资源在所讨论的议题上的立场;换言之,他或她认可或反对一个特定的观点或政策吗？这两个视角之一并不必然是错误的,但了解该资源在该议题上的立场将可使你更加意识到此人有可能在何处缺少公正性和客观性。

该信息来源进行人身攻击了吗？当讨论一个问题或有争议的议题时,关注点应聚焦于支持或挑战特定的解决方案或观点,而不是提出它们的人的个性特质。对此规则的唯一例外是,某人的性格缺陷是否**直接相关于**所讨论的议题——在这些情况下,提到这些缺陷是合适的。但是,无缘无故地进行人身攻击或者由此替代阐述问题或议题本身，那绝不是恰当的。以此方式行事应被认为是不可靠的。

该信息来源提出过分的断言了吗？ 考虑一下关于航天员从未真的登上月球，而这整个故事都是美国航空航天局杜撰的这一断言。还有关于为"9·11"数千人生命损失负责的不是如报道所称的外国恐怖分子，而是乔治·W·布什及其行政当局的成员策划并实施了这个可怕的事件的断言。这两个例子可以算作是过分的——不具有可信性，因为它们与无数摄影证据和分析数据不相符合。尽管我们不能排除这些或其他阴谋理论真实有效，但这种可能性是如此地**渺小**，以致任何交流此类信息的人应当被认为是不可靠的。

该信息来源为他或她的断言提供证据了吗？ 断言要比推论或提供文献证据容易得多：这就是许多人满足于断言的原因。整篇文章甚至是整本书几乎完全由断言所组成，一个接着一个。当由一个善于言辞的、有魅力的人组合起来时，这些作品可能给人以一个可怕的案子被制造出来的印象，而在事实上，这个案子全然不存在——只有无根据的断言。这就是为断言提供了什么证据这个问题为什么是对任何来源都要询问的最重要的问题之一。第六章解释了需要寻找的最重要的证据类型：**个人经验、未公开的传说、公开的报道、目击者证言、名人证言、专家意见、实验、统计资料、调查、正规观察和研究评述。**（该章也解释了每一项的价值和局限性。）务必核查该来源为每个重要的断言提供的证据的数量和类型。

对该来源的断言和证据提出了或能够提出什么批评？这些批评意见的价值如何？ 除非你恰好对所讨论的议题相当精通，否则你就将必须查寻其他的来源，以回答这些问题。在某些情况下，你将发现那些有足够强的说服力来影响你判断的批评意见。考虑一下那些断言奥巴马出生于外国，因而不够资格担任美国总统的那些"出生质疑者"。批评这个断言的人们提出并由照片证据支持的一个特别有趣的事实是，奥巴马的出生宣告刊发于当时夏威夷的一份报纸上。奥巴马的双亲若要伪造此宣告，那他们就必须**事先**

187

预见到他 47 年后成为总统候选人的可能性！ 由于这是不可能设想的，该出生宣告就提供了针对"出生质疑者"的强有力证据。

　　在评估对这些问题的答案并判定信息来源的可靠性时，请记住，甚至最诚实和良知的人也可能出错。要把偶然在一个议题上出错的来源与那些错误百出或恶名昭著、从而意味着不诚实或惯于粗心大意的来源小心地区别开来。

　　简·亚历山大（Jane Alexandar）和玛莎·安·泰特（Marsha Ann Tade）创建了一个评价网站的极好的使用说明。它采用的是幻灯片的形式。你可以访问它：http：//www2. widener. edu/Wolfgra m-Memorial-library/webeval/eval1198/index. htm. （还可见同一位作者的"评估网络信息的参考文献"，见下述网址：http://www. lib. vt. edu/help/instruct/evaluate/evalbiblio. html。）

集 中 于 焦 点

　　所有这一切可能让人想起长期的、单调的、耗费时间和精力的搜索，就像博士论文所要求的那样。但这是误解。稍微练习一下，就可能快速、有效地使用所有提及的参考资料。即使是书籍也不必费力地逐页寻找有用的信息。花几秒钟翻到索引（通常在书的末尾），查找几个可能是你的议题所属的标题；然后翻到所引的页码，**仅阅读这些页**。如果该书没有索引，你可以翻到目录，看每章的标题，并判断哪一章看起来最相关，然后浏览它们。

　　在搜索因特网时有可能更难实现效率，因为造成分心的东西往往更多、更有诱惑力。作出特别的努力来约束你的因特网搜索，把注意力只集中到相关的材料上，并且抵制使你漫不经心的诱惑。

多少探究才够充分？

　　看起来应当容易判定探究到何时就算完成了。但在多数情况下，这并不那么容易。一个洞见可以造成很大的差别。一个新事实可能颠覆一大堆证据。例如，在20世纪60年代末和70年代初，大多数社会心理学家也许会同意，拥挤的居住环境对人是有害的。许多实验看起来也确认了这一说法。人类学家帕特里夏·德雷珀(Patricia Draper)研究了西南部非洲的采猎者部落，即昆族布希曼人(！Kung Bushmen)。虽然他们的土地提供了充足的空间分布他们的定居点和小屋，但是，他们拥挤地住在一起，并经常紧紧地围坐在一起。实际上彼此之间相互碰撞。然而，他们并未患通常与拥挤联系在一起的医学疾病(比如高血压)。[3]这一事实导致对科学常识的再考察。

188

由于探究的目的是产生证据，所以，回忆一下第六章阐述的判定证据何时充分的指导原则会是有益的：

1. **当可以作出一个确定性的判断时，证据就是充分的**。希望、假定或假装一个判断是正确的，并不构成确定性。当没有站住脚的理由去怀疑，也没有争执的基础时，就存在确定性。例如，刑事审判的定罪标准是："超出合理怀疑地罪证确凿"。确定性是一个很难满足的标准，特别在有争议的议题上，所以，你一般会不得不接受一个比较温和的标准。

2. **如果达不到确定性，则假如议题的一个观点显示出很大的可能性，那证据就是充分的**。这意味着可以论证正在讨论的观点比任何竞争的观点更合理。在民事诉讼案件中，这个标准被表述为"证据优势"。当然，论证合理性完全不同于单纯地主张合理性，而且，在任何一个观点能被确认为最合理的之前，必须先找出并评估所有可能的观点。

3. **在其他所有情况下，必须认为证据是不充分的**。也就是说，如果证据并未显示出某个观点比竞争的观点更合理，那唯一审慎的行动方案就是暂缓作判断，直到可以获得充分的证据为止。这样的克制可能是困难的，特别是当你要证明某个特定的观点具有优势的时候，但是，克制是批判性思考者的重要特征。

多少探究才够充分？不存在简单易行的答案。它完全取决于议题。在某些情况下，简单的探究就足够了。在其他情况下，竭尽全力的探究也是不完全的。然而，关于所需要的探究的量虽然可能作不出一个绝对的陈述，但是，当你作出全面而仔细的努力去了解相关的事实，并考虑对你正在分析的具体议题有直接影响的所有研究领域里有见识的观点时，你就能合理地确信你的探究是充分的。当然,需要研究的领域的数量将依议题的性质而异。例如,下面是研究领域的一个清单,这些领域对我们在第十六章确定的 3 个具体议题有直接的影响:

议 题	问 题	有直接影响的领域
色情文艺的影响	色情文艺培养了对爱情、婚姻和责任的什么态度?像一些人所说的,它使孩子情欲化,赞美对妇女的兽行,并美化强奸吗?它让男人视女人为人还是物?它使阅读/观看它的那些人得到提升还是堕落?	社会学 心理学 文学批评 伦理 宗教
挨拳击的后果	用拳猛击一个人的身体,特别是头部,究竟会产生什么后果?在 10 或 15 轮的拳击中受到这样打击的累积后果是什么?在整个职业生涯中呢?	解剖学与生理学 医学(特别是神经病学) 心理学
承担责任的年龄	在人们年龄大到足以明白自己的道德和法律性质之前让他们对自己的行为承担责任,这是合理或公平的吗?一个人到什么年龄才有这样的理解?	教育 心理学 医学 伦理 法律

对批判性思考的最大挑战之一就是当你发现一位知识渊博之士支持你的偏见时,让你停止探究的那种诱惑。当这个人是你遇到的第一个人时,这种诱惑将特别地强烈。你将希望说:"这是确定的答案。本案到此为止!"如果你遵从这种倾向,那你将使该议题琐碎化,并欺骗自己,难以获得真正的理解。按照定义,一个议题就是有见识的、谨慎的思考者有可能反对的事情。

这里提出一个告诫是合适的:说考察一个议题的两个方面是重要的,

这并不意味着两个方面都具有同等的优点。往往会有这样的情况,即每一方都有足够的优点会使得判断变得困难,但这决不能证明避免判断的合理性。

处理长篇材料

你的探究往往会使你超出社论和简短文章的范围,去处理长篇的文章和书籍。对这些较长的作品更难以作出评价,因为其核心论证很少能简洁、紧凑地表达出来。这些论证的作者并不打算使得分析变得困难——这只是写作过程的性质。期刊文章和书籍的负责任的作者不只是呈现出空洞断言的列表;他们用证据来支持自己的观点。他们还加上足够的说明来满足清晰的要求和界定所采用的推理路径。有时,这条路径有很多转折,所以,还必须加上辅助的断言去补充和精炼主要的断言。随着趣闻轶事的倍增,随着实验和统计资料被报告和加注出来,也随着证言的详细阐述,必要的论证有可能变得几乎像它有时包含的隐蔽前提一样掩藏了起来。一个前提可能出现在第 2 页,另一个出现在第 5 页,而结论则出现在第 12 页。在你能评价这些情形中的论证之前,你需要把论证进行整合。下面是这样做的一些策略:

1. **读了文章或书籍之后,再回过去确定关键的断言**。大部分段落包含一个或数个断言(主题句)。浏览这些断言,并判定哪些是论证的核心部分。小标题通常标示重要的断言,大写字母、黑体字和斜体字也是如此。还可以寻找加强词,比如**而且、的确、更(最)重要**以及**更(最)有意义的**。

2. **找出作者的结论**。结论可能出现在任何地方,但通常出现的方式如下:在文章中——紧随导言之后、在结尾处或在这两处都有;在书籍中——在第一或第二章、最后一章或在这两处都有。像**由于这些原因、因而、结果、所以**和**因此**这样的表述都标示着结论。

3. **注意用在关键断言或结论中的任何修饰词**。作者说到所有的人、地点或事情了吗?或者她说到**大多数、许多、某些、几个、一些**或**某些特定**的了吗?她说到**总是、通常、有时、偶尔、很少、从不**或**在某个特定的时刻**了吗?

作者经常会在作出一个断言以后在下一句中进行平衡。他们经常用**但是、然而、而且、另一方面、仍然**或**却**这样的词引导出第二句。

4. **注意用于支持这些断言的证据的数量、种类和来源。**本书第六章讨论了多种证据。必要时可温习这一章。

5. **注意作者包括的条件。**例如，"如果毒贩自己不吸食毒品并且以前被定过贩毒罪，那他们应被判处长期徒刑"的说法与"毒贩应被判处长期徒刑"的说法很不相同。前一句中的"如果"从句加了特定的一组条件。同样，"美国永远也不应向其他国家发射核导弹，除非自己首先遭受到该国的核打击"的说法也相当地不同于"美国永远也不应向其他国家发射核导弹"的说法。像**如果、除非、只要、直到**和**在……之前**的表述有可能大大地改变一个断言的含义。

6. **根据你在上述步骤 1—5 中所作的分析，写一篇对该文章或书籍的准确总结。**这能使你集中注意力，并分析所作的论证。这个总结不必长；在大多数情况下，一两段就够了。这个总结应当是原作的摘要版本。（这里不可为引用和解释原作时的粗心大意留下余地：如果它说某事**也许是**某种方式，那就不是说它**是**那种方式；类似地，是并不必然意味着**应当是**。）下面是一篇建议取消成绩的文章的样本总结。虽然其原作打印出来有十几页，但在这里它被浓缩成一段，却不失其准确性。

（在小学、中学和大学）学习的最大障碍之一是成绩。青少年从 6 岁到 20 岁或 22 岁，心头就一直缠绕着对低分的恐惧。他们满脑子都是想考好、获得成功以取悦父母，以至于学习本身具有的快乐都蒸发掉了。结果，就驱使尽责的学生把作业视为沉重乏味的苦力，并诱使处于边缘的学生以欺骗和愚弄的方式获得学位。由于这些原因，我认为应取消所有层级教育当中的成绩。

应 用 练 习

1. 选择你在第十六章的应用练习 1 或练习 2 中详细阐述的一个特定议

题。以本章所阐明的方法探究这个议题。仔细记录。

2. 选择在第十六章讨论的"色情文艺"、"拳击"和"青少年犯罪"中的一个特定议题。以本章所阐明的方法探究这个议题。仔细记录。

3. 选择一个最近在你的校园、社区或国家正辩论着的议题——例如，一项有争议的大学政策或对地方、州或国家立法的一个提议。然后对这个议题以如下方式进行探究：

　　a. 访问 google.com 网站，并对这个主题做一般搜索和"新闻"搜索。

　　b. 访问一个或更多个下列网站，并搜索这一议题的观点栏。阅读这个议题"赞同"这一边的至少两栏和"反对"这一边的至少两栏。

　　http：//www. townhall. com/columnists/

　　http：//www. nytimes. come/pages/opinion/columns

　　http：//washingtonpost. com/wp-dyn/opinion/columns

　　http：//jewishworldreview. com

　　http：//www. blueeagle. com

　　http：//www. nyobserver. com

　　c. 详细记录你在 google(谷歌)和其他网址的发现结果。

第|十八|章

形 成 判 断

    判断是通过证据考察和仔细推理得出的结论。它们是思考的结果。不像感觉,判断不是自发和无意识的。当然,它们可能含有自发的因素(比如直觉),但是,像其他资料一样,这些首先要经过权衡和评价。

    判断是评价和推理的结果,这一事实并不保证它们的价值。有愚蠢的也有明智的判断,有肤浅的也有深刻的判断。一个判断能够轻易地反映出对真理、知识和观点的误解。它可能包含第八至十三章详细阐述的一个或多个思维中的错误。

    我们讨论过的批判地思考议题的策略是为了促进审慎的判断而设计的。通过了解我们自己和敏锐的观察,我们改进了自己的感知并预防错误。通过系统地阐述议题并进行探究,我们把自己的思维从先入为主的观念和第一印象中拯救出来。通过评价我们已获得的证据,我们判定它意味着什么,具有怎样的意义。这个评价过程的一个关键方面涉及有关证据中明显冲突的内容的解决方案。正如我们在前面一些章节中看到的,专家们并不总是意见一致。因为人们经常相当不同地看待同样的事件,即使最诚实之人的目击报告也有可能发生冲突。

    程序越是科学,就越不需要评价,这是一种流行的看法。但这种看法是错误的。科学程序产生或发现的事实信息必须被分类和解释为有意义的。例如,考虑下述罕见的例子。在中国的中部地区挖掘出一座古墓,墓内装有一具死于约 2 100 年前的女尸。对她的埋葬非常小心。她被放入一个充满特殊液体的密封棺材内。这个棺材装在 5 个内衬 5

吨木炭的棺椁中。这个巨大的棺椁被埋在 60 英尺深的地下,周围用石灰填埋。

由于这种非同寻常的埋葬方式,当发现这具女尸时,她的肌肉依然湿润,头发还埋植在头皮内,关节仍然可活动,而且,大部分内部器官也完好无损。专家们进行了仔细的尸体解剖。他们对这名妇女的头发、胃、肌肉、骨骼、肺、胆囊和肠进行了化学分析。他们用 X 射线检查她的骨骼。然而,他们获取的大量事实要有用处,就必须进行**解释**。只有通过研究资料,对它提出问题,并判定哪些判断是最合理的,他们才可得出结论说,(比如)她生过孩子,在死之前刚吃过甜瓜,而且可能突然死于冠状动脉堵塞。[1]

评价不仅在科学而且在其他领域也起到了重要作用。事实上,因为在其他领域,信息可能不太清楚或比较零碎,各种观点也许更激烈地相互冲突,所以一个判断的质量可能更多地取决于评价。

评　价　证　据

评价证据在于提出并回答恰当的问题。在第六章,我们讨论了 11 种证据,以及评价每一种证据时应提问的具体问题。下面是对此讨论的总结。

证据的种类	问　题
(你或他人的)个人经验	这些经验是典型还是非典型的?它们在支持结论的数量和种类上是充分的吗?
未公布的传说	故事源自何处?我如何能证实自己听到的这个版本是准确的?
公布的报道	引用重要的信息来源了吗?作者有认真报道的声誉吗?出版者或广播者享有可靠性的声誉吗?哪些陈述可能受到慎思者的质疑?作者回答这些质疑的满意度如何?

194

目击者证词	哪些情境有可能扭曲了目击者的感知？自该事件发生以来的哪些情境可能影响了他或她的回忆？
名人证言	在广告或"商业信息节目"中,名人是付酬的发言人吗？在脱口秀的评论中,名人对他或她的观点提供任何支持了吗——例如,引用更有资格人士进行的研究成果了吗？还有,主持人提出了这种支持的要求吗？
专家意见	这个人对正在讨论的特定议题有**具体的**专业知识吗？这位专家引证当前的研究成果来支持他或她的看法了吗？其他的权威赞同或反对这位专家的意见吗？
实验	对实验室的试验来说,其他研究者重复实验得出此结果了吗？对现场实验来说,其他研究者已独立证实了这些结果吗？
统计资料	统计资料的来源可靠吗？
问卷调查	样本真正具有代表性吗——所调查的**总人口**的所有成员都有被选中的平等机会吗？所有问题都是清楚、无歧义和客观地表达的吗？对于邮件调查,是不是有相当数量的人未回答问卷？还有,其他调查证实了本项调查的结果吗？
正式观察	观察者的在场有可能破坏了所发生的事情吗？足够持续时间的观察可证实所得出的结论了吗？结论过度概括了吗？
研究评论	鉴于该评论所涵盖的研究,评论者的结看起来合理吗？评论者遗漏了任何相关的研究吗？

一个附加的问题可适用于各种证据：这个证据与正在考虑的议题

相关吗？如果不相关，那它就不值得考虑，无论它在其他方面是多么地优秀。

评价你信息来源的论证*

除了评价你已获得的证据，你还必须考察其他人提出的论证。第七章解释了处理超过一个段落的论证的一种有用的方法：通过**写一篇总结**把它们压缩到比较容易掌控的长度。第十七章则提供了有效地实现这一点的详细介绍。现在让我们看看如何用一篇总结来评价一个论证。我们将考察的第一个总结是第十七章阐述的那一篇。** 为便于引用，给该总结的每句话编了号，运用于它的问题也相应地编上了号。

总 结	问 题
1. （在小学、中学和大学）学习的最大障碍之一是成绩。	1. 成绩是学习的障碍吗？如果是，那它们在全部教育的三个层级上都是障碍吗？
2. 青少年从 6 岁到 20 或 22 岁，心头就一直缠绕着对低分的恐惧。	2. 在这些年龄段之间的所有青少年都恐惧低分吗？他们所有人都如此吗？这种恐惧严重吗（像"缠绕在他们心头"所暗示的那样）？
3. 他们满脑子都是想考好、获得成功以取悦父母的渴望，以至于学习本身具有的快乐都蒸发掉了。	3. 学习首先具有任何自然乐趣吗？对所有科目而言？成绩能导致渴望吗？如果是，渴望消除了乐趣吗？对所有学生都如此吗？

195

---

* 参见第七章第 89—96 页。
** 参见第十七章第 218—220 页。

4. 结果,就驱使尽责的学生把作业视为沉重乏味的苦力,并诱使边缘的学生以欺骗和愚弄方式获得学位。

4. 尽责的学生把作业视为沉重乏味的苦力吗? 他们所有人都这样认为吗? 许多人在某些情境下这样认为而在其他情境下则不是吗? 如果他们的确认为它是沉重乏味的苦力,那这是成绩造成的吗? 任何边缘的学生受到进行欺骗和愚弄的诱惑吗? 他们所有人都如此吗? 如果有些是,那是成绩诱使他们这样做的吗?

5. 由于这些原因,我认为应取消所有层级教育当中的成绩。

5. 取消成绩可以解决所有这些问题吗? 能解决其中的一些问题? 它会产生任何其他问题吗? 如果是,那所造成的情形或多或少是可取的吗? 这些结果在不同的教育层级上会不同吗?

196

这里还有另外一个例子——著名的心理学家和作家乔伊斯·卜洛泽(Joyce Brother)对一位读者问题的答复。[2]该读者的问题表述于背景注释中;而总结则是对卜洛泽博士回答所作的解说。这里将总结和分析编了号。

背景注释:该读者在信中解释她和一位同性恋男士一起工作,并和他形成了一种密切的柏拉图式的关系,她的丈夫不赞同这位男士,称他"有病",并且对她与这位男士在电话里对谈显得愤怒。(在这封发表的信中没有包含该情境的其他细节。)

总结(卜洛泽的回答):

1. 这个女人的丈夫害怕同性恋。

分 析:

1. 这位丈夫是一个担忧自己的性行为的同性恋恐惧者吗? 或许是。但这封信也存在其他解释的可能性。最明显的一个就是这位丈夫只是苦恼、甚至妒忌他的妻子对另一个男人花费比对他还要多的时间。

2. 作为所有患同性恋恐惧症的人的性格特点,这位丈夫恐惧的根据不是担心该男子可能对他提出猥琐的要求,而是对他的自我觉察到的威胁,并担心发现他在某种程度上也具有某些"女性的"特征。

3. 同性恋恐惧症可能有不良影响,包括(在这名妇女的事例中)可能削弱她的婚姻。

4. 这个女人应当和她的丈夫充分讨论这种情况,并鼓励他理性地审视自己的感觉。

5. 这种方法能帮助她丈夫对该问题有更大的洞见。

6. 如果由于某些原因,这种方法没有产生这位妻子想要的结果,那她也应考虑一起去接受咨询,给她丈夫一个改变他观点的机会。

2. 卜洛泽博士一般性地提及同性恋恐惧者,使讨论超出了个案的范围。它排除了一个人也许害怕有人提出同性恋者要求的可能性。但是,在孩提时代受到同性恋者骚扰的人会怎样? 他们害怕再次体验这种经历,难道不是正常的吗,就像被异性恋者骚扰的人害怕再度体验此经历一样? 可能的情况是,这位丈夫的自我受到了威胁,他也担忧自己的女性特性,但是,鉴于信中缺乏细节,**还远不能确定**事情就是如此。

3. 理性的人都不会质疑这种想法。　197

4. 这位妻子跟她的丈夫讨论这个问题,意味着什么——是让她提前对他的感觉和想法有思想准备,还是要求他对此予以解释,并为期待学到什么而倾听他的回答?

5. 难道这位妻子不应像她期望自己的丈夫如实地吐露他的感觉一样诚实地表露她自己的行为吗? 难道她不应试图达到一种新的、比她目前持有的更深刻的理解吗?

6. 如果配偶一方开始确信他或她是完全正确的而另一方是错误的,那咨询有可能会更加成功吗?

7. 不管咨询的结果怎样，不论这个丈夫是否对妻子的思维方式让步，这位妻子应继续维持与同性恋朋友的关系。

7. 维持友谊一定比挽救婚姻更重要吗？在推断本案中的友谊比婚姻更有价值之前，需要比读者来信提供的更多的信息吗？了解这对夫妇结婚多长时间；他们是否有孩子，如果有，多大年纪了；以及在发生这种情况之前，他们的关系是否和谐，了解这些难道不会有帮助吗？（如果这位丈夫重视她的情谊，那他难道不会比讨厌同性恋的刺激更多地受到忽视或失落吗？）卜洛泽博士假定这个女人是公平地对待自己的，而她的丈夫在不知道这个女人与她的同性恋朋友多长时间通一次电话、在一天的什么时候通话以及每次讲多长时间的情况下表现出非理性，这样断言合理吗？丈夫与妻子一起劳作，并分担家务和抚育孩子的责任，而现在她却每晚打数小时电话，那情况会怎样？在本案中，让她接受咨询并发现**她**错在何处，难道不会是最好的建议吗？

正如这些例子所显示的，花时间提出恰当的问题有几个好处。首先，这可防止你根据第一印象草率地作出判断。其次，这让你逐一评价论证的每一部分（而不是满足于接受一个总体评价），从而确认优点和缺点。再次，花时间提出恰当的问题经常能提供一个用以组织你的思想的结构。

你对这些问题形成的答案构成了你对论证的回应。如果你写出自己的回应，那你可以要么遵循你各个问题的顺序，要么选择另一种组织模式。具体的决定则取决于这样的安排方式，即它将可实现内在一致性，并提供你所打算的强调重点。

作出重要的区分

对评价证据和论证的另一个重要的考量就是进行仔细的区分。当然，所需要的准确区分依具体情况而定。下面是 6 种区分，它们对于避免错误的评价经常是必要的：

1. **把人与思想区分开来**。人们容易把人和思想混淆起来。就像我们倾向于忽视朋友的缺点而夸大敌人的缺点一样，我们也倾向于赞许地看待自己喜欢或羡慕的人的思想，而排斥地看待自己不喜欢或不羡慕的人的思想。类似地，我们倾向于漠视那些我们认为对某些问题**不应该有**想法的人的观点——例如，白人学者在非洲裔美国人历史的问题上，或者男人在"妇女议题"上的观点。这样的反应是非理性的，因为思想与拥有思想的人并非同义语：可钦佩的人有可能出错，而卑劣的人也可能说对了。而且，一个人的性别、肤色、国籍或宗教并不是接受或拒绝他或她的思想的一个合适的依据。有可能出现这样的情况：一名男性成为女性主义问题的权威（或在此问题上是女性主义者），一位白人学者对非洲裔美国人历史具有真知灼见（反之亦然），一名中国佛教徒对美国新教教义的问题作出了宝贵的贡献。因此，我们应当有意识地努力把我们对思想的分析与我们对持有这些思想的人的感觉区分开来。

2. **把所说的与如何说区分开来**。风格与实质是相当不同的问题。令人遗憾的是，进行最清晰和最优雅表述的人并不总是拥有最合理的思想。所以，我们对雄辩的作家或演讲者印象深刻尽管是自然的，但假定他们的思想必然合理，却是不明智的。就像圣·奥古斯丁（Saint Augustine）说过的："我们对一个人的关注不在于他讲得多么雄辩，而在于他的证据是什么。"

3. **把人们为什么这样认为与他们认为的事情是否正确区分开来**。根据人们所想和所做的内容来判断他们的动机，这是常见的事。虽然这种判断有时是草率的，但在其他时候则非常有用。例如，发现一位参议员与手枪制造商之间的联系提出了这位参议员反对枪支控制法的有趣问题。但重要

199

的是我们应记住,不足道的动机并不必然破坏其立场。一个思想的合理性并不取决于支持它的那些人的动机。这取决于该思想如何适合现实的情况。

4. **把个人与群体或阶层区分开来**。个体的人或事可能在一个或多个重要的方面不同于群体或阶层。因此,不应草率地把个人的特征归属于群体,反之亦然。

5. **把偏好的问题与判断的问题区分开来**。偏好的问题事关情趣爱好,这对辩论没有什么意义。然而,判断的问题则事关对事实和理论的解释,这是可以辩论的。因此,质疑判断的问题是适当的。

6. **把熟知性与正确性区分开来**。人们在回答熟悉的问题比不熟悉的问题时较少防备心,这是自然的。但是,熟悉的思想并不必然是正确的。相应地,在对正确性作判断时,我们应该忽视对该思想是熟悉还是不熟悉。然后,我们将以开放的眼光看待来自该议题的两个方面而不只是我们赞成的那个方面的洞见。

判 断 的 表 达

表达一个判断的行为有可能改变该判断。因此,无论你头脑中对一个议题的判断可能有多么清晰,你最好把它看作是无形式的,直到你用文字准确地表达它为止。下述方法将帮助你有效地表达你的所有判断:

1. 力求一个平衡的观点。

2. 处理可能性。

3. 让你的主语适当地具体。

4. 使你的谓语准确。

5. 包括所有适当的限定语。

6. 避免夸大其词。

让我们更仔细地看看这每一项指南。

200

力求一个平衡的观点

关于一个议题的平衡的观点是反映该议题的所有微妙性和复杂性的观点。主导观点对大多数人的思想产生很大的影响,特别是当该议题引发了争议和激情高涨的时候。由于不了解这一点,人们通常采纳流行的视角,使用流行的论证,甚至流行的词语。这甚至也发生在通常是批判性思考者的身上。

在这样的时候,大批自由派思想者听起来都相似,就像大批保守派思想者千人一腔一样。当某人最终运用心智训练打破这种模式,并对该议题采取一种平衡的看法时,其结果就是一种全新独创的、往往是具有深刻洞见的观点。

考虑一下萨尔曼·拉什迪(Salman Rushdie)的书籍《撒旦诗篇》(*The Satanic Verses*)这个例子。许多穆斯林确信这本书嘲笑他们的宗教和先知穆罕默德,因而作出愤怒的反应。阿亚图拉·霍梅尼(Ayatollah Khomeini)走得够远的,以致向这位作者发出了追杀令,并威胁任何介入该书出版和发行的个人。文学界、新闻界和知识界对这种极端反应的回应是举行集会,并公开支持拉什迪及其出版商。这些集会和声明的主题是,表达自由乃是一种绝对的权利。

毫无疑问,表达自由是一个可敬的原则。但是,实现理智的平衡意味着即使面临过分陈述的强烈诱惑,也要作出自觉的努力去缓和我们的反应。

至少,一些作家通过提醒我们其他原则——尤其是尊重其他宗教信仰的原则的重要性来显示对该议题的理智平衡。专栏作家约翰·利奥(John Leo)说到了"这样的事实,即我们的[宽容原则]要求在讨论其他人的宗教信仰时保持一定程度的尊敬和自我克制。"[3] 约翰·埃斯波西托(John Esposito)教授认为:"第一修正案的权利并不意味着你应随意说出你想说的任何事情。"[4] **使得这些观点平衡起来的在于提出这些观点时并不否认言论自由的重要性。**

考虑另一个议题——人们建立自尊的问题。二十多年来,自我提高

201

类书籍的作者强调了自尊的重要性,特别是在年轻人中间。这种强调是如此重要,以致许多人假定在学校和此后生活的成功或失败大多是这个因素的反映。几乎让人们对自己感觉良好的任何努力都得到了称赞。

但是,心理学家和律师芭芭拉·勒纳(Barbara Lerner)能够抵御这种普遍看法的强大魅力,批判地考察自尊。她的回报是这种深刻的洞见:自尊并不总是好的,在某些情况下,它可能是取得成就的**障碍**。她注意到"赢得"的自尊和"现在感觉良好"的自尊之间的差别。前者能带来成就甚至登峰造极,而后者能招致自满、最终一事无成。[5]

为了达到对你要解决的议题的一个平衡的观点,你必须愿意寻找该议题被忽视的一面,并且在有充足的理由这样做时,质疑主导的观点。

处 理 可 能 性

尽管我们竭尽全力去调查议题,有时候我们并不能积累充分的证据去得出一个确定性的判断。这在有争议的问题上尤其如此。在这样的时候,不负责任者经常提高他们的声音,选择更有力的言辞,并且假装确定性。这是一个严重的错误,首先是因为这种假装很少能愚弄好的思考者,而更重要的是因为这在智识上是不诚实的。

只要我们作出真诚的努力去获取实现确定性所必需的证据,而不是故意地选择骑墙观望,那承认"我不能确定地说出这种情况下正确的判断是什么"并不丢人。相反,这样做是一种美德。但是,在这样的情况下,我们作为负责任的思考者必须承担进一步的义务。这就是解释(如果可能的话)可能性有利于哪个判断——证据所**揭示**(而不是证明)的判断是正确的。

例如,证据也许不足以确定地说吸烟**导致**肺癌,或者观看电视节目中的暴力**必定伤害**人们。但是,在这两个议题上有充分的证据确保一个有关**可能的**因果关系的判断。

无论何时当你不能达成确定性时,就集中关注可能性。

202

让你的主语适当地具体

一个仔细作出的判断的主语是适当具体的。考虑下面的句子,其中主语用黑体字标出。

今天的大学生比十年前的同类人较不精通语法和惯用法。

今天的美国大学生比十年前的同类人较不精通语法和惯用法。

今天美国的两年制大专生比十年前的同类人较不精通语法和惯用法。

今天这所大学的学生比十年前的同类人较不精通语法和惯用法。

如果证据涵盖的只是一个特定大学的学生,那只有最后一个判断可能是合理的。而其他的三个概括过度了。为了避免你写作和讲话中的这种错误,请仔细选择你判断的主语。

使你的谓语准确

一个认真的判断中的谓语准确地表示你想断言的内容。比较下述句子,其中的谓语部分用黑体字标出。

和平**已经**实现。

和平**能够**实现。

和平**必须**实现。

和平**应当**实现。

和平**有可能**实现。

和平**将要**实现。

虽然这些句子在结构上很相似,但它们的含义却很不同。除非我们故意接受模棱两可的话(如果是这样,那我们应预期会造成混乱),否则我们就应慎思地选择我们的谓语。

有可能造成这种混乱的一个典型例子,见于引发了 20 世纪 60 年代神学辩论的一句话:"上帝死了。"它打出了一条不错的标语,但它到底意指什么呢？仅就其字面意义来看，一个人在回答时会有很大的困难。除了"不存在最高的存在者"这种明显的可能性，至少还有7种其他的可能性：

人们不再**想要**相信上帝存在。

人们不再**能够**相信上帝存在。

人们不再**确信**上帝存在。

人们不再以上帝存在为前提去**行动**。

人们不再**关心**上帝是否存在。

人们不再**接受**某个特定的上帝观念。

人们不再**满意**于人们对于上帝存在的信念之传统表述的限制。

除非最初的作者或说话人解释清楚他或她头脑中想的是这其中的哪一种含义，否则受众就既不了解情况，也不能被说服。让受众猜测你的意思，这是不负责任和自我拆台的。

包括所有适当的限定语

说某事通常会发生，与说某事频繁发生或每两周的星期二发生是不同的。你越是仔细地考虑准确表达你思想所必需的限定语，你的判断可能就越是可辩护的。这不仅包括时间上的限定语，而且也包括地点和环境上的限定语。在"美国40岁以上、未读过大学的男人倾向于反对全国妇女组织(National Organization for Women)提出的妇女解放的观念"这个判断(这可能真也可能假)中，几乎每个词都是限定语。它说(a) 不是所有的男人而是**美国**男人，(b) 不是所有年龄段和达到教育水平的人，而是 **40 岁以上未读过大学的**男人，(c) 不是一般的妇女解放观念，而是**全国妇女组织提出的**观念。

避免夸大其词

我们大多数人都知道一个或多个人，对于他们来说每个时机都是"值得纪念的",每个问题都是"关键点",每部令人愉悦的电影都"值得获奥斯卡奖提名",每辆有吸引力的新车或每样时装都是"无可比拟的"。对这样的人,没有什么事情只是好或坏——而是要么最好要么最坏。他们的词汇充满了极端的用语。当某人在与他们的约会时迟到,他们的等待是"无止境的漫长"。当他们去看牙医,疼痛是"难以忍受的",他们的债务是"巨大的"。

当这样的人向我们报告某事时,我们不得不进行转化,将它缩小到现实的比例。如果他们说:"他是我见过的最高的人,至少有 7 英尺 10 英寸。"那我们推断他大概是 6 英尺 6 英寸。如果他们说:"你必须听西德尼·斯柯里奇(Sidney's Screech)的新唱片——这是他迄今最精彩的演出。"那我们推断这只是比往常好一点儿。

无论多么勉强,我们都可以原谅朋友言辞上的夸张,但我们很少愿意把这种礼遇扩大到陌生人。相反,我们认为他们缺乏平衡和比例,并认为他们的报告是不可靠的。当然,他人也会这样看待我们。如果你要自己的判断经得起他人细致入微的检验,那就避免所有的夸大其词。当你不能确定自己判断的准确性时,你应倾向于选择低估的陈述而不是高估的陈述。也就是说,你应采用比较适度的解释,较少极端的结论。这样做,当你错了的时候(每个人有时必定会错),你将至少因为表现出一种控制和约束的意识而拥有挽救的优雅。

在本章和前面四章介绍的批判性思考的策略可以总结如下:

1. 知道自己,并对你的思维习惯可能损害你处理议题的方式保持警惕。

2. 敏锐地观察,并反思你所看到的和听到的。

3. 当你确定一个议题时,通过列举它的各个方面并对每个方面提出一些探究的问题来清楚地阐述它。

4. 进行透彻的探究,获取所有相关的事实和有见识的观点。

5. 评价你的发现结果,然后形成并表达你的判断。

这个总结如同一张方便的清单。你无论何时考察议题时,就可参照它。

应 用 练 习

1. 用本章演示的方式分析下述总结中的**两个**。务必超越你的第一印象,并避免第十三章总结的思维错误。回答你提出的所有问题,准确地判定你在哪些方面赞同和在哪些方面不赞同这种思想。

  a. 感觉和直觉是比推理更好的行为指南。我们需要今天我们面对的许多问题的直接答案,感觉和直觉几乎就是即刻的,而推理则是令人痛苦地感到缓慢。此外,感觉和直觉是自然的,未受到社会施加于我们的人为价值观和规则的腐蚀。推理是一套程序化的反应——严谨、机械和非自然的。因此,如果我们想要实现个性,表达我们真正内在的自我,即我们未被他人制约的部分,那我们就应当遵循自己的感觉和直觉,而不是自己的思想。

  b. 通常认为,改善世界和人们之间关系的最好方法是每个人抑制他或她自己的利益,并考虑他人。这种对他人的关怀是黄金律和大部分宗教中的基本理念。当然,这个目标是否可以实现,还是成问题的。但更重要的是,它是错误的。让人们相互对立,这不是自私而是利他主义的幌子。如果每个人照顾好他或她自己,并追求他或她自己的利益,那这个世界将不仅少一些虚伪,而且有更多的理解。每个人都会意识到别人与自己处于怎样的关系当中。并且无人会依赖他人。

  c. 婚姻制度已经失去生命力。今天,越来越多的人,特别是年轻人意识到非正式的关系才更有意义。只要两个人愿意,就应当住在一起。只要一方想要终止这种关系,他或她就可以这样做,干净利落,没有法律上的纠纷。如果废除婚姻,就可能这样做。每个人都会受益。人们将保有个人自由,并能够满足其作为一个人发展的需要,以回应其自身变化着的价值观和旨趣。

  d. 不应当允许大学教师建立严格的课堂出勤制度;应当使他们把学生当成负责任的成年人来对待,让每个学生自由地决定他或她的上课行为。学生比任何其他人更了解自己的强项和弱项,成熟到足以决定他们需要上哪些课。有些课程对他们会是崭新的和充满挑战的。其他课程则仅仅是重复以前的学习。有些教师会增加学生的信息储备,并挑战他们的智慧。而其他一些教师只是

205

大声地读教科书。让学生运用自己的判断,他们能够明智地利用自己的时间,去上有趣的、尽责的好教师的课,避免上愚蠢的、不尽责的老师的课。

　　e. 在我们的社会,犯罪如此猖獗的原因之一,是我们过多地强调判定罪犯为什么犯罪和警察是否公正地对待罪犯。这些都是重要的问题,但是近来看起来忽视了其他同等重要的问题——像保护守法的人们免受危险的、不负责任之人的侵害,实施足够严厉的惩罚以阻止犯罪。我们恐惧于原始社会处理犯罪的方式——例如,割下盗贼的手或作伪证者的舌头。但是,这种惩罚至少反映了人们对于犯罪是不应容忍的反社会暴行的一种认知。我并不主张我们回到这种正义标准,而只是主张我们强硬地对待罪犯。可实现良好开端的两个步骤是:为犯罪规定明确的刑期,而不是赋予法官现在享有的广泛的自由裁量权;当一个人明显地有罪时,不允许法律以其技术性来阻止定罪。

2. 把你在本章所学得的内容运用于你已经完成的对第十七章中应用练习之一所作的探究。

第 十九 章
说 服 他 人

当你阅读前一章时，它也许看起来是结束本书的适当地方。这是一个可以理解的印象。当作出一个判断并形成文字时，可以把这一思考过程视为完成了。那么，为什么还要包括本章呢？简单的回答是，因为慎思的判断值得共享，而且，表达这些判断的方式可能强烈地影响他人对其作出反应的方式。通过学习用以说服的原则，并将其运用于你的写作（和讲话）中，你将把批判性思考的收益扩大到超越你自身思维的局限性。

说服意味着如此有效地表述你的观点，以致让在该议题上未持立场的人将倾向于同意你的看法，而那些不同意你的人将被激励起来重新考虑他们自己的观点。这项任务比看起来的更加困难。中立的人将以开放的心态听取建议，但只在你论证了自己观点合理性的时候。那些不同意你的人将倾向于拒绝你的观点，原因很明显，因为它质疑了他们自己的看法。接受你的观点意味着抛弃他们自己的观点，这在他们慎思并使其自我意识与此交织在一起后，可能会形成。

为了体会说服他人会有多么困难，你只需要反思一下你对否定自己的观点的抵制。**甚至在经过一个学期批判性思考的学习之后**，如果你仍然难以公正地听取这些观点，那么，期待未受过你这种训练的人会作出更大度的反应，就是不切实际的。

说服的指导原则

这里有关说服的 11 条指导原则,每一条都是为了帮助你克服一个具体的难题而设计的。你越忠实地遵循这些指导原则,你在显示你观点的优点方面就越是有效。

指导原则 1: 尊重你的受众

这个指导原则可能听起来理想化了,但它非常实用。如果你认为自己试图说服的人是愚蠢的或在认知上不诚实,那你必定会透露出这种信念,如果不是直接地、那也会间接地在你的语调或选词中表露出来。而且,他们通常会意识到你对他们的蔑视,并觉得受到伤害或感到不满,这种反应将几乎不会让他们接受你的劝说。

但是,有些人难道不是愚蠢的或在认知上不诚实的吗?当然有这样的人。关键在于,没有明确和令人信服的证据,你就没有理由认为他们是这样的人。如果你有这样的证据,那就不要写给这样的读者看。如果你缺乏这样的证据,就像通常的情况那样,那你就应该作出对读者有利的考虑。问问自己,什么可能是他们不同意你观点的原因。考虑所有可能影响一个人看法的因素,包括年龄、性别、种族、民族、家庭背景、宗教、收入水平、政治派别、教育程度和个人经验。如果这当中的一个或多个因素可以解释观点上的差异,那你将有充分的理由把他们的异议看作是慎思的和诚实的。

这里适宜作一个提醒。不应觉得你需要声明对读者的尊重。这样的声明听起来有缺少诚意的效果。致力于尊重的感觉;如果能做到这一点,你就没有必要刻意声明。事实将表明一切。

指导原则 2: 理解你读者的观点

许多人错误地认为,要有说服力,只需要掌握自己的观点就够了。他们推论道:"我的读者对该议题的想法真的没有什么关系。重要的只是我准备让他们思考什么。"除了自负以外,这种态度还忽视了两个关键点。第一,人们的观点对他们自己是非常重要的,当其他人拒不承认这一事实时,他们会感到冒犯。第二,在我们能够期待影响他人之前,必须知道他们的立场是什么。

你怎样才能确定读者对你正在写作的议题有什么看法? 答案依赖于特定的情境。下面是最常见的情况。

情况 1:你写给一位在一篇文章、书籍、演讲或对话中提出他或她自己想法的读者。回顾一下你的读者说了什么,不仅注意这个人的主张,而且注意支持其主张的推论。判断这个人主张的强项和弱项。

情况 2:你写给一位读者,据你所知,他对正在讨论的议题还没有表达看法。例如,假定你给一位公司总裁写信,表示反对该公司赞助一部有争议的电视连续剧。你也许不能确定这位总裁不同意你准备说的什么内容,但是,审慎的做法是建议你预先考虑"最坏的结果"——他或她强烈支持赞助的决定。运用你的想象力提出相关的问题:这位总裁会怎样看待批评公司的外人? 他们没有权利进行批评吗? 公司只对它的股东负责吗? 他或她对该电视连续剧——关于它的人物、典型的情节和主题有什么看法?(你越是认真地研究了该连续剧,你的回答将越有意义。)这位总裁会把外部的批评看作一种媒体审查形式吗? 为什么?

情况 3:你不是写给具体的个人,而是写给所有对该议题持反对意见的人。这是在说服性写作中最经常遇到的情况。了解持反对意见的人所表达的内容。找出频繁重复的论证和主题。一种思想路线越是频繁地表达,表达它的人数越多,它可能在形成人们观点上的影响力就越大。思维中最有影响力的错误代表了对说服的最大挑战。

指导原则 3:从你与读者共同的立场开始

从一个跟你的读者一致的立场开始,并不是一种随意的要求,或者是礼节或良好形象的问题。**这是一个简单的心理学问题**。如果你开始说(即便不是直接如此说,也是大意如此):"听我说,你是错的,我这就解释给你听",那你就把读者推到了防守的地位,假如不是完全敌视的反应的话。他们可能会阅读你文章的其他部分,考虑的不是你在说什么,而是拒绝它的方式,关注的只是估量你论证的弱点。假如他们在阅读中是不合理和不平衡的,则过错将更多地在你而不在他们。

发现你与自己强烈不同意其观点的某人有任何共同点,这总是困难的事情。这正是下述这个学生的情况,他在所写的作文中支持有关应允许肄业的大学生申请重新入学的观点。他的读者是一些行政管理人员,他们表达了不应允许其重新入学的观点。他是这样开始的:

> 我认为应允许在这所大学肄业的学生申请重新入学,因为每个学生都应有第二次机会。你们说,大多数学生重新入学缺乏目的的严肃性。但是……

这个学生可能相当确定他与他的读者不会认同什么观点。所以他开始迎头顶撞,破坏了他说服成功的机会。读者有意识或无意识的反应必定是:"这个学生只看到自己带偏见的立场。他不明白这个问题的复杂性,不考虑全体学生整体的福利,显然不理解大学教育完全不是一项权利,而是一项特权。"他们的反应可能是错误的。这名学生也许已完全意识到了所有这些考量。但他没有向读者表明他有这些意识。如果他像下面这样开始,那他将会留下一个多么良好的印象:

> 如果上大学对学生仅仅意味着娱乐、休息或社交的一种机会,那就无人从中受益——无论是教师还是其他同学。这些学生占用了宝贵的时间和空间,通常只会分散比较认真学习的学生的注意力。在大多数情况下,他们没有认识到,大学教育是他们必须持续争取的一种特权,而不是一种不可侵犯的权利。我承认本大学有一定比例这样的学生。

"但是"这个词仍会出现。这个学生仍会为他的观点进行论辩,但只是在让读者对他理解该议题的范围和他要求合理性的愿望留下深刻印象之后,才会这样做。

指导原则 4:采取积极的态度

只要有可能,就建构你自己的事项,而不是摧毁反对方的事项。说你决不应当揭露反对方在该议题上的弱项,这过于简单化了,而且是愚蠢的。有时候,考察这些弱项是唯一负责任的行为进程。但是,请记住,直接批评反对方的观点将总是比直接批评赞同此观点的人显得严厉,一个简短的批评显得耗时长久,而且,只要是觉得你的态度是负面的,就会使你的读者处于防卫状态。其解决方式不是叫你胆小到不说任何有意义的事,而是让你对读者的反应保持敏感。

例如,考虑下述情况。某人写了一篇攻击"枪支控制立法"的文章。两种回应发表在该杂志的随后一期。该文章和两个回应总结如下:

文　章

枪支控制立法(a)对守法者的处罚甚于对违法者的处罚,(b)否定公民们在对人身和财产的攻击司空见惯时保护自己和财产的最有效的方式,(c)违反美国宪法。

对文章的回应

1. 枪支控制立法并没有对守法者的处罚甚于对违法者的处罚。它并没有剥夺市民们最有效的保护方式。它的确也没有违反美国宪法。

2. 枪支控制立法使得拥有枪支就构成了某种程度的犯罪,从而阻止犯罪。它强调警察而不是个人在法律实施中的作用。它遵循的是美国宪法的精神而不是词句。

这两个回应不同意这篇文章提出的三个观点中的任何一个。但是,第一个回应只是摧毁该文的观点;第二个回应则构建了另外一个观点。事实上,第一个回应对作者说,"你是错的,你是错的,你是错的";第二个回应则说,"这里有另一种见解"。无论何时,只要你能避免直接的批驳——只要你能在不直接引用读者反对意见的前提下有效地提出并支持你自己的观点,那你就尽量这样做。

指导原则 5:尽可能让人理解你的论证

始终应当十分谨慎地处理你与读者间分歧的最尖锐之点。这些分歧点代表了对说服的最大障碍。如果你夸大地陈述自己的观点,那就必定强化读者对他们自己观点的确信,而不是设法让他们质疑自己所确信的东西。

写出下面这段文字的学生就犯了这种大错:

> 大多数大学都有一种"缺课制度"——也就是说,它们允许学生无理由地缺几次课而不受惩罚。这所大学不允许无理由缺课。它的制度是苛刻和不妥协的,很可能导致学生形成自卑情结。

这里不仅以"自卑情结"的**过分陈述**强化了本案中支持这所大学"不许缺课"制度的读者,而且也向他们提供了进行摧毁性反驳的一个绝好机会,比如可这样反驳:

> 我承认,这所大学的"不许缺课"制度要求苛刻。但是,认为它造成学生"形成自卑情结",就损害了其可信性。况且,即使它事实上造成了这种情结,难道不会迫使我们得出这样的结论:处于这种脆弱心理条件下的学生,为防止他们崩溃,所需要的不是更少而是更多的限制性规定?

写了下面这段文字的学生也犯了类似的错误:

> 如果他人尊重和钦佩我们,那我们将变得更加值得尊重和钦佩。

211

这名学生夸大了结果。他人的尊重和钦佩可能鼓励我们变得更加值得尊重和钦佩,但这肯定不会自动使我们如此。这个错误的代价可通过下述事实来衡量,由于作者草率地使用力量,原本倾向于同意有保留陈述的读者,有可能拒绝这整个的想法。

考虑下面两段,特别是其中黑体字标示的词语。第一段是作者受到诱惑作出的强有力陈述。第二段是作者实际作出的陈述。它是一种有保留的陈述。注意,作者并没有对其立场作出妥协,而是向倾向于反对意见的读者更有效地表述其想法。

1. 如果不给大学生在校期间以履行责任并作出自己选择的**机会**,那在他们离校时,将不得不**突然**进行调整。而这样的调整是**极其困难**的。

2. 如果不给大学生在校期间以履行责任并作出自己选择的**某些机会**,那在他们离校时,将不得不**相当快速**地进行调整。而这样的调整**通常**是**比较困难**的。

指导原则 6：承认对方有道理之处

我们所有人过高评价自己观点的自然倾向,使我们难以承认反对方的观点也有其优点。只有牢记在大多数有争议的问题中,**没有一方是拥有全部真理的**,才能克服这种倾向。如果你能用这种思想来处理有争议的问题,那你就可能掌握更多的全面真理,并把理性的读者吸引到你的立场上来。

而且,追求真理的全部责任要求我们不是勉强地而是欣慰地、毫不犹豫地承认真理。这并不意味着只在你文章的开头放上一个简短的句子,说"在某种程度上,每个人都是对的,我认为你也是"。然后一头栽入你自己的观点当中。这意味着具体地、如果篇幅允许则详尽地解释反对方的观点在哪里、如何和为什么是正确的。

例如,假设议题是在你的家乡是否应该开始从幼儿园到 12 年级的广泛的性教育项目。你的论点是应当这样做。你是这样推理的：因为一个人的一生受他对性生活理解的性质的影响,它是一个如此重要的话题,以至于不能在街头进行学习;而且,因为许多父母忽视在家里教导孩子的责任,所以学校必须提供这样的学习项目。你的读者反对这个项目,因为他们认为,课堂上的性教育不符合两项重要的要求：根据每个孩子的理解水平进行的个性化教学,以及道德宗教的背景知识。

任何理性的人都可以承认相当好地采纳了读者的观点。因此,你应当承认,辨别出成熟水平远低于班上其他同学的学生是困难的,而且,提供超出他们理解力的资料会使其惶恐不安。另外,你应当承认,在理想情况下,家庭是青少年学习性知识最好的地方,因为学校不能提供许多父母认为必要的道德宗教背景知识。这些承认不会损害你的观点。你将仍然能够论证这个计划是必要的,尽管你将很可能不得不限定你所赞同的条件,意识到这个项目的细节必须根据你所承认的内容来制定,而且应当仔细地挑选教师。

这些承认将实际地加强你的论证，因为它们表明了你对该议题的较大方面的把握。

请记住，读者对你可能并不比你对他们还要宽宏大量。只有当你在这些认可当中是开放和诚实的，你才能期待他们也会如此。

指导原则 7：不要忽视任何相关事实

在研究一个议题时，我们有时发现支持反对方观点而不是我们自己观点的事实。忽视这些事实的诱惑是强烈的，尤其是当他人显然没有发现它们的时候。利用这些事实看起来只能削弱我们的观点。

但是，论证的目的不是击败他人，而是通过观点的交流发现真理的全部复杂性。当这样做时，人人都赢。当真理的任何一个部分被掩盖起来时，无人获胜，即使看起来也许是某人赢了。通过提供所有的事实，即使是那些迫使你修改自己观点的事实，你以客观和诚实给读者留下深刻的印象，也邀请他们呈现他们的事实。

考虑下列情况。你认为目前联邦主导的反贫困项目要比所提议的州主导的项目更有益于穷人。你正在进一步研究这个主题，准备给不同意你的那些读者写一篇支持你自己观点的文章。在研究该问题时，你发现了一篇没有广泛报道的报告，它用文献表明了当前联邦政府的项目严重地低效率和浪费。而且很清楚的是，这些低效率现象在所提议的州项目中不大可能发生。你认识到读者很可能没有看到这篇报道，而且在你文章中提到它，会损害你最初的观点。你应当做什么？如果你有充分的理由推断这篇报道真的与该议题不相关，那提及它就是愚蠢的。但是，如果你确信它是相关的，那么，诚信将要求你提到它，处理它所提出的问题，并相应地修改你的观点。

指导原则 8：不要用论证压倒读者

在有争议的议题上，少于 3 000 个词的文章不大可能是全面定论的。而且，严肃的作者不会试图传达这样的印象。它必然包含**有选择的**证据。这在表面上会显得有更多的理由让该文章充满着支持一个人观点的证据，并使它尽可能地全面定论。但反思一下即知，读者的印象显然也是应当考虑的。一些人读了一篇文章，他们知道该文不可能是全面定论的，而是致力

213

于论证一个议题的一个方面观点,以细节堆积细节,例证叠例证,甚至都不暗示该议题还有另外一面的观点,那这些人的印象是什么呢?毫无疑问,他们将把这样一篇文章看作是单方面的和不平衡的!避免这种不可取的读者反应的方式是,只提供你觉得是与他们最相关、最有说服力的论证和证据。

还有另一个相关点。即使你成功地避免了一种不平衡的论证,你也可能过于投入自己的表述,以至于有可能强迫读者接受,也许可以用如下方式结束你的文章:

我认为在这篇论文中我**已经证明了**琼斯教授所建议的观点是无可替代的。

或者:

我提供的证据**看起来是无可反驳的**。**毫无疑问**,这个建议是有害的。

或者:

理性的人不会在认可这个观点上犹豫不决。

在一篇短文中你不可能"证明"任何事情。尽管对你而言,证据"看起来是无可反驳的",你也可能认为是"毫无疑问的",但请记住,让读者作出自己的判断才是明智的。没有读者会欣赏这样的感觉,即与作者意见一致被认为是作为"理性人"所必须的。

指导原则 9:集中于最可能说服读者的论证

不同的论证会吸引不同的读者。正如了解你的读者对该议题的观点是很重要的一样,使用将会吸引他们的论证也是很重要的。忽视他们的参照框架,选择你自身觉得具有说服力的论证,那是错误的。

例如,考虑下述议题:美国是否应当介入世界其他地区的冲突。下述列表显示了各种参照框架,以及按照每个框架经常作出的论证:

参照框架	支持美国介入的论证	反对美国介入的论证
道德和/或宗教的	1. 强者的道德义务是保护弱者。 2. 暴行正在实施时,袖手旁观和无所作为是不道德的。	1. 犹太教-基督教传统上说以德报怨,以爱报恨。 2. 现代战争惩罚行凶者时也惩罚受害者。

| 政治和/
或实践的 | 1. 因为技术使我们的星球变小，世界上没有一个地方处于我们国家利益之外。

2. 拒绝制止暴政等于鼓励暴政。 | 1. 正因为世界日益变小，我们才需要抵制介入其他国家战争的强烈欲望。

2. 当我们在国外战争中耗尽自己的资源时，我们就增大了自己的弱点。 |
| 哲学的 | 1. 一个自由的国家有义务维护任何地方的自由。 | 1. 战争使所有介入的人堕落。 |

假设你围绕该议题正在写一篇具有说服力的文章，你个人认为最能说明问题的论证是道德和/或宗教的，但是，你知道读者会对政治和/或实践的或哲学的论证更加印象深刻。一般而言，遵循你个人的偏好将是愚蠢的，因为这样做有可能破坏你写作的目的。

指导原则 10：决不使用你认为不合理或无关的论证

这项指导原则应被理解为前一个指导原则的限定条件。真诚和尊重事实是作者最重要的品格。没有这些品格，就没有真正的说服，而只是巧妙的表述。因此，如果你确实相信只有一个论证值得考虑，那就尽一切办法使用这唯一的论证。但是，这种困境并不会经常出现。在大多数情况下，你将能够在不损害你完整性的前提下在各种论证中进行选择。

指导原则 11：为你的观点得到认可而容留时间

也许诱惑人的想法是，在你表述自己的观点时，你的读者会立即抛弃他们自己的看法，转而接受你的观点，这种预期是不现实的。除了罕见的情况，你应该期待的最佳情况是，他们将被触动，根据你所说的重新考虑该议题，而你的洞见将最终导致他们修改自己的观点。"最终"可能是在下周或明年，而不是当下的 5 分钟以后，这一事实并不必然是对你说服他人之技巧所作的评价。它也许只是反映了人们形成的与其观点之间的纽带是不容易打破的。

只要你希望有说服力地表述自己的观点，就可使用下列说服性指导原则的总结性清单：

1. 尊重你的受众。
2. 理解你受众的观点。
3. 从你与读者共同的立场开始。
4. 采取积极的态度。
5. 尽可能让人理解你的论证。
6. 承认反对方有道理之处。
7. 不要忽视任何相关事实。
8. 不要用论证压倒读者。
9. 集中于最可能说服读者的论证。
10. 决不使用你认为不正确或无关的论证。
11. 为你的观点得到认可而容留时间。

现在让我们把一篇有说服力的文章与一篇缺乏说服力的文章进行比较,看看如何运用这些指导原则。

一个缺乏说服力的表述

一名学生选择写一封信,指出他对学校餐厅的食物和服务的抱怨。他的读者是餐厅经理,他的任务是给这位读者留下他合理性的印象,并让她重新评价其职员的表现。

216

违反指导原则第3条 没有始于共同点	本校园不断发生关于餐厅的讨论。学生们厌恶低劣的食品、服务、肮脏的碟子和餐具。作为学生,我想指出自己抱怨的理由。
违反指导原则第5条 讽刺冒犯读者	首先,让我们考虑食物的质量。肉要么没煮熟,要么煮过了头。让人奇怪的是质量如此低劣如何能上市销售。蔬菜索然无味。但这也好,因为没有几个学生屈尊去吃它们。有些学生还在他们的饭菜中得到奖赏——像汤里的头发或土豆里的死苍蝇。这些只是食物如何低劣的几个例子。

没提供例子支持指控

违反指导原则第1条

实际上暗示了坏的意图。（当这些事实甚至还成疑问时，作者如何能假定知道员工的意图呢？）

讽刺冒犯读者

给读者留下不快的印象（轻率地判断行政人员）

显出对读者的不尊重。不承认学生有时也会粉饰事实。

学生们的另一个抱怨是低效的服务。因为服务缓慢，学生们经常坐在那儿吃冷饭。很多学生不得不饿一顿，因为他们没有时间等。有些学生被迫支出额外的费用去当地餐厅就餐。

可能最常见的抱怨是学生被迫使用肮脏的碟子和餐具。我猜想所有的东西都经过洗碗机，但出于奇怪的巧合，很少有几件东西洗出来是干净的。但是，工作人员对此并不担心——他们对肮脏视而不见，并把碟子和餐具递给服务生。鸡蛋在叉子上结块，而肉片粘在盘子上——当学生用一片肉的价钱得到两片肉时，这自然会提高学生的士气！

问题在于，能够做些什么来纠正这些毛病？学生已经对行政人员提出了他们的抱怨，但这并没有起什么作用。这些人看起来并不正视这些问题。显然，必须做些事情。需要很多的改进。但有任何改进吗？你和我一样清楚。没有！

这名学生应如何对待他的议题和读者？首先，他应当认识到餐厅经理必定要么是不诚实的人，不在乎她管理餐厅好还是坏；要么是个尽责的人，渴望运作得高效和优异。如果这名学生确信经理是个不诚实的人，那他**完全不必给这名读者写信**，而是给主管这位经理的校行政人员写信才是明智的。

另一方面，如果他确定这位经理是尽责的、有经验的，他可能不得不承认：(1) 她熟知学生抱怨的频度和夸张，这几乎是大学校园的传统，并且(2) 尽管她努力发现运作中的所有缺点，但她显然有几处还没有意识到。如果这个学生仔细地核查他认为是正当的抱怨——低劣的食品、肮脏的食

217

物、缓慢的服务和肮脏的碟子及餐具，那他会意识到这些已经构成了整个餐厅运营。提及所有的这些，就是说餐厅没有一样是可以接受的——而这种无所不包的陈述肯定会使这位读者拒绝这整个陈述。她不情愿看到自己运营缺点的自然（人性）倾向不但未被克服，反而被强化了。她可能想："我不可能看不到所有这些问题，这个学生只不过是个爱发牢骚的人。"

一个有说服力的表述

擅长于说服性写作的学生可能预先考虑到其读者对象的所有这些反应，他会以这种方式写信：

什么样的学生一直抱怨餐厅的食品质量？通常是那些由母亲照顾饮食并发现除了沉溺于专人服务以外就难以适应任何事情的学生。在大学第一学期，我的室友就是这样的一个人。他在此吃完每顿饭后都要抱怨一小时（而且他一共也没有吃过几顿饭）。在他看来，汉堡牛排"不适合人消化"，奶油白汁鸡"味同嚼蜡"，等等——他对自己"被迫"吃的每一种饭都有一个适度贬低的评论。

约翰在这儿待了大约一个月。他喜欢上课并且学得很好。他也交了不少朋友。但他不停地说他母亲做的饭——每周三次的两英寸牛排、卤汁面条、意大利面条加猪排、肉圆和意大利热香肠。所以他离开大学回到了乌托邦。当然，没有几个学生走得像约翰那么远。但通过我听到学生对餐厅抱怨的频度来判断，他不是唯一的一个被母亲的饭菜不可救药地惯坏的学生。

我们餐厅的服务和食品质量通常是好的。确实，肉偶尔会煮过头，蔬菜有时也会乏味，但这在家里也会发生（我母亲只给五个人做饭，而不是 1 500 人）。事实上，我认为可能仅有两件事或许需要改进。

第一点是排队等待。在我们的餐厅，我通常至少要等 15 分钟才能得到服务，而且我去得相当早。我从朋友处得知，在其他大学,排队时快速移动也是例外而不是惯例。所以,对此也许没有什么事可做。但如果管理部门发现某些方式去"交错安排"服务或加快队列移动,那至少有一个学生会对此感激。第二点是肮脏的碟子和餐具。在大多数用餐时间,我发现自己不得不擦去至少一只盘子或一件餐具上的污迹。可能出于效率的考虑,刷碗工不愿意清洗肮脏的餐具两遍。或许他们太忙了没有注意到。但是,洁净的碟子和餐具有助于让饭菜更吊人胃口。

218

上述两点改进也许并不能让像约翰那样被宠坏的或乐于抱怨的学生满意。但是,这些改进将促使我们的餐厅成为就餐的更佳场所。

上面两种表述之间的区别应当是显而易见的。最尽责的、急于讨人喜欢的餐厅经理不得不把第一个表述看作是一个长期爱抱怨的人写的一份夸张的"爆炸弹",或者是一个学生仇恨心理的发泄,这个学生不仅对餐厅员工,而且对他的女朋友、教授、父母和全世界都怒气冲冲。但是,任何一个正常尽责的餐厅经理都不得不把上述第二封信视为一个理性的、善解人意的、成熟的学生的作品。它可能使她想去改善服务。也就是说,它是有**说服力的**。

应 用 练 习

这部分的应用练习与以前的有所不同,它提供了一份扩展了的当代争议问题的清单。每一个都是引起相当多公众讨论的重要议题。其中一些有长期、复杂的历史。对大多数议题而言,可以找到相当数量的书面解释和论证。

仔细考察这个清单,找出你感兴趣的一个议题。然后分析它,运用你从本书中学到的东西,特别是从第十四章开始的第三篇"策略"部分的课程。请记住,这些议题是用一种很普遍的方式确定下来的。一切取决于你自己不仅去发现和研究可以获得的信息,而且去选择你将集中关注的特定方面。

正如你所看到的,深度探讨一两个方面,比肤浅地处理更大量的方面要好。

最后,写一篇说服性的文章。(用另外一张纸具体说明你的读者是谁,并解释指导你这篇文章的读者分析。)

1. 1997 年 2 月,宣布了一项划时代的科学成就。在历史上首次克隆了一个哺乳动物。科学家用一只羊的 DNA(脱氧核糖核酸)复制产生了另一只羊,它在遗传基因上与第一只羊完全一样。此前有些科学家曾预言,这项成就永远不可能实现。现在大多数人都同意,克隆人已不存在真正的障碍了,尽管还要克服一些科学难题。[1]这一步骤提供了以前只有科学幻想作家才想象得出来的可能性。这里只举出几种可能性:(a)在意外事故中失去心爱孩子的父母可以有另外一个跟他或她一样的孩子;(b)追星的粉丝们可以购买名人的 DNA,并在大事记中享受这种极品;(c)独裁者可以确保自己的统治得以延续,不仅通过他们的孩子,在某种意义上,也是通过他们自己;(d)富人能够克隆自己身体器官的备用品,以供患病后使用。正如这些例子所提示的,人类克隆提出了棘手的法律和道德问题,它们都来自一个可怕的事实——这个过程将产生的不是机器人,而是人! 在人类克隆的议题上,社会应采取什么明智的立场?

2. 手枪的销量持续上升,表明许多人相信拥有武器将确保他们的安全。但许多人认为,容易获得手枪是暴力的一个主要原因。他们认为美国应当遵循其他国家的榜样,禁止手枪。哪种观点更合理?

3. 有些人认为,如果限制国会议员的任期数量,比如两个或三个任期,则我们也许会有一个更好的政府。这个议题上的反对意见一直是尖锐而猛烈的。任期限制的利大于弊吗?

4. 据报道,许多人忽视无防御措施的性行为的危险性。鉴于艾滋病和其他性传播疾病的蔓延,应如何解释这种对待疾病的随意态度? 公共卫生官员和教育工作者在解决这个问题上采用的最好办法是什么?

5. 从 20 世纪 60 年代到 70 年代中期,分配给严肃电视新闻节目的时间急剧下降。一个典型的分析片断从 1960 年的 25 分钟到 1976 年仅有 7 分钟,[2]从那时以后,还进一步缩减。什么导致了分析节目时间的缩减? 分配给 20 世纪 60 年代的分析时间太长了吗? 现在分配的时间太短了吗? 关于这种情况,应该做些什么(如果有的话),应由谁来做?

6. 电视分级制度是为了帮助父母区分电视节目是否适合他们的孩子而设计的。但是,许多父母说该制度并没有就节目内容提供足够的信息以便让他们作出有见识的判断。这些父母是错误的,还是这个分级制度需要改变? 如果需要改变,那它应当包含什么内容?

7. 1982 年,美国最高法院以 5 比 4 的投票结果判决,现任或前任总统享有涉及职位上的不当行为而寻求金钱赔偿的诉讼中的"绝对豁免权"。反对这项判决的四个大法官之一,拜伦·怀特(Byron White)写下了这样的异议观点:"[作为这项判决的一个结果]一位在总统通常行动的外部边界内行事的总统,有可能有意对任何数量的公民造成伤害而不承担责任,即使他知道自己的行为违反法规,或践踏了受害人的宪法权利。"你同意怀特大法官对这个判决的反对意见吗?

8. 全国篮球协会决定禁止运动员进行篮球比赛的赌博,也劝阻他们进行其他体育项目上的赌博。这个决定是公平的,还是应当予以修改? 如果你认为它应当修改,详细阐述你想到的修改内容。

9. 多年来,电视信息节目派出卧底记者申请工作或购买汽车和其他商品,以判定女性申请者/消费者是否得到与男性不同的对待。一般结论是,许多雇主和销售人员对女性怀有负面的刻板成见——例如,她们不如男人聪明,理解复杂问题的能力较差,对实质性问题较少感兴趣,在完成比应答电话或从事简单工作要求更高的工作任务方面较不能胜任。这样的报告描绘的行为是社会对待妇女的典型方式,还是对该规则的一个戏剧性的**例外**?

10. 最近一些年,围绕"家庭价值观"一直争论不休,有时还相当激烈。主要议题是美国是否已经失去这些价值观,谁应当对此负责(如果的确存在损失的话),谁能最好地恢复它们。许多辩论者看起来认为理所当然的是,这个术语本身具有每个人都理解的含义。他们的这个假定有根据吗? 调查并判定"家庭价值观"的含义。如果你发现在人们的各个定义中有很大的差别,那就构建一个合理的综合文献,透彻地解释它,并回答批评者对它有可能提出的反对意见。

11. 艺术团体的许多人辩称:"人们在电视和电影中看到的东西并不能影响他们的思维和行动。"不同意这种观点的人指出,同一艺术团体制造了公众服务信息,其目的在于改变人们有关酒后驾车、无避孕套的性行为和摧

220

残环境的想法。这些批评者推断,如果媒体有帮助的能力,那它也有伤害的能力,他们竭力主张艺术家和节目制作人诚实地看待他们放到屏幕上的信息。哪种看法更有洞见?

12. 在亚洲历史上,婚姻传统上往往是替年轻人包办的。在我们的文化中,年轻人自由选择自己的配偶。由于我们的离婚率急剧攀升,而且许多家庭陷于混乱,让我们的文化遵循亚洲的习惯可能是一个好主意吗?

13. 由于电视在20世纪40年代末和1950年代初成为主要的娱乐媒介,电视商业广告就变得像报纸一样为人熟知。但是,只有少数人了解商业广告。它们的成本是多少?谁真正地为其支出?它们对我们的生活有什么影响?付费电视会更可取吗?

14. 至少从达尔文时代起,动物的智能一直是科学关注的问题。动物能在任何有意义的含义上进行"思考"吗?它们能形成范畴(如朋友、主人、我的种类等)吗?它们意识到自身和自己的行为吗?它们有过去和未来感吗,还是它们只认识到当下瞬间?对这些议题最合理的观点是什么?

15. 中学之间和大学之间的体育比赛就像苹果馅饼一样是典型美国式的。对许多人而言,仅仅建议这些项目应当取消就是极端的异端邪说。但是,它们应当如此神圣吗?大学体育代表队的思想最初源于何处?它比同一校内的比赛还要悠久吗?其优点和缺点是什么?

16. 保障年度工资的拥护者主张,通过给予每个成年人一笔确定数额的金钱,我们不仅可消除贫困及其可怕的后果,而且可取消整个官僚机构——庞大的福利体系——甚至还可省钱。反对者看到了更多的有害影响。这样做的一些后果是什么?它们可能超过好处吗?

17. 在我们这个国家,传统上对高中、大学运动队的预算分配不均,男队获得的份额比女队大。许多人反对这种不平等的待遇;其他人认为这是公平的,因为男队传统上显示出更高的技术水平。哪种观点更合理?在资金分配上应作出什么改变(如果有的话)?

18. 今天,义务教育如此普遍,以至我们倾向于忘记它是相当近期内的历史发展。但是,一些社会批评者不仅意识到它是新近的事,而且也确信它不再是一个合理的观念。在他们看来,应当允许孩子们(即使是只有六岁或八岁的孩子)自由地选择他们是上学还是不上,如果他们决定上学,应允许他们决定学什么和在哪里上学。待考虑的重要问题有：义务教育是为了什么开始实行的？它当时是个好主意吗？从那时起,社会环境已经发生了重大变化吗？

19. 耶鲁大学的何塞·德尔加多(Jose Delgado)博士生动地描述了作为一种行为控制手段的大脑电刺激效果(ESB)。他证明,对一头斗牛的大脑进行"连线",只要按下传送电流到动物大脑的按钮,他就能让这头牛从愤怒的攻击中停止下来。他还表明重复的电流刺激降低了公牛的攻击本性。类似的实验表明,通过战略性定位的小管延时释放物质而对大脑进行化学刺激(CSB)也同样有效。一些人相信,把这些技术运用于罪犯、精神病人或有一些学习障碍的学生,是可取的。而其他人把任何这样的应用看作是"奥威尔式"的噩梦。对人使用这种技术会有什么危险吗？可以把这样的应用限制到使其滥用最小化吗？

20. 有些人认为,应当允许那些让孩子上私立学校和教会学校的父母们通过减免联邦所得税来减少其学费开支。几十年来,这种想法的提倡者论辩称,公平要求这样做,因为这样的父母已经通过交税支持了公立学校,而在目前,他们还必须为孩子教育上的自由选择承担额外的经济负担。反对者辩称,这个建议违背了政教分离的原则(至少在教会学校的例子中),会损害公立学校体制。哪种观点更合理呢？

21. 20 世纪 90 年代我们目击了一种新现象的开始——孩子们与他们的父母分离。这种现象能对孩子和父母之间的关系产生什么可能的影响吗？对政府和家庭之间呢？哪一种影响最可能发生？它们是可取的还是不可取的？

22. 大公司的最高行政官经常一年赚数百万美元的工资、奖金和福利,而为他们工作的大多数人挣得有限的工资,有时还低于法律所要求的最低每小时工资。有些人认为,一种允许这种不平等的经济制度是错误的,应当予以改变。其他人则论辩道,改变不可能不扼杀人的首创性。这种经济制度可能会如何改变？它应当被改变吗？

23. 由于记者担当为公众传播而收集信息的重要功能,他们一贯声称有保守信息来源秘密的权利,甚至对法院也如此。这项声明已经在法庭上遭到很多次的质疑,记者们有时因为拒不泄漏他们的信息来源而被判藐视法庭并被送入监狱。在采取这种行动时,法官并不否认保守秘密的基本原则;他们仅仅主张它是有明确限制的。你同意他们的看法吗?

24. 有些人声称,电子游戏对青少年的心智是有害的。而其他人,包括一些心理学家和教育工作者认为,电子游戏对孩子们并不是有害的,在某些方面还是有帮助的。你认为电子游戏有什么好处和/或坏处?

25. 根据一些分析家的看法,今天反社会行为如此盛行的原因之一,是老式的英雄角色在很大程度上已经被反英雄角色所代替。这些分析家推断,如果媒体提供更多健康的、有道德的个人作为年轻人生活效仿的典范,则暴力犯罪将会减少。你同意吗?

26. 一些人认为,成年人在自己年迈的父母太贫穷或生病而不能照顾自己时,应当为他们承担经济责任。这是一个合理的观点吗?

27. 过去二十来年,学生对教师的评价已成为衡量老师绩效的常用方法。通常,在临近学期末时,给学生一个机会填写一份调查表,给他们的教师打分。然后汇总所有的评分,以此作为教师加工资、升迁和获得终身职的标准。但是,并不是所有教师都赞同让学生来评价他们。有些人认为,学生不是经过训练的评价者,很容易把受欢迎与有效的教学相混淆,并惩罚到恰恰是那些为他们提供最好服务的教师。你的观点是什么?

28. 假定一名单身女子怀孕,有了一个婴儿,然后决定让别人收养这个孩子。又假定那位亲生父亲得知她的收养决定。在什么情况(如果有的话)下,他应能阻止这种收养,并宣称这个婴儿是他自己的?

29. 一些人辩称富人有与穷人分享自己财富的义务。你同意吗?你的回答是否取决于他们的财富是正当还是不正当获得的(靠他们自己还是靠祖上的)?如果他们的确有这种义务,那当他们选择不遵从此义务时,该如何强制执行呢?富裕国家对贫穷国家也有类似的义务吗?

30. 大部分电脑软件都带有反对复制的警告,但许多人认为这种警告是不合理的。他们认为,如果自己买了一套程序,那他们就可以做自己想做的,这包括给予或销售一个副本给他人。他们这种想法对吗?

31. 胚胎干细胞(ESC)研究的目的是发展代替损坏细胞的技术,从而为那些患许多疾病特别是神经病的人们带来了希望。干细胞可以用三种方式获得:(1) **从一个人自己的身体**——这些细胞最难获得,但被排斥的概率为零；(2) **从脐带**——这些细胞较容易获得，但当应用于血缘关系之外时，比较容易受排斥；(3) **从胚胎**——这些细胞跟取自脐带的细胞一样容易受排斥。在这三种干细胞的来源中，只有第三种是有争议的。那些反对将胚胎干细胞用于研究的人论证道，人的生命始于受精，因此，胚胎是人，其尊严必须得到尊重。那些赞成把胚胎干细胞用于研究的人认为，这样的用法可服务于人类，不仅应当允许，而且应当鼓励。胚胎干细胞用于研究得到联邦政府的支持了吗？

32. 律师经常为被指控有罪的当事人作辩护。这种做法在道义上是正当的吗？你的回答是否取决于该违法行为的严重程度？例如，你对于酒醉驾驶与谋杀罪的回答是一样的吗？

33. 帮助一个人自杀，这在大多数州是违法的。应该改变这个法律吗？为什么？

34. 害怕感染艾滋病已导致人们以非典型的方式行事。例如，许多人拒绝与感染艾滋病的朋友有任何社会联系。牙医和医生拒绝为患这种疾病的病人看病。承办丧葬的人拒绝为受害者涂尸防腐。这种行为正当吗？

35. 对一些人而言，亚洲的针刺疗法纯粹是迷信；对其他人而言，它产生了麻醉或治疗的效应。哪种观点正确？

36. 许多年以来，人们认为，得到早期正规教育的孩子比五岁或六岁开始上学的孩子具有优势。今天，一些教育工作者质疑这种看法。他们猜想，智力和情感的伤害可能来自把很小的孩子置于结构性的学习情景之中。哪一种观点比较合理，以供父母们接受？

37. 近年来暴力在这个国家(和其他一些西方国家)的上升让一个老议题得以重新传播。人在天性和本能上是攻击性的，抑或攻击性是后天习得的行为？

38. 许多人认为父母应当对他们孩子的行为承担法律责任。这将意味着，无论对一个孩子提起什么样的犯罪指控，父母都应当被列为共同被告。这对青少年犯罪问题是一种公平而合理的处理方法吗？

39. 终身职(tenure)这个术语指的是永久任命。教师一旦得到终身职，就只能出于严重的原因才被解雇。最初设计终身职是为了保证教师们享有教授其科目的权利，不必担心因在科目上持有不受欢迎的观点或采用非正统的方法而受到惩罚。这项权利被称为"学术自由"。在过去的几十年里，终身职制度成为有争议的制度。反对终身职制度的人声称，今天它的主要特征不再是保证学术自由，而是保护平庸和无能。支持者则辩称，学术自由的需要从未像今天这么大，终身职制度不是减弱而是增强了教育质量。终身职制度有助于还是妨碍了教育进步？

40. 有些人认为英语应当被宣布为美国的官方语言。他们相信这将促进同化，增进公民之间的理解，增强公民参与民主程序，并节省教育和政府资源。该观念的反对者辩称，一个人的母语是一个人的个性的本质特征，因此应当鼓励语言的多样性。按照他们的观点，宣布英语为美国的官方语言，对每一个使用另外语言的人都会是一种侮辱，也是不同背景的美国公民中不和谐的源头。英语应当被宣布为美国的官方语言吗？

注　释

第一章：WHO ARE YOU?

1. 本节版权© 2010 by MindPower, Inc. 获准在此使用。

2. Peggy Rosenthal 对同样的现象作出了略为不同的解释："甚至当我们认为我们仔细选择自己的用词并赋予其精确的含义时,它们也可能比我们想象的包含多得多(或少得多)的含义;当我们不假思索地粗略使用它们时,它们仍然可能包含了思想。那么,我们没有意识到的这些思想,我们未曾意欲的这些含义,有可能把我们带入某些信念和行为中——无论我们是否注意到自己正走向何方。" Rosenthal, *Words and Values: Some Leading Words and Where They Lead Us* (New York: Oxford University Press, 1984), viii.

3. 不合逻辑的推论的一个例子是,一个孩子对他老师的问题"你为什么在玩耍时弄得这么脏?"的回答。他的答案是:"因为我比你更靠近地面。"另一个例子是 1622 年一位医务官关于处理创伤的结论:"如果伤口大,导致病人受伤的**武器**(着重号引者所加)应当是每天都涂油,否则就是每两天或三天涂一次油。"这个医务官的引文出自 Christopher Cerf and Victor Navasky, *The Experts Speak: The Definitive Compendium of Authoritative Misinformation* (New York: Villard, 1998), p. 38。

4. 见 *Buck v. Bell*, 1927.

5. Stephen Jay Gould, *The Mismeasure of Man* (New York: W. W. Norton, 1981), p. 335.

6. Michael D'Antonio, *The State Boys Rebellion* (New York: Simon @ Schuster, 2004), pp. 5, 18.

7. James M. Henslin, *Sociology: A Down to Earth Approach*, 7th ed. (New York: Pearson, 2005), pp. 87, 302.

8. Henslin, *Sociology*, p. 401.

9. Dianiel Goleman, *Vital Lies*, *Simple Truths* (New York: Simon & Schuster, 1985), p. 209.

10. Henslin, *Sociology*, pp. 5, 56.

11. 引自 David G. Myers, *Social Psychology*, 4th ed. (New York: McGraw-Hill, 1993), pp. 186 - 187.

12. 引自 James Fallows, *Breaking the News: How the Media Undermine American Democracy* (New York: Pantheon Books, 1996), pp. 117 - 118。

13. Cole Campbell, editor of the *Norfolk Virginian-Pilot*, 引自 James Fallows,

Breaking the News: How the Media Undermine American Democracy, p. 246.

14. Ellen Hume, commentator, on *Reliable Sources*, CNN, June 22, 1999.

15. Larry Sabato,出现于电视节目 *60 Minutes*, CBS, July 4, 1999.

16. Diane F. DiClemente and Donald A. Hantula, "John Broadus Watson, I-O Psychologist," Society for Industrial and Organizational Psychology, http: //siop. org/tip/backissues/TipApril00/Diclemente. htm.

17. 引自 Richard Nisbett and Lee Ross, *First Impressions*, *Human Inference: Strategies and Shortcomings of Social Judgement* (Englewood Cliffs, N. J.: Prentice-Hall, 1980), p. 173。

18. 例如见 Elizabeth F. Loftus, *Eyewitness Testimony* (Cambridge, Mass.: Harvard University Press, 1979, 1996).

19. Mortimer J. Adler and Charles Van Doren, *How to Read a Book*, rev. ed. (New York: Simon & Schuster, 1972), p. 4.

20. Harry A. Overstreet, *The Mature Mind* (New York: Norton, 1949, 1959), p. 136.

21. Maxwell Maltz, *Psycho-Cybernetics* (New York: Pocket Books, 1969), pp. 49 – 53.

22. Martin E. A. Seligman, *Learned Optimism: How to Change Your Mind and Life*, 2d ed. (New York: Free Press, 1990, 1998), p. 288.

23. Victor Frankl, *The Unheard Cry for Meaning* (New York: Simon & Schuster, 1978), pp. 35, 67, 83.

24. Victor Frankl, *Man's Search for Meaning* (New York: Washington Square Press, 1963), pp. 122 – 123.

25. Frankl, *Unheard Cry*, pp. 39, 90, 95.

第二章: WHAT IS CRITICAL THINKING?

1. Chester I. Barnard, *The Function of the Executive* (Cambridge, Mass.: Harvard University Press, 1938), p. 303.

2. James Harvey Robinson,见 Charles P. Curtis, Jr., and Ferris Greenslet, eds., *The Practical Cogitator*, *or the Thinker's Anthology* (Boston: Houghton Mifflin, 1945), p. 6。

3. Leonard Woolf, 引自 Rowland W. Jepson, *Clear Thinking*, 5th ed. (New York: Longman, Green, 1967 [1936]), p. 10。

4. Percey W. Bridgman, *The Intelligent Individual and Society* (New York: Macmillan, 1938), p. 182.

5. 有关这一复杂议题的一个绝妙的清晰讨论,见 Mortimer J. Adler, *Intellect: Mind over Matter* (New York: Macmillan, 1990)。

6. William Barrett, *Death of the Soul from Descartes to the Computer* (Garden City,

N. Y.：Doubleday, 1986), pp. 10, 53, 75.

7. John Dewey, *How We Think* (New York：Heath, 1933), p. 4.

8. Dewey, *How We Think*, pp. 8890.

9. R. W. Gerard, "The Biological Basis of Imagination," *Scientific Monthly*, June 1946, p. 477.

10. Gerard, "Biological Basis," p. 478.

11. Copyright © 2002 by MindPower, Inc. 此处使用获得许可。

12. Copyright © 2002 by MindPower, Inc. 此处使用获得许可。

第三章：WHAT IS TRUTH?

1. Walter Lippmann, *Public Opinion* (New York：Harcourt Brace, 1922), p. 90.

2. Gordon W. Allport and Leo Postman, *The Psychology of Rumor* (New York：Russell & Russell, 1965 [1947]), p. 100.

3. 引自 Francis L. Wellman, *The Art of CrossExamination* (New York：Collier Books, 1962), p. 175。

4. Elizabeth Loftus and Katherine Ketcham, *Witness for the Defense* (New York：St. Martin's Press, 1991), p. 137.

5. *Time*, August 14, 1972, p. 52.

6. "Chaplin Film Is Discovered," *Binghamton* (New York) Press, September 8, 1982, p. 7A.

7. "Town's Terror Frozen in Time," *New York Times*, November 21, 1982, Sec. 4, p. 7.

8. "A Tenth Planet?" *Time*, May 8, 1972, p. 46.

9. Herrman L. Blumgart, "The Medical Framework for Viewing the Problem of Human Experimentation," *Daedalus*, Spring 1969, p. 254.

10. 本节版权 © 2010 by MindPower, Inc. 获准在此使用。

11. 引自 Robert H. Bork, *Slouching Towrads Gomorrah* (New York：Reganbooks, 1996), p. 144。

12. "Back to School," New York Times, March 11, 1973, Sec. 4, p. 4.

13. "The Murky Time," Time, January 1,1973, pp. 57ff.

第四章：WHAT DOES IT MEAN TO KNOW?

1. Barbara Risman, "Intimate Relationships from a Microstructural Perspective：Men Who Mother," *Gender and Society* 1(1), 1987, pp. 6 – 32.

2. S. Minerbrook, "The Forgotten Pioneers," *U. S. News & World Report*, August 8, 1994, p. 53.

3. Carol Tavris, *Anger: Tile Misunderstood Emotion* (New York：Simon & Schuster,

1982), p. 144.

4. Paul F. Boller, Jr., *Not So: Popular Myths About America from Columbus to Clinton* (New York: Oxford University Press, 1995), Chap. 5.

5. Boller, *Not So*, Chap. 2.

6. Judith A. Reisman and Edward W. Eichel, *Kinsey, Sex, and Fraud* (Lafayette, La.: Huntington House, 1990).

7. Thomas Sowell, *Race and Culture: A World View* (New York: Basic Books, 1994), pp. 92 – 93.

8. Sowell, *Race and Culture*, Chap. 7.

9. A. E. Mander, *Logic for the Millions* (New York: Philosophical Library, 1947), pp. 40 – 41.

10. Rowland W. Jepson, *Clear Thinking*, 5th ed. (New York: Longman, Green, 1967), p. 123.

11. KarlErick Fichtelius and Sverre Sjolander, *Smarter Than Man? Intelligence in Whales, Dolphins and Humans*, trans. Thomas Teal (New York: Random House, 1972), p. 147.

12. Karl Menninger, *Whatever Became of Sin?* (New York: Hawthorne Books, 1973).

13. Thomas Fleming, "Who Really Discovered America?" *Reader's Digest*, March 1973, pp. 145ff.

14. "Scientists Say Chinese 'Discovered' America," (Oneonta, New York) *Star*, October 31, 1981, p. 2.

15. "Shibboleth Bites Dust," *Intellectual Digest*, July 1973, p. 68.

16. "Empty Nests," *Intellectual Digest*, July 1973, p. 68.

17. "Psychic Senility," *Intellectual Digest*, May 1973, p. 68.

18. *Time*, August 20, 1973, p. 67.

19. *Nova*, PBSTV, September 21, 1993.

20. Mortimer J. Adler, "A Philosopher's Religious Faith," in *Philosophers Who Believe: The Spiritual Journeys of Eleven Leading Thinkers*, ed. Kelly James Clark (Downers Grove, Ⅲ.: InterVarsity Press, 1993), p. 215.

21. Mark A. Noll, *The Scandal of the Evangelical Mind* (Grand Rapids, Mich.: Eerdmans, 1994), p. 238.

22. Herbert Kupferberg, "Why Scientists Prowl the Sea Floor," *Parade*, July 29, 1973, pp. 12ff.

23. "Beer Test," *Parade*, May 13, 1973, p. 4.

24. Bernard Goldberg, *Bias: A CBS Insider Exposes How the Media Distort the News* (Washington, D. C.: Regnery, 2002), p. 20.

25. http://www.cbsnews.com/stories/2006/02/16/60minutes/main1323169.shtml,进

网时间 August 9, 2006。

26. http：//www. opinionjournal. com/extra/? id＝110008220,进网时间 July 11, 2006。

第五章：HOW GOOD ARE YOUR OPINIONS?

1. 引自 Martin Gardner, *Fads and Fallacies in the Name of Science* (New York: Dover, 1952, 1957),pp. 12 – 13。

2. "Couple Awaits Resurrection of Their Son," *Binghamton* (New York) Press, August 27, 1973, p. 11A. 以及 "Two Arrested in Son's 'Faith Heal' Death," *Binghamton* (New York) Press, August 30, 1973, p. 8A。

3. *20/20*, ABC News, July 22, 1982.

4. "Aid for Aching Heads," *Time*, June 5, 1972, p. 51.

5. Francis D. Moore, "Therapeutic Innovation: Ethical Boundaries. ," *Daedalus*, Spring 1969, pp. 504 – 505.

6. *Adolescence: Its Psychology and Its Relations to Physiology, Anthropology, Sociology, Sex, Crime, Religion, and Education*, vols 1 and 2 (New York: Appleton, 1904).

7. "Egyptian Artifacts Termed Fakes," (Oneonta, New York) *Star*, June 16,1982, p. 2.

8. "Venus Is Pockmarked," *Binghamton* (New York) Press, August 5, 1973, 2A.

9. 引自 Carol Tavris, *The Mismeasure of Woman* (New York: Simon & Schuster, 1992), p. 199。

10. Nation/World section, *Tampa Tribune*, May 2, 1999, p. 24.

11. *Consumer Reports on Health*, August 1999, p. 1.

12. Stanton Samenow, *Inside the Criminal Mind* (New York: Times Books, 1984).

13. John Locke, *The Conduct of the Understanding*, Part 3.

14. "Hashaholics," *Time*, July 24, 1972, p. 53.

15. Walter Sullivan,"New Object Seen on Universe Edge," New York Times, June 10, 1973, p. 76.

16. Karl-Erick Fichtelius and Sverre Sjolander, *Smarter Than Man? Intelligence in Whales, Dolphins and Humans*, trans. Thomas Teal (New York: Random House, 1972), pp. 135 – 136.

17. Ray Marshall and Marc Tucker, *Thinking for a Living: Education and the Wealth of Nations* (New York: Basic Books, 1992), pp. 17 – 20.

18. Bill Katz and Linda Sternberg Katz, *Magazines for Libraries* (New York: Bowker, 1992).

19. *A Current Affair*, Fox TV, April 28, 1989.

20. "Bars' Ladies' Nights Called Reverse Sexism," *Binghamton* (New York) Press, January 12, 1983, p. 5B.

第六章: WHAT IS EVIDENCE?

1. Joel Best, *Damned Lies and Statistics: Untangling Numbers from the Media, Politicians and Activists* (Berkeley: University of California Press, 2001), pp. 27 – 28, 159, 161.

2. Best, *Damned Lies and statistics*, pp. 46 – 48.

3. Victor C. Strasburger, *Adolescents and the Media: Medical and Psycholoical Impact* (Thousand Oaks, Calif.: Sage Publishing, 1995), p. 30.

4. W. I. B. Beveridge, *The Art of Scientific Investigation* (New York: W. W. Norton, 1951), p. 54.

5. Best, *Damned lies and Statistics*, p. 35.

6. Thmas Sowell, "Ignoring Economics," http://www. realclearpolitics. com/Commentary/com-11_15_05_TS_pf. html, 进网时间 July 8, 2006.

第七章: WHAT IS ARGUMENT?

1. Margaret A. Hagen, *Whores of the Court: The Fraud of Psychiatric Testimony and the Rape of American Justice* (New York: HarperCollins, 1997), p. 292.

第八章: THE BASIC PROBLEM: "MINE IS BETTER"

1. Edwin Arthur Burtt, *Right Thinking: A Study of Its Principles and Methods*, 3rd ed. (New York: Harper & Brothers, 1946), p. 63.

2. Ambrose Bierce, *Devil's Dictionary* (New York: Dover, 1958), p. 66.

3. 引自 Thomas Gilovich, *How We Know What Isn't So: The Fallibility of Human Reason in Everyday Life* (New York: Free Press, 1991), p. 77。

4. Edmond G. Addeo and Robert E. Burger, *EgoSpeak: Why No One Listens to You* (Radnor, Pa.: Chilton, 1973).

5. Gordon Allport, *The Nature of Prejudice* (Reading, Mass.: Addison-Wesley, 1954), pp. 355 – 356.

6. G. K. Chesterton, *Charles Dickens* (New York: The Press of the Readers Club, 1942), p. 15.

7. "Theologian: U. S. Too Tolerant," (Oneonta, New York) *Star*, May 30, 1981, p. 15.

8. "Jailed Rabbi Seeks Kosher Diet," *Binghamton* (New York) Press, May 23, 1982, p. 5A.

9. 报告的电视节目为 *Good Morning*, America, ABC News, November 4, 1982。

10. "Pregnant Teacher Stirs Town," *Binghamton* (New York) Press, December 22, 1982, p. 1A.

第九章：ERRORS OF PERSPECTIVE

1. H. l. Gee, *Five Hundred Tales to Tell Again* (New York: Roy Pubilishars/ Epworth Press, 1955), p. 56.

2. David Hackett Fischer, *Historian's Fallacies: Toward a Logic of Historical Thought* (New York: HarperPerennial, 1970), pp. 9 - 10.

3. Solomon Asch, 引自 Carole Wade and Carol Tavris, *Psychology*, 2nd ed. (New York: HarperCollins, 1990), p. 669。

4. Nat Hentoff, *Speaking Freely: A Memoir* (New York: Alfred A. Knopf, 1998).

5. 报道见 Hannity & Colmes, Fox News Network, April 3, 2006。

6. 报道见 George Will, *Suddenly* (New York: Free Press, 1992), p. 405。

7. Thomas A. Harris, *I'm OK — You're OK: A Practical Guide to Transactional Analysis* (New York: Harper & Row, 1969), pp. 22 - 23.

8. "Anna Freud, Psychoanalyst, Dies at 86," *New York Times*, October 10, 1982, p. 46.

9. Rona and Laurence Cherry, "The Homey Heresy," *New York Times Magazine*, August 26, 1973, pp. 12ff.

10. "Liberation Lawn," *New York Times*, May 23, 1982, Sec. 4, p. 11.

11. 这一方法在 1982 加州初选中使用，并报告于 "Game Show Prizes Entice CA Voters," (Oneonta, New York) *Star*, June 4,1982, p. 1。

12. 这一想法由教育研究者 Eileen Bayer 所检验. 它被证明是成功的。(Fred M. Hechinger,"Grandpa Goes to Kindergarten," New York Times, October 29, 1972, Sec. 4, p. 11.)

13. 里根行政当局讨论了这一计划并表明不反对此计划。"U. S. Considering National ID Cards,"(Oneonta, New York) *Star*, May 21, 1982, p. 1.

14. Harry Atkins,"Football, Hockey Are X-Rated," *Binghamton* (New York) Press, December 19, 1982, p. 60.

第十章：ERRORS OF PROCEDURE

1. Thomas Gilovich, *How We Know What Isn't So: The Fallibility of Reason in Everyday Life* (New York: Free Press, 1991).

2. Larry Elder, *The Ten Things You Can't Say in America* (New York: St. Martin's Press, 2000), pp. 24, 44.

3. John McWhorter, *losing the Race: Self-Sabotage in Black America* (New York: Free Press, 2000).

4. Jesse Lee Peterson, *Scam: How the Black Leadership Exploits Black America* (Nashville: WND Book, 2003), pp. 1 - 2.

5. Shelby Steele, *White Guilt: How Blacks and Whites Together Destroyed the Promise of the Civil Right Era* (New York: HarperCollins, 2006).

6. Juan Williams, *Enough* (Crown Pubishing, 2006).

7. Thomas Sowell, *Race and Culture: A World View* (New York: Basic Books, 1992).

8. "FAA's Regulations Ruffle Feathers of Hang Gliders," *Binghamton* (New York) Press, September 3, 1982, p. 1A.

9. Ken Hamblin, *Plain Talk and Common Sense from the Black Avenger* (New York: Simon & Schuster, 1999), p. 34.

10. "Long Sentences Sought for Repeat Offenders," *New York Times*, April 25, 1982, p. 63.

11. "Possessed Teen Gets Long Prison Term," (Oneonta, New York) *Star*, December 19, 1981, p. 2.

12. "Woman Convicted of Making Ethnic Slur," (Oneonta, New York) *Star*, May 14, 1982, p. 2.

13. "High School Class Uses Human Cadavers in Lab," *Binghamton* (New York) Press, December 15, 1982, p. 2C.

第十一章: ERRORS OF EXPRESSION

1. Thomas Sowell, *The Quest for Cosmic Justice* (New York: Free Press, 1999), p. 18.

2. 引自 Christopher Cerf and Victor Navasky, *The Experts Speak: The Definitive Compendium of Authoritative Misinformation* (New York: Villard, 1998)。

3. Cerf and Navasky, *The Experts Speak*.

4. *Henry B. Veatch*, Rational Man: A Modern Interpretation of Aristotelian Ethics. (Blioomington: Indiana University Press, 1962), p. 43.

5. Karla Valance, "This Time, the Rebel's on the Right," *Christian Science Monitor*, January 27, 1983, p. 1B; George Basler, "Student Paper Urges Theft and Graffiti," *Binghamton* (New York) Press, January 25, 1983, p. 1E.

6. "Witch's Church Tax Free," (Oneonta, New York) *Star*, April 8, 1982, p. 17.

第十二章: ERRORS OF REACTION

1. Rowland W. Jepson, *Clear Thinking*, 5th ed. (New York: Longman, Green, 1967 [1936]), p. 81.

2. Harold Kolansky, M. D. , and William T. Moore, M. D. , "Toxic Effects of Chronic Marijuana Use," *Journal of the American Medical Association*, October 2, 1972, pp. 35 – 41.

3. David G. Myers, *Social Psychology*, 4th ed. (New York: McGrae-Hill, 1993), p. 148.

4. "Bar License Church Veto Struck Down," *Binghamton*（New York）Press, December 14, 1982, p. 4A.

第十三章: THE ERRORS IN COMBINATION

1. David G. Myers, *Intuition: Its Powers and Perils*（New Haven, Conn: Yale University Press, 2002）, p. 101.

2. H. L. Gee, *Five Hundred Tales to Tell Again*（New York: Roy Pubishers/Epworth Press, 1955）.

3. 引自 Robyn M. Dawes, *House of Cards: Psychology and Psychotherapy Built on Myth*（New York: Free Press, 1994）, p. 209。

4. George Will, *Suddenly*（New York: Free Press, 1992）, p. 89. 将引用 Norman MacRae 作为其来源。

5. "An Exercise in Educational Flimflam," *Parade*, May 12, 1974, p. 17.

6. "Court Order Blocks Big Inmate Release," （Oneonta, New York）*Star*, December 22, 1981, p. 12.

7. "Ruling Strikes Down Exempt Status," （Oneonta, New York）*Star*, March 27, 1982, p. 1.

8. "State Rules Let Gays and Crooks Adopt Children," *Binghamton*（New York）Press, August 8, 1982, p. 1A.

9. "Ex-Policeman Says Sex Shift Cost His Job," （Schenectady, New York）*Gazette*, August 28, 1982, p. 14.

第十四章: KNOWING YOURSELF

1. Albert Ellis and Robert A. Harper, *A Guide to Rational living*（Englewood Cliffs, N. J.: Prentice-Hall, 1975）.

2. 报道见 First Things, December 1996, p. 58。

3. *Burden of Proof*, CNN, February 24, 1997.

4. "Bill Limits Link Between Tobacco and Sports," Nation/World section, *Tampa Tribune*, February 23, 1997, p. 14.

5. 报道见 *The Today Show*, NBC TV, August 26, 1996。

6. "Questioning Campus Discipline," *Time*, May 31, 1982, p. 68.

7. "Holiday Songs Haunt Schoolmen," *Binghamton*（New York）Press, December 16, 1982, p. 3A.

8. "Elizabeth Taylor vs. Tailored Truth," *Time*, November 8, 1982, p. 71.

9. Interview with Shirley MacLaine, *USA Today*, June 16, 1983, p. 11A.

第十五章: BEING OBSERVANT

1. Lawrence K. Altman, "Discovery 60 Years Ago Changed Doctors' Minds on Heart

Attack Survival," *New York Times*, December 10, 1972, pp. 56 – 57.

2. Earl Ubell, "Lysozyme: One of the Body's Miracle Workers," *New York Times*, November 12, 1972, Sec. 4, p. 6.

3. "Attacking Disease," dialogue between Jacques Monod and Jean Hamburger, *Intellectual Digest*, May 1974, pp. 12 – 14.

4. Richard P. Feynman, "*Surely You're Joking, Mr. Feynman*" (New York: Bantam Books, 1985), 特别是 pp. 157 – 158。

5. *Binghamton* (New York) Press, March 22, 1989, p. 1A.

第十六章: SELECTING AN ISSUE

1. "Tragedy May Haunt Mancini," *Binghamton* (New York) Press, November 16, 1982, p. 4D.

第十七章: CONDUCTING INQUIRY

1. Lee Edson, "Will Man Ever Live in Space?" *New York Times Magazine*, December 31, 1972, pp. 10ft.

2. Gordon Gaskill, "Which Mountain Did Moses Really Climb?" *Reader's Digest*, June 1973, pp. 209 – 216.

3. Lucy Burchard, "The Snug Way," *Intellectual Digest*, February 1974, p. 67.

第十八章: FORMING A JUDGMENT

1. "The 2000 Year Old Woman," *Time*, September 17, 1973, pp. 55 – 56.

2. Joyce Brothers, "Answers to Your Questions," *Good Housekeeping*, November 1993, p. 100.

3. John Leo, "In Search of the Middle Ground," *U. S. News & World Report*, March 6, 1989, p. 30.

4. 引自 Leo, "In Search of . . . ," p. 30。

5. Barbara Lerner, "Self-Esteem and Excellence: The Choice and the Paradox," *American Educator*, Winter 1985.

第十九章: PERSUADING OTHERS

1. "Scientist Clones Lamb from an Adult Sheep," Nation/World section, *Tampa Tribune*, February 23, 1997, p. 14.

2. William E Buckley Jr., *Firing Line*, PBS affiliate WEDU, Tampa, Fla., July 7, 1996.

索　引

（注：各条目后的数字系英文书原页码，中文版标注于页边）

图书在版编目(CIP)数据

超越感觉:批判性思考指南/[美]鲁吉罗(Ruggiero, V.)著;顾肃,董玉荣译. —2版.
—上海:复旦大学出版社,2015.1(2024.11重印)
书名原文:Beyond Feelings: A Guide to Critical Thinking
ISBN 978-7-309-11005-0

Ⅰ.超… Ⅱ.①鲁…②顾…③董… Ⅲ.思维方法 Ⅳ.B80

中国版本图书馆 CIP 数据核字(2014)第 230226 号

Vincent Ruggiero
Beyond Feelings: A Guide to Critical Thinking, 9e
ISBN: 0078038189
Copyright© 2012 by McGraw-Hill Education.

著作权合同登记号 图字:09-2009-143 号

超越感觉:批判性思考指南(第九版)

[美]文森特·鲁吉罗 著 顾 肃 董玉荣 译
责任编辑/陈 军 姜 华

复旦大学出版社有限公司出版发行
上海市国权路 579 号 邮编:200433
网址:fupnet@ fudanpress.com http://www.fudanpress.com
门市零售:86-21-65102580 团体订购:86-21-65104505
出版部电话:86-21-65642845
常熟市华顺印刷有限公司

开本 787 毫米×960 毫米 1/16 印张 19 字数 277 千字
2015 年 1 月第 2 版
2024 年 11 月第 2 版第 15 次印刷

ISBN 978-7-309-11005-0/B·514
定价:58.00 元